'Teyrnged hyfryd i rym ieuenctid a'u hangerdd ysol i weld newid yn y byd. Mae'r lleisiau ifanc gweithgar hyn yn dweud mai gobaith, nid anobaith, sydd ar gynnydd, a bod un newid bach yn tanio un arall.'
– *Amie Williams, Cyd-sylfaenydd a Chyfarwyddwr Gweithredol, GlobalGirl Media*

'Mae'r llyfr yma yn gadarnhaol, yn effeithiol ac yn hanfodol. O'i ddarllen, gelli di newid y byd go iawn.'
– *Eve Ainsworth, awdur arobryn llyfrau i'r arddegau*

'Fel golygydd addysg The Sunday Times, dwi wedi cael llond bol ar glywed am Genhedlaeth y Plu Eira. O'r diwedd, dyma lyfr sy'n gwrthbrofi'r label honno. Gwnes i wir fwynhau darllen hanesion 50 o bobl ifanc yn eu harddegau sydd, yn llythrennol, wedi newid y byd er gwell drwy eu hymdrechion. Hwrê fawr i'r genhedlaeth nesaf – y Genhedlaeth Heulwen!'
– *Sian Griffiths, Golygydd Addysg a Theuluoedd,* The Sunday Times

'Mae "ysbrydoledig" yn air sy'n cael ei orddefnyddio, ond mae hwn wir yn llyfr ysbrydoledig! Dylai'r straeon twymgalon, ymarferol ac angerddol hyn gael eu rhoi i bob person ifanc sydd â chalon ac sy'n pendroni sut i'w defnyddio.'
– *Nick Luxmoore, cwnselydd ysgol ac awdur*

'Canllaw cam wrth gam i newid y byd. Beth gewch chi well? Llyfr gwych i unrhyw un ifanc sydd eisiau troi angerdd yn weithred.'
– *Dr Pooky Knightsmith, Is-gadeirydd Clymblaid Iechyd Meddwl Plant a Phobl Ifanc, @PookyH*

'Llyfr gwych sy'n crynhoi gwaith pobl ifanc sy'n gwneud gwahaniaeth. Pwerus ac ysbrydoledig, catalog o fodelau rôl go iawn. Bydd yn gwneud i chi fod eisiau dilyn eich angerdd. Wedi'r cyfan, pa well achos sydd?'
– *Matteo Bergamini, Prif Swyddog Gweithredol a Sylfaenydd, Shout Out UK, @ShoutOut_UK*

'Mae hwn yn llyfr gwirioneddol anhygoel. Mae'n adrodd straeon hyfryd pobl ifanc hollol syfrdanol sy'n gwneud y gorau o fywyd. Fel person ifanc fy hun, mae'r straeon yma yn fy llenwi â gobaith ac yn dangos i fi, waeth pa mor anodd yw bywyd yn yr arddegau, bod golau ar ben draw'r twnnel bob amser. Ac er dy fod ti'n teimlo'n fach ac yn ddibwys weithiau, gelli di wneud gwahaniaeth.'
– *Ben Roots, 17 oed*

'Am ysbrydoledig! Os nad yw'r llyfr hwn yn gwneud i chi freuddwydio, ystyried a gwneud rhywbeth i wneud y byd yn lle gwell, beth wnaiff?! Mae'r tystiolaethau beiddgar a didwyll yn eich helpu i sylweddoli pa mor bwerus yw grym yr unigolyn. Mae gan y straeon gwir hyn yr hud a'r grym sy'n radical ac yn gyfareddol!'
– *Rachael Dellaca, Awstralia, 17 oed*

'Dwi'n meddwl bod y llyfr yma yn anhygoel. Rydyn ni wastad yn clywed am weithredoedd ofnadwy pobl ifanc yn eu harddegau ac yn anghofio am y pethau da rydyn ni'n gallu eu gwneud. Mae'n ein hatgoffa ni bod y grym gennym ni i wneud gwahaniaeth, hyd yn oed pan mae pobl yn dweud ein bod ni'n rhy ifanc i ddeall. Dwi'n cael fy ysbrydoli i newid pethau.'
– *Seren, 13 oed*

'Gobeithio y bydd llawer iawn o bobl ifanc yn eu harddegau yn darllen y llyfr hwn. Dwi'n credu ei fod yn dangos, beth bynnag mae bywyd yn ei daflu atyn nhw, yn enwedig mewn cyfnod sy'n aml mor fregus ac ansicr, nad ydyn nhw ar eu pennau eu hunain; mae 'na ffordd ymlaen, ac mae 'na bobl eraill tebyg iddyn nhw sy'n gwybod beth maen nhw'n ei wynebu. Gobeithio y bydd y llyfr calonogol hwn yn ysbrydoli pobl ifanc eraill yn eu harddegau i deimlo'n well amdanyn nhw'u hunain ac yn eu hannog i harneisio eu hangerdd a'u penderfyniad er mwyn gwneud lles go iawn mewn byd sy'n aml yn anodd.'
– *Zelda West-Meads, Modryb Ofidiau cylchgrawn* You, Mail on Sunday

Arwyr yn eu harddegau yn gwneud
gwahaniaeth ledled y byd

MARGARET ROOKE

Rhagair gan Taylor Richardson a Katie Hodgetts

GRAFFEG

Gelli Di Newid y Byd!

Graffeg Cyf., 24 Canolfan Fusnes Parc y Strade,
Heol Mwrwg, Llangennech, Llanelli,
Sir Gaerfyrddin, SA14 8YP.
www.graffeg.com

Cyhoeddwyd gyntaf yn 2019 yn y Deyrnas Unedig
dan y teitl *You Can Change the World* gan Jessica Kingsley Publishers
www.jkp.com.

Hawlfraint testun © Margaret Rooke, 2019
Delwedd y clawr: Kara McHale

ISBN 978-1-80258-447-9

Cedwir pob hawl. Ni chaniateir atgynhyrchu na throsglwyddo unrhyw ran o'r cyhoeddiad hwn, mewn unrhyw ddull na thrwy unrhyw gyfrwng – electronig na mecanyddol, yn cynnwys llungopïo, recordio, nac unrhyw system storio gwybodaeth na system adalw – heb ganiatâd ysgrifenedig ymlaen llaw gan y cyhoeddwr.

Cyhoeddwyd gyda chymorth ariannol Cyngor Llyfrau Cymru
www.gwales.com

Er cof am fy nhad, Stan, a oedd yn credu bod y llyfr hwn yn syniad gwych; Anti Liz, a fyddai wedi bod wrth ei bodd; a fy ffrind Jane, arwr arddegau ei hoes.

"Wrth ddechrau gweithredu, mae gobaith ym mhob man. Felly yn lle chwilio am obaith, chwilia am gyfle i weithredu. Wedyn daw'r gobaith."

GRETA THUNBERG,
YMGYRCHYDD
NEWID HINSAWDD
@GRETATHUNBERG

CYNNWYS

Rhagair gan Taylor Richardson, @astrostarbright	13
Rhagair gan Katie Hodgetts, @KTclimate	17
Cyflwyniad	23

1. Mynnu newid — 25
Trisha, 18, Illinois, UDA — 26
Lucy, 17, Sheffield, Lloegr — 32
Parry, 21, Dyfnaint, Lloegr — 39
Amika, 18, Llundain, Lloegr — 44
Ferlin, 18, Cape Town, De Affrica — 51
Hampton, 23, Efrog Newydd, UDA — 56

2. Peidio ag ildio — 61
Alex, 18, Calgary, Canada — 62
Hector, 19, Valladolid, Sbaen — 69
Yamikani, 18, Lilongwe, Malawi — 74
Cameron, 17, Harrogate, Lloegr — 78
Xanthe, 19, Llundain, Lloegr — 84

3. Dod o hyd i fy llais — 91
Josie, 16, California, UDA — 92
Zainab, 17, Nelson, Swydd Gaerhirfryn, Lloegr — 96
Hannah, 19, Preston, Lloegr — 100

Heraa, 20, Colorado, UDA	106
Wendy, 18, California, UDA	112
Maya, 19, Damascus, Syria a Birmingham, Lloegr	117

4. Herio barn pobl eraill — 125

Jonatan, 22, Helsinki, Y Ffindir	126
Liam, 17, Waroona, Gorllewin Awstralia	131
Ruben, 18, Huddersfield, Lloegr	136
Imani, 18, Los Angeles, UDA	141
Guro, 13, Bergen, Norwy	146
Gavin, 18, Ohio, UDA	150
Matilda, 13, Washington DC, UDA	156
Niamh, 15, Lerpwl, Lloegr	160
Hannah, 17, Arlington, Virginia, UDA	164
Mollie, 20, Dover, Lloegr	168

5. Darganfod fy angerdd — 173

Betty, 13, Utrecht, Yr Iseldiroedd	174
Jesse, 15, Efrog Newydd, UDA	178
Billy, 18, Los Angeles, UDA	184
Natalia, 17, Arlington, Virginia, UDA	189
Tolmeia (Tolly Dolly Posh), 18, Swydd Gaerloyw, Lloegr	196
Anahit, 16, Kapan, Armenia	202
Lily, 14, Huddersfield, Lloegr	207

6. Er gwaethaf pawb a phopeth — 213

Jeniffer, 21, Mangochi, Malawi	214
Amarni, 17, Llundain, Lloegr	219

Happy D, 19, Glasgow, Yr Alban	226
Mohammed, 18, Llundain, Lloegr	231
Corie, 14, Merthyr Tudful, Cymru	234
Nina, 22, Sheffield, Lloegr	239
Kayden, 19, Glasgow, Yr Alban	244
Ben, 23, Llundain, Lloegr	248

7. Helpu eraill — 255

Will, 15, Llundain, Lloegr	256
Martin, 16, Glasgow, Yr Alban	264
Maya, 13, Llundain, Lloegr	268
Maryam a Hadiqa, 17, Nelson, Swydd Gaerhirfryn, Lloegr	271
Adam, 15, Clondalkin, Iwerddon	276
Jac, 14, Merthyr Tudful, Cymru	281
Lili, 13, Llundain, Lloegr	286
Tian, 14, Llundain, Lloegr	291
Evelyn, 14, Llundain, Lloegr	295
Dillon, 18, Malibu, California, UDA	300

8. Wel, beth oedd dy farn di? — 307

9. Dy becyn adnoddau — 313

RHAGAIR

TAYLOR RICHARDSON,
15, Florida, UDA
Ymgyrchydd, siaradwraig, dyngarwr
a darpar ofodwr

Mae pobl ifanc heddiw yn gwybod nad yw doethineb yn dibynnu ar oedran. Does dim angen i ni ofyn am ganiatâd yr oedolion mewn grym neu aros nes i ni gyrraedd rhyw oed mympwyol cyn penderfynu bod ein barn ni'n golygu rhywbeth. Rydyn ni'n barod i wneud safiad, defnyddio ein lleisiau a chael effaith ar y byd fel rydyn ni'n ei weld.

Y peth gwych am y llyfr hwn yw bod y bobl ifanc sy'n adrodd eu straeon yn dangos beth sy'n bosib i'r gweddill ohonon ni. Fel pobl ifanc, rydyn ni'n gwneud beth rydyn ni'n ei weld, nid beth mae pobl yn ei ddweud. Mwya'n byd o enghreifftiau cadarnhaol rydyn ni'n clywed amdanyn nhw, mwya'n byd o bobl ifanc fydd yn eu dilyn. Pan dwi'n gweld person ifanc yn cyflawni newid ac yn tynnu sylw at rywbeth sydd o'i le mewn cymdeithas, mae'n fy sbarduno i wneud yn union yr un peth.

Rydyn ni'n treulio'r rhan fwyaf o'n hamser yng nghwmni pobl ifanc eraill, felly, ar ôl rhyw oedran penodol, mae dylanwad ein ffrindiau a'n cyd-ddisgyblion yn drymach na dylanwad ein rhieni. Rhwng dosbarthiadau, gweithgareddau allgyrsiol, hobïau a'r cyfryngau cymdeithasol, mae pobl ifanc yn treulio dros 50 awr yr wythnos yn rhyngweithio â chyfoedion. Trwy'r rhyngrwyd a'r cyfryngau cymdeithasol, mae dod o hyd i bobl sydd â phrofiadau cyffredin yn haws nag erioed, waeth ble maen nhw yn y byd. Mae hyn yn caniatáu trefnu ar lefel mwy dwys ac effeithiol doedd ddim yn bosib i genedlaethau'r gorffennol.

Fy nghyfoedion i yw'r criw nesaf o oedolion fydd yn arwain, a'r cynharaf y byddwn ni'n lleisio ein gwirionedd, y mwyaf o ymarfer gawn ni. Dwi'n berson tawel a swil – mae pobl yn synnu pan maen nhw'n clywed hyn – a dwi wedi cael fy nghyfweld gan sefydliadau newyddion blaenllaw ac wedi annerch cynadleddau rhyngwladol. Dwi'n dal i fod yn nerfus bob tro cyn siarad yn gyhoeddus, ond gydag ymarfer, dwi wedi dysgu nad yw'r byd yn mynd i ddod i ben os ydw i'n camynganu gair nawr ac yn y man.

Gan ein bod ni'n bobl ifanc, does dim disgwyl i ni fod yn berffaith. Mae amser o'n plaid ni. Gallwn ni wneud camgymeriadau, dod drostyn nhw a chreu'r bywydau rydyn ni eisiau eu byw. Dyna pam mae'n gyfnod mor dda i frwydro dros y newidiadau rydyn ni eisiau eu gweld yn digwydd.

Mae bywyd yn gallu bod yn anodd i bob un ohonon ni yn ystod yr arddegau. Dwi wedi cael fy mwlio oherwydd lliw fy nghroen, ac roedd hynny'n boenus. Ond cynhara'n byd y byddi di'n gyfforddus gyda phwy wyt ti, sut olwg sydd arnat ti, sut rwyt ti'n swnio a phwy rwyt ti'n ei garu, mwya'n byd o dawelwch mewnol y byddi di'n ei deimlo. Atgoffodd ffrind fi unwaith mai ti sy'n rheoli dy hunan-werth, oherwydd mae'n ymwneud â sut rwyt ti'n teimlo, nid beth rwyt ti'n ei feddwl yw barn pobl eraill amdanat ti.

RHAGAIR

Ces i fy nal yn ôl yn fy mlwyddyn pan oeddwn i'n saith oed a bu'n rhaid i fi feithrin fy sgiliau darllen cyn symud ymlaen yn yr ysgol. Er hynny, wnes i byth adael i fi fy hun gredu mai methiant fyddai fy ffawd i. Roedd gen i bobl yn fy mywyd oedd yn gadael i fi wybod na fyddai un cam gwag yn fy niffinio. Dywedodd Mam ei bod hi'n mynd i brynu mwy o lyfrau a threulio amser yn darllen gyda fi bob nos, a gwnaeth hi hynny. Mae popeth dwi wedi'i wneud ers hynny wastad yn mynd i fy niffinio i'n well na beth doeddwn i ddim yn gallu'i wneud pan oeddwn i'n saith oed.

Weithiau, y cyfan mae ei angen ar rywun er mwyn credu ynddyn nhw'u hunain yw cred a chefnogaeth person arall, ac mae'r hyn a wnaeth Mam i helpu fi i ddarllen yn enghraifft wych o hynny. Efallai mai dyna un rheswm pam gwnes i ailddiffinio fy ADHD fel 'Abundantly Different and Happily Divine!' Penderfynais ddathlu fy hun oherwydd fy mod i wedi cael fy ngeni fel hyn. Ddylai neb sy'n byw gydag ADHD fod â chywilydd o bwy ydyn nhw. Mae angen i ni ddysgu beth fydd yn ein helpu yn y dosbarth, wrth sefyll arholiad, neu wrth weithio gartref, a gofyn am help. Os wnawn ni ddim, dydyn ni ddim ond yn gwneud drwg i'n hunain.

Dwi wedi gweld bod y rhan fwyaf o 'nghamau gwag i wedi troi yn rhai o fy llwyddiannau mwyaf. Gwnaeth fy nhrafferthion gyda darllen pan oeddwn i'n iau fy ysgogi i drefnu gyrfa lyfrau a rhaglen ddarllen lwyddiannus ar gyfer plant difreintiedig o'r enw 'Taylor's Take Flight'. Yn sgil hynny, enillais Wobr Gwasanaeth y Llywodraethwr yn Florida. Ar ôl hynny, ces i wahoddiad i weld *Hidden Figures*, ffilm am fenywod Affricanaidd-Americanaidd yn NASA, gyda Michelle Obama yn y Tŷ Gwyn.

Gweld y ffilm honno, a'r diffyg amrywiaeth a ddaeth i'r amlwg pan dreuliais i amser mewn Gwersyll Gofod, wnaeth fy ysbrydoli i hyrwyddo cynhwysiant i bawb ym maes STEM (Gwyddoniaeth, Technoleg, Peirianneg a Mathemateg). Mae'n hanfodol does neb yn dechrau credu eu bod nhw'n methu llwyddo yn y pynciau hyn oherwydd lliw eu croen neu eu rhywedd.

Trefnais ymgyrch codi arian a gododd $20,000 i noddi dangosiadau o *Hidden Figures* i bobl ifanc. Hefyd, gwnes i ysbrydoli dangos y ffilm am ddim i bobl ifanc mewn 72 dinas a 28 gwlad. Roedd yr ymgyrch honno'n profi bod bwriadau da a gwaith caled yn gallu arwain at ganlyniadau gwych.

Fy uchelgais fawreddog yw bod yn ofodwr. Pan oeddwn i'n iau, byddwn i'n gorwedd y tu allan ac yn edrych ar awyr y nos. Roeddwn y gofod a'r sêr yn fy nghyfareddu. Roeddwn i'n dychmygu beth oedd allan yn y bydysawd. Fy agwedd i bellach yw, paid â dim ond breuddwydio, cer amdani. Os oes gen ti ddiddordeb mewn STEM, y celfyddydau neu beth bynnag, paid â gadael i farn pobl eraill gyfyngu ar dy uchelgais mewn bywyd. Mae'r llyfr hwn yn llawn straeon ysbrydoledig am bobl ifanc yn eu harddegau oedd heb adael i rwystrau eu hatal rhag cyflawni eu nodau, er mwyn eu hunain neu er mwyn y rhai o'u cwmpas.

I bobl ifanc ym mhobman, does dim pen draw i'n huchelgais!

– Taylor Richardson (Astronaut StarBright)

@astrostarbright
@astronautstarbright

RHAGAIR

KATIE HODGETTS,
23, Bryste, y Deyrnas Unedig
Ymgyrchydd dros Glymblaid Hinsawdd Ieuenctid y Deyrnas Unedig, cyfrannwr i *The Ecologist*, cyd-drefnydd Streic Hinsawdd Ieuenctid Bryste. Cyrhaeddodd rownd derfynol Gwobrau Ieuenctid Byd-eang 2018

'**Cenhedlaeth y plu eira**' yw'r label ar bobl ifanc heddiw. Beirniadaeth yw hynny i fod – ein bod ni'n wan ac yn cael ein pechu'n hawdd – ond dwi'n ei weld yn rhywbeth positif a phwerus. Mae plu eira yn neilltuol; maen nhw'n unigryw ac yn gymhleth; maen nhw'n anhygoel, a phan fyddwn ni'n ymuno â'n gilydd, rydyn ni'n creu eirlithriad; rydyn ni'n tarfu.

Mae'r gallu gan bobl ifanc i greu newid ar lefel fyd-eang. Dydy hyn ddim yn golygu eu bod nhw wastad allan ar y stryd yn gweiddi am beth maen nhw'n ei gredu. Mae newid, grymuso ac ysbrydoli yn gallu digwydd yn y llefydd rhyfeddaf: drwy sgyrsiau mewn caffis, drwy ysgrifennu blogiau neu negeseuon ar y cyfryngau cymdeithasol neu drwy wneud dim byd mwy na bod yn garedig mewn byd sy'n gallu bod mor dywyll. Bob dydd, mae pobl ifanc yn gallu dewis ystyried pobl eraill, ac mae hyn oll yn gallu creu rhan o'r newid maen nhw eisiau ei weld.

Mae pawb yn y llyfr hwn, yn eu ffordd eu hunain, yn gwneud y dewis hwnnw. Maen nhw i gyd yn ysbrydoli ac yn dangos y llwybr at fyw bywyd gwell mewn byd gwell.

Dydy dilyn y llwybr hwn ddim bob amser yn hawdd. Yn fy arddegau, roeddwn i'n teimlo pwysau i fod yn rhan o bethau, a gwnaeth hynny fy atal rhag troi at ymgyrchu rhag ofn i fi gael fy marnu. Aeth sawl blwyddyn heibio cyn i fi sylweddoli nad oeddwn i ar fy mhen fy hun. Wrth estyn allan at bobl eraill yng Nghlymblaid Hinsawdd Ieuenctid y Deyrnas Unedig, dysgais i faint cryfach rydyn ni pan fyddwn ni gyda'n gilydd, yn pwyso am newid. Gwnaeth hyn fyd o wahaniaeth i fi.

Yn sicr, dwi wedi profi sut mae byd afreal y cyfryngau cymdeithasol yn gallu gwneud pobl yn ddideimlad i'r byd o'n cwmpas ni. Mae'n gallu dy wahanu di oddi wrth dy fywyd a gwneud i ti werthfawrogi dy hun ar sail faint o bobl sy'n hoffi dy negeseuon yn hytrach na'r pethau unigryw sy'n dy wneud ti yn ti. Gallwn ni dreulio cymaint o amser yn edrych ar ein persona ar-lein yn hytrach nag edrych allan ar y byd o'n cwmpas. Mae dysgu camu y tu hwnt i hyn yn gofyn am gryn ddewrder ond, fel mae'r bobl ifanc yn y llyfr hwn yn ei ddangos, camu tu allan i'r swigen sy'n gwneud pobl mor drawiadol.

Mae'n rhaid bod yn ddewr i beidio â bod â chywilydd o bwy wyt ti, i fyw'n ddilys ac i weithio er dy les dy hun a lles y byd. Dyma'n union dwi'n gweld mwy a mwy o bobl ifanc yn ei wneud.

Pan oeddwn i'n tyfu i fyny, roeddwn i'n gwylltio wrth weld yr anghyfiawnder o fy nghwmpas i, o fwlio i dlodi eithafol. Roeddwn i'n ysu i wneud rhywbeth ond yn teimlo'n ddi-rym. Doeddwn i ddim hyd yn oed yn gallu pleidleisio mewn etholiadau, felly roedd dal ati i gymdeithasu, cynllunio gyrfa gonfensiynol a gwneud dim byd, yn teimlo'n haws.

Mae angen rhywbeth arnon ni i gyd i'n sbarduno ni i weithredu. Ar ôl gadael yr ysgol, es i ran anghysbell o Foroco i ddysgu Saesneg i'r bobl yno. Yno, gwelais gymysgedd o dlodi a hapusrwydd eithafol, a'r canlyniad oedd gwneud i fi gwestiynu anghydraddoldeb byd-eang a beth rydyn ni'n ceisio'i gyflawni mewn bywyd modern.

Tra oeddwn i yn y brifysgol, bues i yn Tanzania a dringo mynydd Kilimanjaro i godi arian at yr elusen Hope for Children. Syrthiais i mewn cariad â byd natur a dysgu mwy a mwy am y difrod roedden ni wedi'i wneud i bobl y byd deheuol a'u hamgylchedd, yn sgil cloddio tanwyddau ffosil a mwynau i ni eu defnyddio.

Dyma wnaeth fy arwain i ymgyrchu yn erbyn newid hinsawdd. Mae llawer o bobl yn credu bod newid hinsawdd ddim ond yn ymwneud â fforestydd glaw ac achub eirth gwyn, ond mae'n ymgyrch hynod wleidyddol ac yn frwydr dros gyfiawnder. Rydyn ni yn y byd gogleddol wedi byw bywyd cymharol gefnog ar draul pobl y byd deheuol. Dyna'r bobl fydd yn dioddef fwyaf yn sgil newidiadau i'r hinsawdd, a fydd yn achosi newyn, sychder a thywydd eithafol. Roeddwn i'n teimlo cyfrifoldeb dwfn i herio system lle mae cwmnïau olew ac ynni yn manteisio ar ddyfodol pobl llai breintiedig.

Felly, ymunais â Chlymblaid Hinsawdd Ieuenctid y Deyrnas Unedig. Roedd yn brofiad mor rymus i sefyll ysgwydd wrth ysgwydd gyda'r bobl ifanc ysbrydoledig hyn. Ers hynny, dwi wedi ymgyrchu gyda gwahanol grwpiau, wedi meddiannu safle ffracio am dridiau, wedi protestio y tu allan i'r Senedd, wedi annerch ralïau a gwyliau, wedi cymryd rhan mewn trafodaethau panel a hyd yn oed wedi cyrraedd rownd derfynol Gwobrau Ieuenctid Byd-eang 2018. Mae unrhyw beth yn bosib. Ces fy enwebu am y wobr gan fy nhîm gwrthffracio anhygoel am weithredu mentrau lles ac iechyd meddwl wrth i fi wylio pobl ifanc yn dioddef oherwydd gorweithio. Mae straen feddyliol yn risg go iawn wrth ddelio â'r problemau enfawr sy'n wynebu'r byd, a gofalu amdanat ti dy hun yw'r peth pwysicaf y gelli di ei wneud wrth i ni drio sicrhau newid.

Wedyn, dechreuais i ar y gwaith o gyd-drefnu Streic Hinsawdd Ieuenctid Bryste. Roeddwn yn fy nagrau wrth weld y bobl ifanc hyn yn gwneud safiad. Mae'r effaith a greodd y streiciau hyn mewn cymaint o wledydd yn rhoi'r fath obaith ac optimistiaeth i fi ar gyfer y dyfodol.

Os wyt ti'n darllen hwn, fy nghyngor i yw cofio bod newid yn gallu digwydd fesul cam. Roedd fy nhaith i'n un araf. Roedd fy ffrindiau yn dweud wrtha i, 'Pam wyt ti wastad yn diflasu'n hwyl ni? Allwn ni ddim sôn am bartïon a bechgyn?' Dyna pryd y dechreuais i fynegi fy rhwystredigaethau ar bapur. Yn y pen draw, anfonais ambell ddarn i *The Ecologist*. Roedden nhw wrth eu boddau, a dechreuon nhw gyhoeddi fy ngholofnau. Trech beiro na chleddyf, yn bendant. Os wyt ti eisiau gweld newid, dwi'n dy annog i ysgrifennu, siarad, creu blog fideo, ymgyrchu, protestio, gorymdeithio: mae ysbrydoliaeth yn digwydd mewn pob math o ffyrdd.

Maen nhw'n dweud bod doethineb yn cynyddu wrth i ti dyfu'n hŷn, ond dwi'n grediniol mai pobl ifanc sy'n meddu ar ddoethineb go iawn. Mae'n bosib bod sinigiaeth yn gallu cyd-fynd ag oedran, ac mai dyna pam mae llawer o bobl wedi fy wfftio i a fy ngalw i'n ferch fach naïf a gwirion ar ôl i fi ddweud fy mod i eisiau newid y byd. Wrth fynd yn hŷn, mae'n haws credu bod y grym yn nwylo'r bobl ar y brig, a dwyt ti ddim bellach yn teimlo bod gwyrthiau'n gallu digwydd. Pan wyt ti'n ifanc, rwyt ti'n llawn optimistiaeth; rwyt ti'n gallu gweld y byd fel dalen wag. Mae gen ti enfys o liwiau ac rwyt ti'n gallu paentio'r byd sut bynnag yr hoffet ti. Dwi wrth fy modd â'r gwreichionyn hudolus mewn pobl ifanc. Mae'n swyno rhywun, ond dwi'n credu bod pobl hŷn yn gallu dal gafael neu ddod o hyd i'r gwreichionyn hudolus hwnnw eto hefyd.

Mae'n bwysig bod oedolion ddim yn diystyru pobl ifanc. Cefnogwch ni. Peidiwch â'n trin ni mewn ffordd nawddoglyd. Edrychwch ar Greta Thunberg. Mae hi'n esiampl wych o sut mae pobl ifanc yn gallu camu y tu allan i'r broses ddemocrataidd a gorfodi pobl i wrando. Mae hi'n anhygoel – Beyoncé yr hinsawdd!

Nid pobl ifanc ddechreuodd y rhyfeloedd na chreu'r llanast rydyn ni yn ei ganol heddiw. Rhowch eich ffydd mewn pobl ifanc fel y rhai yn y llyfr hwn, a gadewch i ni ddathlu ac annog popeth gwych a grymus y gallan nhw ei gyflawni.

– Katie Hodgetts (KT Climate)

@KTclimate
@ktclimate
Clymblaid Hinsawdd Ieuenctid y Deyrnas Unedig: @UKYCC

či
CYFLWYNIAD

Os wyt ti yn dy arddegau a bod bywyd yn gallu teimlo'n anodd, mae'n bosib mai dyma'r llyfr i ti.

Dyma 50 a mwy o gyfweliadau â phobl ifanc yn eu harddegau[1] sydd wedi adrodd eu straeon i brofi bod newid eu bywydau eu hunain – a newid agweddau pobl eraill – yn bosib.

Mae rhai wedi dechrau trawsnewid eu cymuned leol neu fynd i'r afael â materion cenedlaethol; mae rhai wedi helpu eraill i fagu hyder a hunan-gred neu wedi cyflawni newid personol dramatig.

Mae'r teledu, papurau newydd a'r rhyngrwyd yn sôn am bobl ifanc sy'n cadw reiat ac yn mynd ar gyfeiliorn. Yn y llyfr hwn, mae Amarni o Lundain, sy'n 17 oed, eisiau gweld goleuni newydd yn cael ei daflu ar gyfraniadau cadarnhaol pobl ifanc. Yn ogystal â dweud 'Mae hwn wedi marw, cafodd hwnnw ei drywanu,' byddai'n wych petaen nhw hefyd yn dweud, 'Mae'r boi yma wedi creu trac ac mae wedi mynd yn feiral.'

Roedd memyn – *meme* – â neges debyg y diwrnod o'r blaen. 'Mae angen i MTV roi'r gorau i wneud rhaglenni fel *16 and Pregnant* a dechrau gwneud rhaglenni fel *18 and Graduated* a *21 and Successful.*'[2]

---

[1] Mae bron pob un o'r rhai a gafodd eu cyfweld yn eu harddegau. Mae rhai yn eu hugeiniau cynnar bellach, ond yn sôn am beth gwnaethon nhw ei gyflawni pan oedden nhw'n iau.

[2] Sarcastic Mama @SarcasticMa

Mewn arolwg barn gan Gymdeithas Frenhinol y Celfyddydau[3], pan ofynnwyd i oedolion yn y Deyrnas Unedig ddewis geiriau o restr i ddisgrifio pobl ifanc yn eu harddegau, y rhai a gododd amlaf oedd 'hunanol', 'diog' a 'gwrthgymdeithasol'. Ond dangosodd yr un ymchwil fod 84% o bobl ifanc eisiau helpu eraill, a bod 68% wedi gwneud hynny drwy weithredu cymdeithasol a gwirfoddoli. Dyna'n union yw diben y llyfr hwn. Ynddo, mae straeon am arwyr ifanc sydd ddim o reidrwydd yn cael sylw yn y newyddion ond sy'n chwalu ystrydebau ac yn newid y byd er gwell.

Dechreuodd y llyfr hwn fel ffordd o helpu pobl ifanc sy'n mynd trwy gyfnod anodd, ond erbyn hyn mae'n llyfr i'w ddarllen gan unrhyw un sy'n chwilio am ychydig o ysbrydoliaeth. Mae hyd yn oed yr unigolion sydd wedi byw trwy brofiadau gofidus – ac mae'n gallu bod yn anodd ymdopi â'r manylion yn aml – yn dangos hyd a lled eu nerth a'u gwydnwch.

Os wyt ti'n ei ddarllen o glawr i glawr, neu'n bodio drwyddo i ddod o hyd i'r straeon sy'n apelio fwyaf, gweli di fod gan y bobl ifanc hyn y gallu i gymryd rhywbeth anodd, poenus neu gyfeiliornus a'i droi'n rhywbeth anhygoel. Yn ein ffyrdd gwahanol, gall pawb ohonon ni wneud hyn. Os dwyt ti ddim yn fy nghredu i, y cyfan mae angen i ti ei wneud yw edrych ar y tudalennau sy'n dilyn...

> *Os hoffet ti e-bostio unrhyw un o'r bobl ifanc sydd â'u straeon yn y llyfr hwn, mae modd i ti gysylltu â nhw gan ddefnyddio'r cyfeiriad hello@jkp.com Mae Margaret Rooke ar Twitter, yn @MargsRooke*

---

[3] https://www.thersa.org/reports/teenagency-how-young-people-can-create-a-better-world

1...
MYNNU NEWID

TRISHA,
18, Illinois, UDA

"Datblygais ddatrysiad a oedd yn caniatáu i bobl ifanc aros, darllen y neges, a meddwl eto cyn iddyn nhw bostio dim byd ar-lein."

Un diwrnod, pan oeddwn i'n 13 oed, des i adref o'r ysgol a darllen stori ar-lein am ferch ifanc o'r enw Rebecca. Roedd ffrae wedi datblygu rhyngddi hi a merched eraill yn ei hysgol, a oedd yn ei phoenydio'n gyson ar-lein. Dioddefodd Rebecca seiberfwlio cyson, ac aeth y cam-drin mor ddrwg nes iddi fynd i ysgol arall, hyd yn oed.

Ond parhaodd y bwlio.

Un diwrnod, doedd Rebecca ddim yn gallu dioddef mwy. Neidiodd o ben tŵr dŵr lleol a'i lladd ei hun.

Pan ddarllenais i'r stori honno, ces i gymaint o sioc. Sut gallai merch a oedd yn iau na fi gael ei gwthio i wneud hyn? Roedden ni wedi colli merch ddiniwed: rhywun â chymaint o botensial. Roedd mam wedi colli ei phlentyn. Pam?

Rydyn ni'n byw mewn oes ddigidol, ac erbyn hyn, y cyfryngau cymdeithasol sy'n cael eu defnyddio'n bennaf gan bobl ifanc i gyfathrebu â'i gilydd. Roeddwn i'n meddwl beth fyddai wedi gallu atal y seiberfwlio a'r drasiedi a ddigwyddodd yn ei sgil. Doeddwn i ddim eisiau gwylio a gwneud dim byd. Roeddwn i eisiau codi fy llais ac atal hyn rhag digwydd byth eto.

Dechreuais ymchwilio i seiberfwlio. Roedd sawl safle ar y cyfryngau cymdeithasol yn mynd i'r afael â seiberfwlio drwy ddull adweithiol dwi'n hoffi ei alw'n 'Stopio, Blocio a Dweud'. Os oedd pobl ifanc yn dioddef seiberfwlio ar-lein, roedd safleoedd cyfryngau cymdeithasol yn eu hannog i 'Stopio' beth roedden nhw'n ei wneud, 'Blocio' y bwli ar y cyfryngau cymdeithasol a 'Dweud' wrth riant neu oedolyn. Ond mae 'na broblem gyda hynny. Dydy 90% o'r rhai sy'n profi seiberfwlio byth yn rhoi gwybod i neb. Maen nhw'n dioddef yn dawel. A dyma fi'n meddwl, pam rydyn ni'n rhoi'r baich ar yr un sy'n dioddef? Ar ben hynny, pam rydyn ni'n aros i ddelio â'r broblem ar ôl iddi ddigwydd? Pam dydyn ni ddim yn ei atal cyn i'r niwed ddechrau?

Ond y cwestiwn pennaf roeddwn i'n ei ofyn oedd 'Beth sy'n achosi i bobl ifanc bostio negeseuon cas a chreulon ar-lein?' Roeddwn i yn fy arddegau fy hun, ac felly'n gwybod nad oedd pobl ifanc yn gas ac yn greulon wrth reddf. Roeddwn i'n gwybod bod angen i fi ddod i ddeall ymennydd yr arddegau'n well ac achos sylfaenol yr ymddygiad hwn.

Wrth ymchwilio, gwelais i astudiaeth wyddonol oedd yn cymharu ymennydd person ifanc yn ei arddegau â char heb frêc. Dysgais fod y rhan o'r ymennydd sy'n helpu i wahaniaethu rhwng y da a'r drwg ym mhen blaen yr ymennydd. Y cortecs cyndalcennol yw'r enw arno fo a dydy o ddim yn datblygu'n llawn nes ein bod ni yng nghanol yr ugeiniau. Roedd yr astudiaeth yn awgrymu bod ymennydd person ifanc yn waith ar y gweill, a'i fod yn aml yn achosi i bobl ifanc weithredu'n fyrbwyll. Mae'n bosib bod pobl ifanc ddim yn ystyried canlyniadau eu gweithredoedd.

A dyma fi'n meddwl pam doedd safleoedd y cyfryngau cymdeithasol ddim yn cynnig arweiniad i bobl ifanc fel y gallen nhw ddeall eu gweithredoedd, eu hatgoffa nhw, eu helpu i ystyried pa mor ddifrifol oedd beth roedden nhw ar fin ei bostio ar-lein. Yn sydyn, sylweddolais y byddai hynny ynddo'i hun yn gallu bod yn ateb effeithiol.

Ar sail y gwaith ymchwil hwn, datblygais i syniad a'i alw'n ReThink – datrysiad a oedd yn caniatáu i bobl ifanc aros, darllen y neges eto a meddwl eto cyn iddyn nhw bostio dim byd ar-lein. Gwnes i astudiaeth wyddonol yn fy llyfrgell leol am fisoedd lawer er mwyn deall pa mor effeithiol oedd y syniad. Defnyddiais ddwy raglen feddalwedd i fesur effeithiolrwydd rhybudd ReThink: un gyda ReThink, ac un arall heb ReThink. Petai rhywun yn postio neges fel 'Rwyt ti mor hyll. Cer i ladd dy hun,' byddai neges rybudd yn ymddangos ar eu sgrin yn dweud, 'Wyt ti'n hollol siŵr dy fod ti eisiau postio hyn? Gallai'r neges beri loes' neu 'Ai'r ti go iawn yw'r neges yma? Wyt ti eisiau meddwl cyn anfon y neges yma?' Roedd hyn yn rhoi eiliad iddyn nhw feddwl eto am y neges roedden nhw ar fin ei hanfon. Pan oedd pobl ifanc yn cael y cyfle i aros, darllen a meddwl eto am beth roedden nhw ar fin ei bostio, newidiodd 93 y cant eu meddyliau gan beidio â phostio'r neges greulon. Cafodd y weithred ei hatal cyn iddi wneud niwed.

Dwi wedi credu erioed mai atebion syml sy'n datrys y problemau mwyaf cymhleth. Fel rhywun a oedd newydd ddechrau yn yr ysgol uwchradd, roeddwn i'n gwybod bod rhaid i fi wneud rhywbeth er mwyn i bob person ifanc allu cael gafael ar y syniad hwn. Awgrymodd athro fy mod i'n cyflwyno'r syniad mewn ffair wyddoniaeth ryngwladol ar gyfer pobl ifanc. Enillais le yn rownd derfynol fyd-eang Ffair Wyddoniaeth Google 2014, y prosiect gwyddor ymddygiad cyntaf i'w gynnwys.

Trwy'r gystadleuaeth hon cefais fynd ar y llwyfan byd-eang, gan roi'r cyfle i fi hybu ymwybyddiaeth o'r mater a sbarduno'r mudiad

'ReThink' i atal seiberfwlio. Ces i gyfle i deithio ar draws y byd, i Lundain, Efrog Newydd ac India, i gyflwyno sgyrsiau TED. Ces i wahoddiad i'r Tŷ Gwyn, a chael fy nghydnabod am fy ngwaith gan yr Arlywydd Obama.

Yn ystod fy nheithiau, dwi wedi siarad â miloedd o bobl ifanc. Roedd llawer o'r sgyrsiau hyn yn sôn am eu buddsoddiad dwys ac emosiynol yn eu cyfathrebu ar y cyfryngau cymdeithasol a thrwy ddyfeisiau technolegol. Roedd cytundeb llwyr: mae geiriau ar-lein o bwys.

Mae ReThink bellach wedi'i gyflwyno i fwy na phum miliwn o fyfyrwyr, ac mae'r dechnoleg ar gael mewn sawl iaith ryngwladol. Mae neges ReThink wedi cyrraedd dros 134 o wledydd drwy fenter Share America Adran Gwladwriaeth yr UDA.

Un o'r pethau gorau o fod yn dy arddegau yw credu ynot ti dy hun a'r syniad dy fod ti'n anorchfygol. Bron bob nos pan oeddwn i'n tyfu i fyny, byddai Mam yn dweud wrtha i doedd dim byd roeddwn i'n methu ei wneud. Byddai hi'n dweud bod fy mywyd yn bennod wag, yn barod i fi ei hysgrifennu a gwneud fy marc. Mae'n bosib y byddwn i'n gwneud llanast, ond doedd gen i ddim byd i'w golli.

Mae pob person ifanc yn angerddol am rywbeth: cerddoriaeth, celf, gwyddoniaeth, y gyfraith, gwleidyddiaeth, ffrindiau, cymunedau, teuluoedd. Mae'r potensial gan bawb ifanc i ddilyn eu hangerdd a chyflawni rhywbeth ystyrlon. Drwy sianelu angerdd tuag at rywbeth unigryw, dwi wir yn credu bod modd gwneud y byd yn lle gwell. Dydw i ddim yn ystyried fy hun yn athrylith dawnus – dydw i ddim yn arbennig o ddeallus – ond dwi'n benderfynol fy mod i am adael y byd mewn gwell cyflwr nag y mae o.

I finiogi'r angerdd, dwi wedi buddsoddi fy amser mewn maes sy'n agos iawn at fy nghalon: arfogi merched a menywod â sgiliau codio a thechnoleg yr 21ain ganrif fel eu bod nhw hefyd yn gallu gwireddu eu syniadau technolegol. Mae gen i brofiad o ddysgu'r sgiliau hyn i fenywod mewn sawl sefydliad, gan gynnwys Girls Who Code a Commit2Change. Drwy hynny, dwi wedi sylwi fy mod i'n dysgu mwy na chodio iddyn nhw. Dwi'n eu dysgu i fod yn ddewr ac i fynd am beth sydd eisiau arnyn nhw, hyd yn oed os yw'n bosib y byddan nhw'n methu.

Dyna fy neges i blant a phobl ifanc ym mhobman: mae angen i ti gael ffydd ynot di dy hun. Mae hi mor hawdd bod yn llawdrwm arnat ti dy hun. Yn lle hynny, dilyna dy gryfderau. Mae gen ti angerdd; mae gen ti freuddwyd; rheda ar ei hôl hi ac anwybydda'r holl amheuwyr. Bydda'r un person fydd yn dy gefnogi di bob amser – ti dy hun.

TRISHA

@rethinkwords
@TrishPrabhu

> "Mae gen ti angerdd; mae gen ti freuddwyd; rheda ar ei hôl hi. Bydda'r un person fydd yn dy gefnogi di bob amser – ti dy hun."

LUCY,
17, Sheffield, Lloegr

> "Gwnes i ddeiseb i wahardd gwerthu wyau adar cewyll yn Tesco a chasglu 280,000 o lofnodion. Roedd gweld y fath ymateb yn anhygoel."

Doedd gen i fawr ddim diddordeb mewn ieir nes roeddwn i'n 12 oed, pan wnes i ddigwydd gweld haid ohonyn nhw ar fferm. Roeddwn i'n teimlo'n arbennig o glòs at un, a oedd wedi'i hanafu. Roeddwn i'n rhyfeddu at ba mor ddiddorol roedd hi. Sylwais eu bod nhw'n greaduriaid mor gymhleth, a ches fy swyno gan sut roedden nhw'n ymateb i'w gilydd ac i bobl. Doeddwn i erioed wedi sylweddoli hyn o'r blaen.

Dechreuon ni ei galw hi'n Musus Iâr. Roeddwn i'n ei chario hi o gwmpas ac yn treulio llawer o amser yn ei chwmni, gan obeithio y byddai'n gwella'n fuan.

Diddordeb pur wnaeth i fi edrych sut mae ieir yn cael eu trin yn fasnachol, a dysgu am wahanol fathau o ffermio. Dysgais am amodau byw ieir cewyll: dull o ffermio a oedd yn ymddangos mor llwm o'i gymharu â bywyd yr haid roeddwn i wedi dod i'w 'nabod. Dechreuais ysgrifennu llythyrau at archfarchnadoedd a gwleidyddion am amodau byw cyfyng ofnadwy ieir cewyll. Yn fuan iawn, dyma sylweddoli cyn lleied o sylw roedd y llythyrau'n ei gael. Mae'r ffolderi yn dal gen i hyd heddiw, yn llawn llythyrau ag atebion tebyg i, 'Mae'n ddrwg gennym eich bod chi'n anfodlon'.

Wrth i fi ddysgu mwy a mwy am y pwnc, roedd hi'n mynd yn gynyddol anoddach i feddwl, 'Dwi ddim yn mynd i drafferthu.' Mwya'n byd roedden nhw'n dweud, 'Na, allwn ni ddim eich helpu chi,' 'Na, does gennym ni ddim diddordeb,' mwya'n byd roeddwn i'n teimlo'r angen i wneud rhywbeth.

Mae fy nheulu wedi cadw anifeiliaid erioed. Dwi'n meddwl bod anifeiliaid anwes yn hynod o fuddiol; maen nhw'n dy dynnu di'n ôl at bwy wyt ti ac yn helpu pobl i ddelio â straen. Maen nhw'n gallu rhoi cymaint i blentyn.

Pan ddechreuais i ymgyrchu, newidiodd fy mywyd. Sylweddolais i fod parch a gofal tuag at anifeiliaid ddim yn cael ei ystyried mor bwysig â sut rydyn ni'n rhyngweithio â phobl eraill. Yn yr ysgol, maen nhw'n dweud bod angen i ni fod yn garedig wrth ein gilydd, ond dydy bod yn garedig wrth anifeiliaid ddim yn rhan o'r cwricwlwm cenedlaethol. Mae anifeiliaid domestig yn cael eu cam-drin, yn ogystal ag anifeiliaid mewn ffermydd masnachol. I fi, mae mor syml: peidiwch â brifo anifeiliaid.

Mae'r ymgyrch wedi bod ar waith ers i fi fod yn 12 oed. Wrth edrych yn ôl, mae rhywun yn anghofio faint o ymdrech sy'n mynd i mewn i'r pethau hyn. Llythyru yn ôl ac ymlaen. Ar ôl ychydig, roeddwn i'n synnu eu bod nhw'n ateb, ond hyd yn oed wrth i'r pentwr o waith papur dyfu, roeddwn i'n gwybod mai ychydig iawn oedd yn newid go iawn. Llythyrau oedd yn cael eu rhoi ar waelod y pentwr yn y pencadlysoedd oedden nhw, yn enwedig gan eu bod nhw gan rywun fy oedran i.

Yna gwelais fod rhywun wedi trefnu deiseb leol ar-lein ac roeddwn i'n meddwl y byddwn i'n rhoi cynnig arni. I fod yn onest, byddwn i wedi bod yn fodlon â dim ond 100 o lofnodion. Gwnes i ddeiseb am wahardd gwerthu wyau ieir cewyll yn Tesco, ac o fewn oriau roedd cannoedd o lofnodion arni. Roedd yn frawychus – ond yn frawychus mewn ffordd dda! Anhygoel! Roeddwn i'n gwybod bod hwn yn fater a oedd yn achosi pryder i lawer o bobl, ond roedd gweld y fath ymateb, ar unwaith, yn gwbl anhygoel.

Wrth i nifer y llofnodion barhau i godi, roeddwn i'n synnu'n fwy a mwy. Roedd pobl a oedd yn byw filoedd o filltiroedd i ffwrdd yn rhannu sylwadau. Dwi'n dal i fethu credu faint yn union o bobl wnaeth fy neiseb i eu cyrraedd. Yn y pen draw, anfonais 280,000 o lofnodion i Tesco.

Tra oedd y ddeiseb yn dal i fod yn fyw, dechreuais ymgyrch lythyru ac anfonwyd dros 800 o lythyrau. Roedd rhai pobl yn cynnwys eu negeseuon eu hunain ac eraill yn defnyddio'r neges roeddwn i wedi'i hawgrymu. Roeddwn i wedi treulio cymaint o oriau a dyddiau yn ysgrifennu llythyrau ar fy mhen fy hun, felly roedd rhywbeth arbennig iawn am y syniad bod nifer mor fawr o lythyrau yn cyrraedd y pencadlys.

Un o brif elfennau'r rhan fwyaf o'r llythyrau oedd adran yn gofyn i Tesco gyfarfod â fi i drafod yr ymgyrch, gan roi cydnabyddiaeth i'r miloedd a oedd yn rhan ohoni. Roeddwn i wrth fy modd pan ddaeth yr e-bost gan reolwyr Tesco yn dweud eu bod nhw'n fodlon cyfarfod. Roeddwn i wedi gobeithio'n fawr y bydden nhw'n cytuno ond, gan ei fod yn gwmni mor enfawr, roedd hi'n anodd disgwyl dim byd o gwbl.

Ces i gyfarfod â Phennaeth Amaeth Tesco a Rheolwr Cymunedol. Gwnes i drio peidio â chanolbwyntio ar bwy yn union roeddwn i'n cyfarfod â nhw na pha mor bwysig oedden nhw. Dim ond mater ieir cewyll oedd yn bwysig. Roeddwn i'n gwybod y gallai'r cyfarfod fy llethu'n hawdd, ond roeddwn i'n canolbwyntio'n llwyr ar eu cael nhw i newid, neu o leiaf gydnabod y pwnc.

Gan mai dim ond 14 oed roeddwn i ar y pryd, daeth Mam gyda fi, ond byddwn i wedi mynd i mewn ar fy mhen fy hun. Roeddwn i'n teimlo'n gyffrous yn fwy na dim – ac yn gwbl glir ynghylch beth roeddwn i eisiau ei ddweud.

Doeddwn i ddim eisiau mynd i mewn a'u bod nhw wedyn yn trio fy nhawelu drwy ddweud, 'Da iawn ti ar y ddeiseb; nawr, cer adre a rho'r gorau iddi hi,' ond, er clod iddyn nhw, wnaethon nhw ddim fy nhrin i fel plentyn ar drip ysgol o gwbl.

Dywedais wrthyn nhw, 'Waeth beth fydd canlyniad y ddeiseb, dwi'n mynd i ddal ati.' Yna ychwanegais, 'Dydw i ddim yn tynnu'n ôl o'r ymgyrch.' Doeddwn i ddim am un funud yn cael yr argraff eu bod nhw'n ystyried unrhyw newid ar frys. Ers y dyddiau cynnar, roedd yr ymgyrch i'w gweld yn sbarduno diddordeb y cyfryngau, ac roedd gohebydd

Radio 4 gyda ni a oedd yn aros amdana i y tu allan. Cytunodd Tesco i wneud cyfweliad, ond wnaethon nhw ddim sôn llawer am fater wyau ieir cewyll. Roedden nhw'n dweud eu bod nhw'n gwerthfawrogi adborth gan eu bod yn fusnes sy'n cael ei yrru gan eu cwsmeriaid.

Chlywais i'r un gair am sbel. Ychydig wythnosau'n ddiweddarach, dyma nhw'n rhyddhau datganiad i'r wasg yn sôn am roi'r gorau i werthu wyau o ieir cewyll. Roeddwn i mewn sioc ac wrth fy modd ar yr un pryd. Clywais i'r cyhoeddiad am y tro cyntaf yn yr ysgol, a gwnes i'n siŵr fy mod i'n dweud wrth bawb a oedd wedi cefnogi'r achos – yn ogystal â ffonio Mam!

Dim ond wyau maes roedd Sainsbury's yn eu gwerthu, felly symudais y pwysau at ddwy archfarchnad fawr arall yn y Deyrnas Unedig, Asda a Morrisons. Am fod Tesco yn un o arweinwyr allweddol y farchnad, roedd eu penderfyniad nhw'n golygu bod y lleill yn fwy tebygol o ddilyn. O fewn wythnos i lansio'r ddeiseb honno, roedd 180,000 o bobl wedi'i llofnodi. Roedd yr un gyntaf wedi creu cymaint o fomentwm. Ymunodd yr elusen Compassion in World Farming yn yr ymgyrch, gan roi pwysau ar y manwerthwyr penodol hyn; felly hefyd elusen diogelu anifeiliaid yr RSPCA. Roedd sefydliadau lles eraill hefyd yn galw am newid.

Bues i wrthi'n brysur ar y cyfryngau cymdeithasol, gan wybod y byddai llawer o gefnogwyr y ddeiseb yn anfon negeseuon ar Facebook a Twitter. Mae'r cyfryngau cymdeithasol yn gallu bod yn arf chwyldroadol i ennyn diddordeb pobl ac uno barn. Mae'n gallu cael effaith mor anhygoel, ac o fewn wythnos roedd yr archfarchnadoedd hynny wedi addo'r un peth â Tesco.

Roeddwn i wedi bod wrthi fel lladd nadredd, ond roedd yn bwysig i fi nad oedd yr ymgyrch byth yn ymosodol, yn dreisgar nac yn creu gwrthdaro. Y cyfan wnes i oedd cyflwyno'r hyn roeddwn i'n ei ystyried yn rhesymegol ac yn iawn.

Roedd y pedair archfarchnad fawr naill ai wedi addo newid neu eisoes â pholisi ar waith yn erbyn gwerthu wyau ieir cewyll. Dilynwyd eu hesiampl gan nifer o archfarchnadoedd llai, gydag Aldi a Lidl hefyd yn addo'n gyhoeddus i beidio â'u gwerthu. Roedd bron pob archfarchnad fawr yn cytuno y byddai wyau cewyll yn cael eu dileu yn raddol. Dydy pethau o'r fath ddim yn digwydd dros nos, ond maen nhw i gyd wedi cytuno i wneud y newid.

Yn ystod fy arholiadau TGAU, bu'n rhaid i fi adael i'r ymgyrch dawelu ychydig, ond mae sawl mater dwi'n bwriadu ymwneud â nhw. Er bod gwerthu wyau cyfan o ieir cewyll wedi dod i ben, mae'n dal i fod yn bosib bod wyau cewyll yn cael eu defnyddio fel cynhwysion, mewn cacennau er enghraifft. I fi, mae hyn yn fater o bwys. Bydd hybu ymwybyddiaeth o'r angen am addysg gynnar mewn lles anifeiliaid sylfaenol yn un o fy mlaenoriaethau pennaf o hyd. Dwi mor falch fy mod i wedi dechrau ymgyrchu, hyd yn oed os oedd hynny wedi digwydd ar ddamwain bron iawn. Dwi'n mwynhau popeth sy'n dod yn ei sgil, hyd yn oed siarad cyhoeddus. Pan fydda i'n hŷn, byddwn i'n hoffi dilyn trywydd gweithio dros newid cymdeithasol. Yn ddiweddar, ces i'r anrhydedd o ymuno ag elusen International Aid for the Protection and Welfare of Animals fel llysgennad. Drwy hynny ac ambell drywydd arall, dwi'n gobeithio creu ymwybyddiaeth newydd o drafferthion byd-eang anifeiliaid, rhywbeth mawr ei angen. Mae cadwraeth mor bwysig. Os na fyddwn ni'n gweithredu nawr, dwi wir yn credu ei bod hi'n bosib y byddwn ni'n wynebu dyfodol â fawr ddim byd ar ôl i'w warchod.

Mae'n rhaid bod rhywbeth am fod yn fy arddegau sy'n gwneud i fi deimlo bod hon yn adeg wych i edrych o fy nghwmpas i a meddwl,

'Ai dyma'r math o fyd dwi eisiau tyfu i fyny ynddo?' Dwi'n meddwl bod fy oedran wedi fy helpu i. Roedd y cyfan yn ymddangos mor glir i fi. Wnes i ddim gadael i fy hun orfeddwl beth roeddwn i'n ei wneud. Roedd y newid yn bwysig i fi a gwnaeth hyn ganiatáu i fi gau allan y lleisiau beirniadol: pobl yn dweud, 'Mae'n rhaid bod ganddi rieni ar fwrdd Tesco,' neu'n tybio mai arweinydd mewn enw yn unig oeddwn i, a fy mod i heb wneud dim o'r gwaith fy hun. Petai ganddyn nhw ddadl ddilys, byddwn i wedi treulio amser yn cnoi cil am hynny, ond wnes i ddim gadael i sylwadau personol fy rhwystro i rhag cyflawni rhywbeth mor anhygoel o bwysig. Mewn sawl achos, os oedd pobl yn gwneud sylwadau personol, byddai edefyn o sylwadau rhyfeddol o gefnogol oddi tanyn nhw yn eu gwrth-ddweud.

Yn anffodus, ynghyd â chefnogaeth a phositifrwydd enfawr, daeth hi'n amlwg y bydd pobl sydd bob amser yn amau beth rwyt ti'n ei wneud. Yr anhawster yw ennyn diddordeb pobl mewn mater y maen nhw'n teimlo sy'n 'ddibwys' neu'n 'ddibwrpas' neu hyd yn oed yn 'dwp', ond dwyt ti byth yn gallu gadael i'r lleisiau hyn newid dy gredoau a thanseilio dy benderfyniad bob yn dipyn. Bydda i bob amser yn falch fy mod i wedi dod yn ymgyrchydd ac yn ddiolchgar i fi gyfarfod yr hyfryd Musus Iâr. Weithiau, mae'r eiliadau lleiaf yn gallu sbarduno'r newidiadau mwyaf anhygoel.

LUCY

 @LucyGavaghan
 @lucygavaghan

"Mae'r cyfryngau cymdeithasol yn gallu bod yn arf chwyldroadol i ennyn diddordeb pobl ac uno barn. Weithiau, mae'r eiliadau lleiaf yn gallu sbarduno'r newidiadau mwyaf anhygoel."

PARRY,
21, Dyfnaint, Lloegr

"Dydy hi ddim yn deg bod plant yn tyfu i fyny gyda thraethau budr ac yn gorfod poeni am rywbeth yn arnofio heibio iddyn nhw yn y dŵr."

Dwi'n byw ger y môr ers pan oeddwn i'n blentyn bach. Dwi'n mynd i syrffio ac mae'r môr yn golygu llawer i fi. Mae'n fy helpu i pan dwi dan straen neu os oes rhywbeth o'i le yn fy mywyd. Hyd yn oed ar ddiwrnod da, mae mynd i lawr at y môr yn gwneud i bopeth deimlo'n well. Mae bod ar y dŵr yn clirio dy ben di; gelli di ganolbwyntio arnat ti dy hun a beth rwyt ti'n ei wneud yr union adeg honno. Pan fyddi di'n syrffio, mae'n rhaid i ti fod yn ymwybodol iawn o beth rwyt ti'n ei wneud. Dwi wedi syrffio ledled y byd a dwi'n gwybod bod y tonnau'n gallu dy ladd di.

O'r hyn dwi wedi'i weld, mae byw ger y môr yn gwneud pawb yn hapusach, yn yr haf neu yn ystod dyddiau oer a thywyll y gaeaf. Mae'r môr yn dy helpu i weld pa mor fach wyt ti a pha mor fach yw dy broblemau di.

Mae prosiect lleol yma o'r enw'r Wave Project. Cafodd ei ddechrau gan ffrind i fi, ac mae'r Gwasanaeth Iechyd yn ei gefnogi i helpu pobl â salwch meddwl drwy syrffio. Bues i'n helpu gyda'r gwaith hwn pan oeddwn i'n ifanc. Roedd un person yn ofni dŵr cymaint, doedd e ddim yn gallu cael cawod hyd yn oed – roedd yn rhaid iddo ymolchi mewn sinc gan ddefnyddio gwlanen. Treuliodd y ddwy sesiwn gyntaf yn eistedd ar y traeth yn gwylio pobl eraill yn syrffio. Erbyn y drydedd sesiwn, roedd ei fywyd wedi newid yn llwyr, a'i ofn o ddŵr wedi mynd. Roedd yn gallu byw bywyd hollol normal. Dwi felly wedi gweld sut mae'r grym gan ddŵr i newid bywydau. Mae'r angen i ni ei ddiogelu a'i gadw'n lân yn gwneud synnwyr llwyr i fi.

Ers i fi fod yn syrffio, dwi wedi bod yn ymwybodol o blastig yn y môr. Pan oeddwn i'n 16 oed, treuliais i bedair wythnos ar brosiect gyda'r Gwasanaeth Dinasyddiaeth Cenedlaethol. Clirio plastig o'r môr oedd thema fy mhrosiect i. Ar ôl hyn, gwnaethon nhw fy helpu i ddechrau creu fy mhrosiect fy hun.

Dechreuais i fy mhrosiect gyda ffrind, a chawson ni ein hysbrydoli gan brosiectau eraill fel Surfers Against Sewage a #2minutebeachclean. Dechrau'r gwaith oedd cynnal ymgyrchoedd glanhau traethau, ac erbyn hyn, rydyn ni wedi dechrau ymweld ag ysgolion i siarad â phlant. Ein neges ni yw, 'Y tro nesa byddwch chi'n mynd i lan y môr, treuliwch ddau funud yn clirio eich llanast – a dweud wrth bawb arall pa mor bwysig yw hyn.' Petai pawb yn treulio dau funud yn codi sbwriel o'r traethau, byddai mwy o amser yn cael ei dreulio yn gwneud hynny nag sydd wedi mynd heibio ers i bobl fod ar y blaned.

Y plant hyn yw'r genhedlaeth nesaf. Ein nod yw y byddan nhw'n sôn am ein neges wrth eu rhieni, ac yn dweud wrth eu rhieni am beidio â gollwng sbwriel ar y traeth. Os wyt ti'n mynd i'r ysgol ac yn dangos iddyn nhw beth sy'n digwydd, fydd dim rhaid i neb dreulio eu bywyd yn casglu sbwriel. Coda ambell ddarn o sbwriel ac mae'r môr yn lanach ac yn fwy diogel o lawer i bawb arall.

Erbyn hyn, dwi'n gweithio fel hyfforddwr syrffio ac yn dysgu llawer o blant. Dwi eisiau iddyn nhw rannu'r llawenydd mae'r môr yn ei roi i fi. Dydy hi ddim yn deg bod plant yn tyfu i fyny gyda thraethau budr ac yn gorfod poeni am rywbeth yn arnofio heibio iddyn nhw yn y dŵr. Dylen nhw gael yr hawl i'w fwynhau yn union fel y gwnaethon ni.

Mae ynys fechan oddi ar yr arfordir o'r enw Ynys Wair – *Lundy Island*. Dyma'r lle mwyaf bioamrywiol yn y Deyrnas Unedig ac mae'n gartref i forloi, palod, dolffiniaid ac ambell heulforgi – *basking shark*. Mae rhan fawr o'r economi leol yn dibynnu ar dwristiaeth yno, gan gynnwys mordeithiau bywyd gwyllt. Mae'r harbwr mwyaf sy'n gweithio yn ne orllewin Lloegr, Ilfracombe, yma hefyd. Heb fywyd gwyllt, byddai'r effaith ar y gymuned leol yn enfawr. Os yw bywyd y môr yn marw, mae 80 y cant o ddiwydiant yr ardal yn mynd. Mae mwy o amaethyddiaeth wrth i ti fynd ymhellach o'r môr, ond ar yr arfordir, lle dwi'n byw, twristiaeth a physgota yw popeth, ag ambell fferm yma ac acw.

Roedd cyfres deledu David Attenborough, *The Blue Planet*, yn help mawr i esbonio maint problem plastig yn ein moroedd. Os oes rhywun yn dod lawr o Birmingham ar wyliau ac yn gweld traeth o dywod gwyn trawiadol, mae'n bosib eu bod nhw ddim yn ymwybodol beth sy'n digwydd. Dwi'n meddwl bod y rhan fwyaf o bobl yn eitha da, ac mae pobl yn gwneud mwy o ymdrech i gario eu sbwriel i finiau. Allwn ni ddim perswadio pawb i wneud hyn, ond dydyn ni ddim eisiau i fywyd y môr farw. Roedden nhw yma o'n blaenau ni.

PARRY

> "Petai pawb yn treulio dau funud yn codi sbwriel o'r traethau, byddai mwy o amser yn cael ei dreulio yn gwneud hynny nag sydd wedi mynd heibio ers i bobl fod ar y blaned."

AMIKA,

18, Llundain, Lloegr

"Darllenais i fod merched yn colli'r ysgol am wythnos oherwydd eu bod nhw ar eu mislif ac yn methu fforddio tamponau neu dyweli mislif. Roeddwn i'n meddwl y dylai pawb fod yn sôn am hyn."

MYNNU NEWID

Roedd erthygl ar wefan BBC Schools yn dweud bod merched yn colli'r ysgol am wythnos am eu bod nhw ar eu mislif ac yn methu fforddio tamponau neu dyweli mislif. Roedd yn rhaid iddyn nhw ddewis defnyddio sanau neu bapur tŷ bach neu golli'r ysgol.

Gwnes i arswydo pan ddarllenais i hynny. Dwi'n gwybod sut beth yw teimlo dan straen am fethu diwrnod neu ddau o ysgol, yn enwedig yn y cyfnod cyn arholiadau TGAU neu Lefel A, gan wybod faint o waith byddai ei angen i ddal i fyny pan fyddwn i'n mynd yn ôl.

Cyn i fi weld yr erthygl, doeddwn i erioed wedi clywed am y term 'tlodi mislif'. Cyn gynted ag y gwnes i, roeddwn i'n meddwl y dylai pawb fod yn sôn amdano. Doedd y llywodraeth ddim yn cynnig atebion nac yn mynd i'r afael â'r broblem, felly dechreuais i ddeiseb ar wefan change.org, yn gofyn am ofal mislif am ddim i bob merch a oedd â hawl i ginio ysgol am ddim. Roeddwn i wir yn meddwl bod hyn yn gwneud synnwyr llwyr. Fyddai neb yn ei wrthwynebu.

Siaradais â theulu a ffrindiau, ac roedd yn gwneud synnwyr iddyn nhw hefyd. Fy ngobaith oedd cael 50 o lofnodion dros ychydig wythnosau. Mewn gwirionedd, ces i 2,000. Erbyn hyn, mae gen i fwy na 270,000. Mae cymaint o gefnogaeth, ond does dim digon o bobl wedi clywed am dlodi mislif o hyd, ac roedd angen i hyn newid.

Roedd fy ngreddf yn iawn. Ymateb greddfol pobl pan maen nhw'n clywed amdano yw 'Beth galla i'i wneud i helpu?' Dechreuais drefnu digwyddiadau gan ddefnyddio Instagram a Twitter. Trefnwyd protest heddychlon ym mis Rhagfyr, y tu allan i ystafell wely'r Prif Weinidog, gyda 2,000 o bobl yno. Llwyddon ni i ddenu siaradwyr anhygoel, gan gynnwys y fodel Daisy Lowe a'r AS Jess Phillips. Doeddwn i ddim yn gwybod faint o bobl fyddai'n dod, ond dywedais i wrth fy ffrindiau a gwnaethon nhw sôn wrth eu ffrindiau nhw. Roedd yn llwyddiant go iawn.

Mae'r tabŵ o ran y mislif yn chwerthinllyd ac roedd yr ymateb i'r hyn roedden ni'n gofyn amdano yn anhygoel. Pan oedd y ddeiseb mor llwyddiannus, roeddwn i'n ddigon naïf i ddisgwyl ymateb cadarnhaol gan y llywodraeth. Ddigwyddodd dim byd, ond ym mis Mawrth 2018 cyhoeddodd y llywodraeth y bydden nhw'n dyrannu £1.5 miliwn o'r gronfa treth tamponau – yr arian a enillwyd o neilltuo'r TAW ar gynnyrch mislif – i helpu i fynd i'r afael â thlodi mislif, yn ogystal â chefnogi'r merched a'r menywod mwyaf bregus a difreintiedig. Roedd hynny'n gam ymlaen, o leiaf. Yn ogystal, cafwyd addewid tymor hir i ddileu TAW ar gynnyrch mislif.

Yn anffodus, roedd y llywodraeth yn dal i ddadlau bod angen i rieni gadw arian er mwyn talu am gynnyrch mislif, ond dydy'r merched yma ddim yn gallu mynd at eu rhieni a rhoi'r dewis iddyn nhw dalu am fwyd neu badiau mislif. Mae llawer yn teimlo bod stigma neu dabŵ am drafod y mislif, sy'n golygu eu bod nhw'n methu trafod hyn â'u rhieni na'u hathrawon yn yr ysgol. Weithiau, mae athrawesau'n rhoi eu padiau mislif eu hunain i ferched, ond dydy hynny ddim yn deg arnyn nhw.

Mae fy nheulu i'n eitha' agored am y mislif. Dydy o erioed wedi bod yn bwnc cudd; maen nhw'n ei ystyried yn rhan o fywyd. Maen nhw i gyd yn fy annog i gyda'r ymgyrch; mae fy nhaid wedi bod yn arbennig o gefnogol. Mwya'n byd dwi'n ymgyrchu, mwyaf hurt yw hi i fi bod tabŵ yn bodoli. Mae hi mor amlwg bod y mislif yn broses gorfforol normal ac mae'n hurt os ydyn ni'n methu ei drafod. Dylen ni ddathlu'r mislif. Dyma pam rydyn ni'n gallu atgynhyrchu. Dydy o ddim yn rhywbeth i deimlo cywilydd yn ei gylch.

Doedd dim addysg ynglŷn â'r mislif yn fy ysgol gynradd i. Dwi'n cofio'r athrawon yn dweud, 'Os oes angen padiau ar unrhyw un, maen nhw yn nhoiledau'r athrawon.' Doeddwn i ddim yn gwybod am beth roedden nhw'n sôn. Roedd Mam wedi dechrau'n ifanc, felly dyma hi'n eistedd gyda fi un diwrnod ac esbonio. Dwi'n cofio meddwl, 'Pam dydy merched sy'n iau na fi ddim yn teimlo'n iawn yn sôn am y mislif?"

Dwi'n dal i feddwl bod bwlch enfawr ym myd addysg. Mae angen gwneud llawer iawn i newid y ffordd y mae'r system addysg yn delio â'r mislif. Ar ôl gorffen fy arholiadau Lefel A, daliais ati i hybu ymwybyddiaeth o'r ymgyrch. Es i i ddigwyddiad yn Sefydliad Bill a Melinda Gates yn Efrog Newydd, lle roeddwn i'n un o dri a oedd yn cael gwobr, ar ôl ennill gyda'r ymgyrch FreePeriods. Roeddwn i'n gwybod y byddwn i'n dal ati gyda'r ymgyrch nes cael y maen i'r wal. Ar ôl gadael y brifysgol, dwi eisiau gweithio ym maes hawliau dynol.

Mae mor bwysig bod pobl ifanc yn trafod pynciau tabŵ neu bethau rwyt ti'n meddwl does neb eisiau gwybod amdanyn nhw. Does dim un mater yn rhy fach.

Er mwyn llwyddo, mae angen bod yn hyderus. Dechreuais i'r ymgyrch hon gartref ar fy ngliniadur. Mae'r rhyngrwyd wedi rhoi cymaint o gyfle i gysylltu â phobl sy'n defnyddio'r cyfryngau cymdeithasol a'r byd ar-lein a lleisio dy farn. Wrth i fi wneud mwy a mwy o waith ar hyn, mae fy hyder wedi cynyddu hefyd.

GELLI DI NEWID Y BYD!

Llun: Alice Skinner

Mae'r gefnogaeth wedi bod yn hynod gadarnhaol, ond mae 'na wastad ambell un sy'n postio, 'Pam wyt ti'n sôn am y mislif tra 'mod i'n bwyta fy mrecwast?' a, 'Mae'r mislif yn ffiaidd.' Mae eraill yn dweud, 'Dwi'n siŵr bod pawb yn gallu fforddio cynnyrch mislif. Siawns nad ydyn nhw'n gallu dod o hyd i bunt.' Mae hyn yn dangos lefel yr anwybodaeth. Dydy pobl ddim yn ymwybodol bod gagendor mor fawr rhwng y cyfoethog a'r tlawd.

Hoffwn i ddiolch i'r BBC am dynnu fy sylw i at y mater hwn. Hefyd, roedd fy ysgol yn gefnogol iawn. Roedd yn rhaid i fi aildrefnu gwersi, a newidion nhw amser fy arholiadau er mwyn i fi allu annerch cynhadledd yn America. Unwaith, ces i e-bost yn gofyn i fi fynd ar newyddion ITV am un o'r gloch y diwrnod hwnnw, ac roedd yr ysgol yn anhygoel. Gadawon nhw i fi golli gwers ac maen nhw'n falch o'r hyn dwi wedi'i wneud.

Gwnes i annerch cynhadledd ryngwladol ar Facebook yn ymwneud â diogelwch ar-lein. Roedd pawb ar y panel wedi cyflawni pethau cadarnhaol drwy'r cyfryngau cymdeithasol. Roedden ni i gyd yn dweud, 'Mae'n bosib eu defnyddio nhw er lles.'

Yna, cyhoeddodd y llywodraeth y byddai cynnyrch mislif am ddim mewn ysgolion cynradd ac uwchradd ac mewn colegau. Roedden nhw wedi gwrando ar yr ymgyrchwyr. Roeddwn i wrth fy modd. Dwi'n credu bod hwn yn addewid hynod bwysig ac arwyddocaol. Mae'n golygu fydd yr un ferch ifanc ddim yn gorfod peryglu ei haddysg oherwydd y mislif ac oherwydd ei bod hi'n methu fforddio cynnyrch mislif.

Mae llawer iawn o waith i'w wneud o hyd i frwydro'r stigma hurt ynghylch y mislif, sydd mor aml â gwreiddiau diwylliannol. Rydyn ni'n dal i deimlo cywilydd ac embaras wrth drafod y pwnc, ac mae'n rhaid i hynny stopio. Unwaith y byddwn ni'n cyflawni hynny, a'r mislif yn dod yn bwnc y mae dynion, menywod, bechgyn a merched yn gallu'i drafod yn gwbl rydd, byddwn ni gam yn nes at sicrhau cydraddoldeb rhwng y rhywiau. Mae'n ymddangos yn bell i ffwrdd, ond mae cynnydd yn digwydd.

Mae cymaint o faterion y gallwn ni helpu i dynnu sylw atyn nhw a mynd i'r afael â nhw. I fi, mae'r ymgyrch hon yn brawf bod merch ifanc yn ei harddegau yn gallu achosi newid ym mholisi'r llywodraeth. Ddylai oedran ddim rhwystro neb rhag credu eu bod nhw'n gallu cyflawni'r newidiadau maen nhw eisiau eu gweld. Mae angen i ni godi llais dros y pethau sy'n bwysig i ni.

AMIKA

@AmikaGeorge
#FreePeriods
www.freeperiods.org

> "Mae mor bwysig bod pobl ifanc yn trafod pynciau tabŵ neu bethau rwyt ti'n meddwl does neb eisiau gwybod amdanyn nhw. Does dim un mater yn rhy fach."

FERLIN,

18, Cape Town,

De Affrica

"Rydyn ni'n gweithio i gefnogi merched eraill ac i ddiogelu ein gilydd rhag trais a'i sgileffeithiau. Dwi'n credu bod y gallu gen i erioed i gynrychioli eraill a bod yn arweinydd."

Ar y cyfan, gangiau sy'n rheoli Manenberg, ein hardal ni yn Cape Town. Un funud mae gen ti heddwch a thawelwch; mae'r oedolion yn gallu mwynhau eu hamser y tu allan ac mae'r plant yn gallu chwarae. Unwaith mae'r saethu'n dechrau, mae'r ardal yn clirio mor sydyn. Mae'n union fel petai neb yn bodoli.

Mae gen i lawer o atgofion drwg fel merch ifanc. Dwi wedi bod yn dyst i bethau drwg yn digwydd. Fwy nag unwaith, dwi wedi cael fy nal yn y canol wrth i aelodau gangiau saethu at ei gilydd. Dwi wedi bod yn mynd i'r ysgol, i gael addysg, ac wedi bod yn y sefyllfa hon. Mae baich yr atgofion dwi'n eu cario yn un trwm.

Mae saethu wedi digwydd y tu mewn i'r ysgol hyd yn oed. Dwi'n cofio pan oeddwn i'n 10 oed, torrodd y gangiau i mewn i fy ysgol i. Roedd un o fy ffrindiau i wedi dychryn yn ofnadwy. Roedd hi'n byw mewn ardal â llawer iawn o drais. Rhedodd i guddio mewn cwpwrdd i wneud yn siŵr nad oedd dim byd yn digwydd iddi. Roeddwn i'n gwybod nad oedd unrhyw fudd mynd i banig, felly penderfynais i drio tawelu pawb. Roedd hi'n anodd iawn tawelu'r plant ifanc, ond llwyddais i yn y pen draw.

Er bod trais yn rhan o'n bywydau pob dydd, dwi'n credu bod y gallu gen i erioed i gynrychioli eraill a bod yn arweinydd. Ces i fy magu gyda fy mam a fy nain. Mae Mam wastad yn gefnogol iawn ac yno ar fy nghyfer i. Roedd fy nain yn sarhaus ar lafar ac yn dweud llawer o bethau oedd yn chwalu fy hyder. Roedd yn rhaid i fi ddysgu mynegi sut roeddwn i'n teimlo ar unrhyw adeg. Pan oeddwn i'n 10 oed, ymunais ag ambell ferch arall i sefydlu mudiad o'r enw BRAVE. Rydyn ni'n gweithio i gefnogi merched eraill ac i ddiogelu ein gilydd rhag trais a'i sgileffeithiau. Roedden ni'n gwybod bod rhaid i ni wneud rhywbeth. Roedden ni am roi llais i'n hunain a sôn sut beth yw bywyd i ferched ifanc. Trwy weithio gyda BRAVE, ces i help i oresgyn yr heriau roeddwn i'n eu hwynebu yn fy nghymuned fy hun ac ar fy aelwyd fy hun. Enillais i sgiliau arwain a'r hyder i sefyll dros beth sy'n iawn. Roeddwn i'n gwybod bod gen i system gymorth wych y tu ôl i fi, chwaeroliaeth go iawn.

Un peth mawr wnaethon ni ei gyflawni oedd helpu i godi arian i adeiladu ysgol iau newydd. Pan oeddwn i yno, roedd yr ysgol wedi'i gwneud o bren. Nawr mae wedi'i gwneud o frics ac yn teimlo'n fwy cadarn. Mae'n fwy diogel. Dydy'r plant ddim yn agored i drais fel roedden ni. Dwi'n dal i ymweld â'r plant iau gydag aelodau eraill o BRAVE, i'w helpu i ddysgu i fod yn bobl ac arweinwyr cryf. Mae'n teimlo'n dda i allu rhoi rhywbeth yn ôl.

Roedd un arall o'n prosiectau'n ymwneud â gofyn i artistiaid lleol greu meinciau mosaig hardd ar draws Cape Town, nid dim ond yn ein hardal ni. Erbyn hyn mae dros 50 o 'feinciau man diogel' – llefydd i fynd iddyn nhw ac eistedd os wyt ti'n wynebu problemau gartref, yn yr ysgol neu unrhyw le arall. Rwyt ti'n gallu eistedd yno os wyt ti eisiau i rywun estyn cymorth i ti. Mae negeseuon cadarnhaol ac ysgogol ar y meinciau, yn ogystal â rhif ffôn i'w ffonio os oes angen help ar unrhyw un.

Rydyn ni hefyd wedi creu grŵp WhatsApp gan fod angen ffordd hawdd o gysylltu â'n gilydd. Mae'n system gymorth wych. Un tro, pan oeddwn i ar y ffordd i gyfarfod BRAVE, roeddwn i mewn perygl mawr – ces i fy mygio. Pwyntiodd rhyw ddyn gyllell ata i i a bygwth fy mrifo os nad oeddwn i'n rhoi fy ffôn iddo. Dyna pa mor anodd yw hi i fod yn fenyw yn ein cymuned. Doedd gen i ddim dewis ond ildio. Es i i'r tŷ agosaf a defnyddio ffôn yno a chysylltu â'r grŵp WhatsApp i ddweud wrth bawb beth oedd wedi digwydd.

Er gwaethaf ein holl ymdrechion, mae trais yn fygythiad parhaus yma. Rydyn ni wedi colli un o'r merched a oedd yn rhan o BRAVE. Roedd yn dorcalonnus. Roedd colli person mor wych yn brofiad ofnadwy.

Mae'n rhaid i ni ddal ati i ymladd dros beth rydyn ni'n credu ynddo, er cof amdani hi ac er mwyn gweddill ein cenhedlaeth. Buodd naw ohonon ni'n ddigon ffodus i gael siarad am drechu trais yn y Cenhedloedd Unedig. Rydyn ni wedi cyfarfod â gweinidog cyfiawnder ein gwlad. Fy nod yw cyfarfod ag Arlywydd De Affrica i weld beth all o ei wneud i ni. Bydda i wastad yn rhan o'r hyn dwi'n ei wneud nawr. Dyna sydd wedi fy ngwneud i'r person ydw i.

Tlodi yw un o achosion trais. Mae aelodau'r gangiau yn credu bod saethu'i gilydd yn mynd i ddatrys y broblem, ond wnaiff o ddim. Os ydyn ni'n eu haddysgu nhw am effaith trais ar weddill y bobl, os ydyn ni'n sôn nad yw merched ifanc yn teimlo'n ddiogel, dwi'n credu y gallwn ni wneud gwahaniaeth. Addysg yw'r gyfrinach i drechu'r diwylliant gangiau yn ein cymuned.

Mae'r arddegau yn adeg wych i newid ein byd. Dyma adeg mwyaf hyblyg ein bywydau; rydyn ni'n addasu'n haws i bethau. Gallwn ddod yn arweinwyr gwych ac aros fel hyn am weddill ein hoes. Mae pobl ifanc yn bobl gymdeithasol, a gallwn ni wneud yn siŵr ein bod ni'n lledaenu'r gair mewn ffordd effeithiol ac yn cysylltu â'n cyfoedion. Fy mreuddwyd ar gyfer y dyfodol yw ein bod ni'n gallu bod hyd yn oed yn fwy cefnogol i'n gilydd. Byddwn ni'n gallu uniaethu â'n gilydd yn union fel petaen ni'n fam neu'n ferch i'n gilydd. Dyma sut mae cyflawni newid mawr.

FERLIN

@BRAVE.RockGirl
#instaBRAVE2018
#brave_rockgirl
www.brave-girl.org

"Mae pobl ifanc yn bobl gymdeithasol, a gallwn ni wneud yn siŵr ein bod ni'n lledaenu'r gair mewn ffordd effeithiol ac yn cysylltu â'n cyfoedion."

HAMPTON,
23, Efrog Newydd, UDA

"Dwi'n mynd i raliau Mae Bywydau Du o Bwys. Rwyt ti'n cael clywed straeon pobl ac yn gwrando ar eu profiadau."

MYNNU NEWID

Un noson pan oeddwn i'n 17 oed, roeddwn i'n rhedeg adref o dŷ ffrind a ches i fy stopio gan yr heddlu. Doedd neb wedi riportio trosedd, ond roedden nhw'n trio penderfynu a oeddwn i'n droseddwr a oedd newydd ddwyn rhywbeth oddi ar fy nghymdogion. Mentro'u lwc oedden nhw.

Dwi'n cofio teimlo'n fregus ar y pryd, ond ddim o dan fygythiad gwirioneddol. Gofynnon nhw i fi am fy ID a rhoi fy manylion drwy'r system i weld a oedd unrhyw reswm ganddyn nhw i fy arestio i. Roedd hyn yn od iawn gan fy mod i'n union o flaen fy nhŷ fy hun. Ar y pryd, doeddwn i ddim yn poeni rhyw lawer. Ond wrth drafod y mater â fy rhieni, dyma nhw'n dweud na fyddai'r un peth wedi digwydd i fy ffrind, sy'n wyn. Yn ogystal â chael fy synnu, roeddwn i'n bendant yn poeni mwy ar ôl clywed hynny.

Dwi tua 6 troedfedd 1 fodfedd nawr. Roeddwn i tua 5 troedfedd 11 modfedd bryd hynny, ac yn cario mwy o bwysau. Efallai 'mod i'n edrych ychydig yn hŷn na 17, ond ddim llawer yn hŷn.

Yn ystod fy arddegau, des i'n ymwybodol o fwy a mwy o drais tuag at leiafrifoedd ethnig, yn enwedig Americanwyr Affricanaidd. Gwnaeth hyn i fi deimlo'n anesmwyth.

Roedd fy rhieni wedi fy magu i ddeall bod annhegwch yn bodoli, ond daeth hynny'n fwy amlwg pan gafodd Trayvon Martin, oedd tua fy oed i, ei saethu gan George Zimmerman yn Florida yn 2012. Rhoddodd y digwyddiad hwnnw agoriad llygad go iawn i fi. Disgybl ysgol uwchradd oedd Trayvon a oedd yn cerdded i dŷ ei dad pan gafodd ei stopio gan ddyn a oedd yn rhan o'r cynllun gwarchod cymdogaeth. Saethodd yr hogyn 17 oed.

Roeddwn i gartref yn bwyta cinio gyda fy rhieni pan glywais i'r hanes ar y newyddion. Dwi'n cofio'r effaith gafodd hyn. Dwi'n cofio teimlo y byddai'n rhaid i fi fod yn fwy gofalus o lawer. Os oeddwn i'n agos at rywun ar y stryd, doeddwn i ddim yn gwybod sut bydden nhw'n ymateb i fi. Roedd yn rhaid i fi ofalu beth roeddwn i'n ei wisgo, sut olwg oedd arna i, pryd oeddwn i'n cerdded lawr y stryd, beth roeddwn i'n ei wneud.

Doeddwn i ddim yn flin bryd hynny – wnes i ddim prosesu beth roedd y cyfan yn ei olygu – ond wrth i'r blynyddoedd fynd heibio, dechreuais i deimlo'n fwy blin am orfod newid sut dwi'n ymddwyn er mwyn gwneud i bobl eraill deimlo'n gyfforddus.

Dwi wedi cael fy magu mewn ardal freintiedig. Mae hynny'n golygu bod fy sefyllfa i yn wahanol iawn i sefyllfa llawer o Americanwyr Affricanaidd eraill. Dwi'n gwybod fy mod i'n siarad mewn ffordd sy'n gwneud i bobl deimlo'n gyfforddus yn fy nghwmni o'r dechrau'n deg. Mae hyn hefyd yn fy ngwneud i'n ymwybodol o'r annhegwch.

Wrth gwrs, roeddwn i wedi dysgu am sawl digwyddiad yn y gorffennol, ac roedden nhw wedi cael effaith arna i. Yr adeg yn 1955 pan gafodd Emmett Till ei grogi. Hogyn 14 oed a gafodd ei gyhuddo o sarhau menyw wen mewn siop groser a'i lynsio – ei ladd heb dreial cyfreithiol. Dim ond un o nifer fawr o droseddau casineb a gafodd eu cyflawni.

Dyma pam dwi'n mynd i ralïau Mae Bywydau Du o Bwys. Dwi'n meddwl ei bod hi'n bwysig mynd iddyn nhw a gweld sut mae problemau'n effeithio ar bobl eraill, gan gynnwys pobl o ardaloedd llai breintiedig. Mae mynd iddyn nhw'n beth da, gan dy fod ti'n cael clywed straeon pobl a gwrando ar eu profiadau.

Oherwydd fy mod i'n mynd i'r ralïau, dwi wedi gweld bod llawer o bobl wyn yn cefnogi Mae Bywydau Du o Bwys hefyd. Mae'n galonogol. Mae'n galonogol iawn. Dwi'n siarad â rhai sy'n meddwl bod Mae Bywydau Du o Bwys yn rhy wleidyddol, ac mae rhai'n ofni y byddan nhw'n tynnu sylw atyn nhw eu hunain os ydyn nhw'n cymryd rhan. Mae trigolion ardaloedd cefnog yn aml yn poeni am yr argraff maen nhw'n ei gwneud yn eu cymuned. Ond dwi'n credu bod mynd i'r raliau yn dy alluogi di i ddeall safbwyntiau pobl eraill a beth sydd wrth wraidd hynny. Mae hynny'n bwysig am bob math o resymau.

Un enghraifft. Dwi ddim yn deall pam mae pobl cymaint yn erbyn chwaraewyr yn gostwng ar un ben-glin yn ystod yr anthem genedlaethol. Dwi'n credu bod ganddyn nhw bob hawl i wneud hynny. Mae llawer o bobl yn y lluoedd arfog sy'n credu ei bod hi'n iawn i wneud hynny. Dydy hi ddim yn brotest yn erbyn y wlad; mae'n hybu ymwybyddiaeth o sefyllfa pobl ddu mewn cymdeithas. Mae'n brotest heddychlon.

Dwi'n credu bod trais yn erbyn pobl ddu yn cael mwy o sylw, ac mae hynny'n beth da. Mae'n dod yn fwy a mwy gweladwy. Dwi'n gobeithio y bydd yn tynnu sylw at y sefyllfa sydd ohoni ac yn atal y trais rhag digwydd mor aml. Tyfodd fy rhieni i fyny yn ystod yr oes pan oedd pobl wyn a phobl ddu yn cael eu gwahanu, felly roedd digwyddiadau o'r fath yn fwy normal iddyn nhw. Dwi'n gwybod eu bod nhw'n gobeithio na fyddwn i a fy mrodyr yn gorfod profi'r un teimladau â nhw. Ces i fy magu i fod yn rhywun sy'n ymuno, sy'n dod yn rhan o'r hyn rwyt ti'n credu ynddo, a dyna dwi'n ei wneud.

HAMPTON

> "Dwi ddim yn deall pam mae pobl cymaint yn erbyn chwaraewyr yn gostwng ar un ben-glin yn ystod yr anthem genedlaethol. Dydy hi ddim yn brotest yn erbyn y wlad."

2...
PEIDIO
AG ILDIO

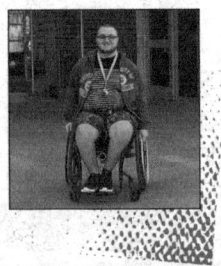

ALEX,
18, Calgary, Canada

"Ar fy mhen-blwydd yn 15 oed, torrais i fy asgwrn cefn mewn pedwar lle. Dwi wedi gorfod creu uchelgeisiau newydd i fi fy hun."

Yn Calgary, lle mae'r mynyddoedd yn drwm dan eira, mae pobl ifanc wastad allan yn llithro ar y llethrau. Rwyt ti'n brifo drwy'r amser ond mae'n hwyl garw. Ar fy mhen-blwydd yn 15 oed, 21 Rhagfyr 2015, penderfynais i fynd allan i sledio gyda fy ffrindiau.

Mae'n gyfreithlon mynd ar sled ar fryniau penodol ond dwyt ti ddim i fod i wneud ar fryniau eraill, er bod pobl yn dal i wneud. Ar y diwrnod hwnnw, roeddwn i'n un o'r rheini. Doedd gen i ddim fawr o ddoethineb a gwnes i benderfyniad gwael. Es i dros ddarn o rew, colli rheolaeth a mynd ar fy mhen i bostyn pren.

Torrais fy asgwrn cefn mewn pedwar lle. Roeddwn i'n gwybod ar unwaith na fyddwn i byth yn cerdded eto.

Yn ffodus i fi, mae gen i rieni penderfynol iawn. Dydy methiant ddim yn ddewis. Roeddwn i'n gwybod, doed a ddêl, bod rhaid i fi ddal ati i wthio a brwydro er mwyn cyflawni unrhyw beth yn fy mywyd. Y wers roeddwn i wedi'i chlywed ers cyn cof oedd, os wyt ti'n disgyn oddi ar y ceffyl, rwyt ti'n dringo'n ôl i'r cyfrwy ar unwaith. Mae pethau drwg yn digwydd, ymlaen â ni.

Cyn y ddamwain, roeddwn i'n byw bywyd digon cyffredin. Roeddwn i'n chwarae'r bagbib. Roeddwn i'n mwynhau pob math o gampau dan haul, yn aelod o gadetiaid y fyddin, yn colli'r ysgol o bryd i'w gilydd. Gallwn i fod wedi bod yn unrhyw un.

Ar ôl y ddamwain, newidiodd popeth. Roeddwn i'n anymwybodol am ychydig eiliadau. Yna des i ataf i fy hun, a'r peth cyntaf dywedodd fy ffrindiau oedd 'Wyt ti'n mynd i godi a cherdded o 'ma, aros yna am funud neu ddau neu ddylen ni ffonio am ambiwlans?' Beth oedd yn mynd trwy fy meddwl i oedd, 'Alla i ddim teimlo fy nghoesau.' Roeddwn i'n gwybod mai ffonio am ambiwlans fyddai'r ateb. Roeddwn i'n gwybod ar unwaith bod rhywbeth mawr wedi digwydd. Torrais i lawr a dechrau sgrechian ar fy ffrindiau, 'Dwi ddim yn barod i fyw fel hyn. Fedra i ddim byw fel rhywun methedig.'

Roedd yr ychydig ddyddiau nesaf yn niwlog. Pan gyrhaeddais i'r ysbyty gyntaf, roedden nhw'n fy mhrocio i â phob math o nodwyddau. Roeddwn i'n llawn o gyffuriau ac mewn llawer o boen. Ar ôl anaf i linyn y cefn, mae'r rhannau hynny rwyt ti'n dal i allu eu teimlo yn hynod sensitif. Doedd hynny ddim yn hwyl. Roedd pob nyrs yn yr ysbyty yn fy nghadw i ar ddi-hun er mwyn gallu gwneud cymaint o brofion â phosib, i weld beth oedd hyd a lled fy anafiadau.

Doeddwn i ddim yn cael bwyta nac yfed dim am dri diwrnod. Roedden nhw'n poeni bod darnau o fy asgwrn cefn wedi gwneud niwed i'r oesoffagws. Roedd Mam yn rhoi sbwng wrth fy ngheg, a dyna'r unig ddŵr oeddwn i'n ei gael. Wedyn, dangosodd prawf arall, un oedd yn blasu'n afiach, doedd dim ddifrod i'r oesoffagws. Dyma Mam yn fy ngorfodi i fwyta ac yfed, er fy mod i wedi colli pob archwaeth erbyn hynny.

Roeddwn i'n 15 oed, ond yn 5 troedfedd 11 modfedd ac yn 150 pwys. Hynny yw, roeddwn i'r un maint ag oedolyn, a doeddwn i ddim yn ffitio yn y gwely yn yr ysbyty plant. Dos morffin ar gyfer plentyn oeddwn i'n ei gael, a doedd hynny ddim yn ddigon. Diolch byth, dyma un o'r nyrsys yn awgrymu, 'Pam na wnawn ni ei bwyso a rhoi digon o forffin iddo i gyd-fynd â'i bwysau?' Ces i fy symud i ysbyty oedolion hefyd.

Ar ôl i fi gael llawdriniaeth, a'r cyffuriau lladd poen wedi dechrau gweithio, cafodd fy iechyd seicolegol dipyn o hwb. Roeddwn i'n dal i fod yn fyw, a diolch i'r ffisiotherapi a'r therapi galwedigaethol, roeddwn i'n gwella'n araf. Wedyn doedd dim byd ar ôl i wella, a dyma'r boen yn troi'n boen seicolegol. Doeddwn i ddim yn teimlo fy mod i'n dod yn fy mlaen.

Fis neu ddau cyn i fi adael yr ysbyty, ces i therapydd. Ond y gwir amdani yw fy mod i, ar y cyfan, wedi gorfod delio ag agwedd seicolegol fy anaf ar fy mhen fy hun. Mae gen i system gymorth wych, ond ar fy ysgwyddau i roedd lawer o'r baich.

Roeddwn i eisiau graddio gyda fy ngrŵp blwyddyn, felly, ryw bythefnos neu dair wythnos ar ôl yr anaf, dechreuais ddilyn cyrsiau ar-lein yn fy ngwely yn yr ysbyty. Wedyn, roeddwn i'n cael ffisiotherapi a therapi galwedigaethol tan dri o'r gloch y prynhawn, ymwelydd neu ddau tan chwech, ac yna'n ôl at y gwaith ysgol eto tan yn hwyr y nos. Gan fy mod i wedi treulio 19 wythnos yn yr ysbyty, dim ond fel hyn y byddwn i wedi gallu graddio mewn pryd. Dwi mor falch fy mod i wedi gwneud hynny, ond roedd yn anodd.

Dwi'n cofio treulio'r Nadolig yn fy ystafell yn yr ysbyty. Roedd fy rhieni wedi prynu coeden fach â goleuadau trydan arni. Roedd pobl yn galw, ac yn dymuno Nadolig Llawen i fi. Dwi'n meddwl ei fod yn gyfnod trist ac yn hapus ar yr un pryd: hapus am ei bod hi'n Ddolig a thrist am fy mod i yn yr ysbyty a fy nghorff wedi torri.

Yn raddol, dysgais i sut i fyw mewn cadair olwyn. Roeddwn i'n dechrau ysgol newydd y flwyddyn honno, ond erbyn i fi ddod allan o'r ysbyty, roeddwn i fisoedd ar ei hôl hi yn dechrau. Sylwais i fod pawb yn gwybod fy enw: roedd hynny fymryn yn od, achos doeddwn i ddim yn 'nabod neb. Roeddwn i wedi cael fy nghyfweld ar y teledu i rybuddio pobl rhag sledio mewn llefydd anniogel – ond wnes i ddim sylweddoli y byddai hyn yn golygu bod pawb yn gwybod pwy oeddwn i.

Oherwydd fy mod i wedi colli'r holl fisoedd, roeddwn i'n teimlo fy mod i wedi colli cyfle i wneud ffrindiau. Roedd pawb yn ffein iawn, ac roedd gen i bopeth roedd ei angen arna i i lwyddo, ond dim ond dau ffrind agos oedd gen i drwy gydol fy amser yno.

Un peth arbennig o anodd oedd gwybod pryd roedd y tîm rygbi yn chwarae. Roeddwn i wedi chwarae rygbi am chwe blynedd, a dyna oedd fy hoff gamp. Roedd hi'n anodd iawn gweld pobl eraill yn gwneud beth dylwn i fod yn gallu ei wneud.

Ond y peth anoddaf oll oedd fy mod i wastad wedi eisiau bod yn filwr, yn gwasanaethu yn y lluoedd arfog, mynd i goleg milwrol a chael fy nyrchafu'n swyddog. Fyddan nhw byth yn fy nerbyn i bellach achos dwi mewn cadair olwyn. Mae'r siawns o gael gweithio iddyn nhw o gwbl yn isel iawn. Petai Canada byth yn dioddef ymosodiad, fyddwn i ddim yn gallu amddiffyn fy hun. Byddai un person yn llai ar gael i ymladd am fod angen help arna i, felly fyddwn i ddim hyd yn oed yn cael gweithio mewn gwersyll.

Dwi wedi gorfod creu uchelgeisiau newydd i fi fy hun. Mewn tair wythnos, dwi'n symud i Lethbridge, un o'r colegau gorau, i hyfforddi i fod yn athro.

Mae'r diolch am hyn i'r athrawon niferus sydd wedi bod yn gadarnhaol ac wedi fy mentora i. Petawn i'n ddyn busnes, fyddwn i ddim yn gallu gwneud y fath newidiadau i fywyd rhywun arall. Fel athro, bydda i'n gallu dylanwadu ar bobl ifanc. Mae llawer o athrawon yn ofalgar, ond y rhai gwirioneddol ofalgar sy'n cael yr effaith ddyfnaf arnat ti. Maen nhw'n mynd y tu hwnt i'w dyletswyddau. Y rhai hynny sy'n meddwl amdanat ti fel plentyn iddyn nhw. Dyna sut dwi eisiau bod. Dwi eisiau rhoi rhywbeth yn ôl i'r athrawon a roddodd gymaint i fi.

Dwi wastad wedi bod wrth fy modd gyda hanes milwrol, felly dwi eisiau dysgu astudiaethau cymdeithasol – hanes, i bob pwrpas. Mae'r cyfan yn rhan o'r ysfa i roi rhywbeth yn ôl. Roeddwn i'n hogyn reit digywilydd cyn i fi gael fy anafu; yn dipyn o ben bach. Doeddwn i ddim yn meddwl rhyw lawer am bobl eraill. Ar ôl y ddamwain, cafodd fy nghrib ei dorri. Mae'n anodd bod yn ddigywilydd mewn cadair olwyn. Mae'r ddamwain wedi fy ngwneud i'n fwy trugarog a dwi mewn lle da iawn ar hyn o bryd.

Mae gen i deulu gwych, dwi'n weddol lwyddiannus am fy oed, mae gen i gariad anhygoel. Roedden ni wedi bod yn mynd allan gyda'n gilydd am dair wythnos cyn y ddamwain, wedyn chwalodd y berthynas. Daeth hi i fy ngweld i ar ôl i fi dorri fy asgwrn cefn, a dyma ni'n dechrau siarad eto a phenderfynu mynd amdani. Yn y pen draw, mae pethau wedi gweithio allan yn dda iawn i'r ddau ohonon ni.

Mae gen i fywyd llawn. Cyn bo hir, bydda i'n byw yn y coleg, oddi cartref, yn hollol annibynnol. Dwi wastad yn mynd i gael dyddiau gwael, ond dwi ddim yn credu bod problemau un person yn waeth na phroblemau neb arall. Dwi'n cael mwy o ddyddiau da na dyddiau gwael. Weithiau dwi'n gofyn am help. Gan amlaf, dwi'n chwilio drwy fy meddwl fy hun ac yn gwella fy hwyliau.

Dwi wedi bod yn fentor cyfoedion gyda'r grŵp anafiadau asgwrn cefn yn Alberta, yn siarad â phobl pan maen nhw'n dal i fod yn yr ysbyty, gan eu helpu nhw i sylweddoli nad yw eu bywyd ar ben. Mae'n brofiad hynod o werth chweil. Codais i arian i'r grŵp fis ar ôl gadael yr ysbyty – marathon cadair olwyn. Gwnes i 10K mewn awr. Y flwyddyn ganlynol, gwnes i'r un pellter mewn llai na hanner yr amser, gan orffen mewn tua 28 munud.

Cynhaliwyd y digwyddiad codi arian mwyaf yn fy eglwys – digwyddiad enfawr a gododd $100,000. Daeth yr eglwys a'r ddinas at ei gilydd i fy nghefnogi i. Cawson ni i gyd ein synnu cymaint mae'r hyn a ddigwyddodd i fi wedi cyffwrdd â phobl.

Trefnais un digwyddiad olaf i godi arian yn 2016, dan ofal fy ysgol, ac fe godon ni $20,000. Cyflwynais hanner yr arian i'r ysgol i ddweud diolch am bopeth roedden nhw wedi'i wneud drosta i. Roeddwn i eisiau i gyfran o'r arian fynd at bob pwnc craidd, i'w wario ar rywbeth a fyddai'n hwyl i'r myfyrwyr.

Roeddwn i'n sobor o falch pan wnes i raddio. Roeddwn i wedi gwisgo rhyw fath o sgerbwd allanol fel 'mod i'n gallu cerdded ar draws y llwyfan. Doedd neb yn gwybod fy mod i'n mynd i wneud hyn, ddim hyd yn oed fy nhad. Daeth llawer o bobl ata i a dweud fy mod i wedi'u hysbrydoli nhw. Tan y diwrnod hwnnw, dwi ddim yn meddwl fy mod i wedi sylweddoli faint roeddwn i'n ysbrydoli'r bobl ifanc yn fy nosbarth.

Dwi'n credu bod fy anafiadau wedi dysgu hyn i fi: does dim ots beth rwyt ti'n ei wynebu, byddi di'n iawn; rwyt ti'n mynd i ddod drwyddi.

Ar hyn o bryd, dwi'n trio byw bywyd arferol dyn ifanc yn ei arddegau. Dwi ddim yn trio bod yn arbennig, dim ond yn trio byw fy mywyd. Dwi'n gweithio mewn siop leol. Mae'n anodd iawn dod o hyd i swydd pan wyt ti yn dy arddegau, yn enwedig pan wyt ti mewn cadair olwyn, felly mae'n anhygoel bod ganddyn nhw ffydd ynof i.

Dwi'n meddwl bod pethau'n digwydd am reswm; digwyddodd fy anaf am reswm – er mwyn i fi allu helpu pobl eraill. Mae wedi bod yn anodd i fy rhieni. Doedden nhw yn bendant ddim am i hyn ddigwydd, ond maen nhw'n gryf iawn, ac am eu bod nhw'n gryf, dwi'n gryf hefyd.

Mae gen i obaith bob amser y bydd yfory'n well na heddiw, waeth beth sydd wedi digwydd. Mae'r anaf wedi dysgu llawer i fi; mae wedi fy ngwneud i'n berson gwell nag oeddwn i. Mae wedi gwneud i fi aeddfedu y tu hwnt i fy oed. Mae gen i gymaint o bersbectif nawr fel ei bod hi'n rhy anodd i fi fod yn hogyn hunanol. Dwi wedi gweld gormod i wneud dim ond meddwl amdana i fy hun.

ALEX

@aj.mcewan115

"Roeddwn i'n gwybod, doed a ddêl, bod yn rhaid i fi ddal ati i wthio a brwydro er mwyn cyflawni unrhyw beth yn fy mywyd. Digwyddodd fy anaf am reswm – er mwyn i fi allu helpu pobl eraill."

HECTOR,

19, Valladolid, Sbaen

> "Ces i gyfle i ddawnsio mewn *pas de deux* yn Llundain. Wedyn es i'n sâl a doeddwn i ddim yn gallu perfformio."

Un o brofiadau gorau fy mywyd oedd pan ges i gyfle i ddawnsio mewn *pas de deux* yn Llundain. Anhygoel. Cynhyrchiad newydd o'r *Nutcracker* o flaen Tamara Rojo, Cyfarwyddwr Artistig a Phrif Ddawnswraig Arweiniol Cwmni Bale Cenedlaethol Lloegr. Ond yn sydyn, yr wythnos cyn hynny, es i'n sâl a doeddwn i ddim yn gallu perfformio.

Mae pethau da a phethau drwg mewn bywyd. Dwi'n meddwl bod bywyd yn debyg i bawb. Mae angen wynebu'r pethau negyddol er mwyn gallu eu datrys. Mae eu datrys nhw'n rhan o fywyd. Rhaid i ni wynebu'r problemau hyn.

Dwi'n astudio bale proffesiynol yn Ysgol Bale Genedlaethol Lloegr. Mae'n anodd achos dwi wedi cael llawer o brofiadau da ond profiadau gwael hefyd. Pan wnes i ddawnsio yn fy male cyntaf, *Swan Lake*, ces i'r cyfle i ddysgu'r brif rôl. Yn anffodus, os wyt ti'n gwthio dy hun fwy a mwy, mae'n fwy a mwy tebygol y byddi di'n cael anaf. Wythnos cyn y perfformiad cyntaf yn Llundain, gwnes i frifo fy ffêr, a ddywedais i ddim byd. Daliais i ati i ddawnsio a gwneud yr anaf yn waeth.

Beth dwi wedi'i ddysgu o hyn yw pan wyt ti'n cael anaf, rhaid i ti ddweud wrth bobl. Rhaid i ti fod yn gall am hyn. Dwi wedi dysgu ei bod hi'n bwysicach bod yn iach nac bod yn enwog. Mewn unrhyw swydd. Mae'r pethau drwg sy'n digwydd mewn bywyd yn dysgu mwy i ti na'r pethau da.

Pan mae pethau'n mynd o chwith, dwi'n dweud wrth fy hun y gallai hi fod yn waeth, ac mae hi wastad yn gallu bod yn waeth. Collais i'r cyfle i ddawnsio yn Llundain, ond dim ond wedi troi fy ffêr oeddwn i, felly dim ond mis gymerodd hi i fi wella. Gallwn i fod wedi torri fy nghoes. Dwyt ti ddim yn gallu hel meddyliau am golli cyfle i ddawnsio. Mae'n rhaid i ti feddwl, 'Beth sydd orau i fi – dawnsio mewn mis neu ddioddef anaf gwaeth fyth?' Mae'n rhaid i fi feddwl yn wahanol: cymaint o fraint yw hi i fod yn Llundain a chael dy ystyried ar gyfer rhan unigol. Mae'n ffordd wahanol o edrych ar fywyd, deall dy feddwl, bod yn angerddol am beth rwyt ti'n ei wneud, ond hefyd wynebu'r gwirionedd.

Dechreuodd fy ngyrfa ddawnsio diolch i un o fy chwiorydd. Roedd hi'n dysgu gymnasteg rythmig a gwnes i drio copïo'r symudiadau roedd hi'n eu gwneud. Roedd hi'n mynd i ganolfan chwaraeon ac es i yno i'w gweld hi. Roeddwn i wrth fy modd â'r ffordd roedd hi'n troi ac yn troelli. Gartref, roedd fy nheulu i gyd wastad yn dawnsio ac yn mwynhau cerddoriaeth.

Un diwrnod, dywedodd fy rhieni wrtha i, 'Mae'n rhaid i ti gael hobi.' Roeddwn i'n 9 oed ac yn hoffi karate, felly dyma nhw'n dweud y byddwn i'n cael gwersi karate. Pethau i ferched oedd cerddoriaeth a dawnsio, yn fy nhyb i, felly dywedais i y bydden i'n gwneud karate oherwydd ei fod yn fwy gwrywaidd. Roeddwn i'n gwybod bod pobl yn gallu bod yn gas os oeddet ti'n fachgen ac yn dawnsio. Gwnes i'r penderfyniad anghywir. Doeddwn i ddim yn hoffi karate.

Yn hwyr iawn yn y dydd, penderfynais fynd am glyweliad ar gyfer yr ysgol bale yn fy ninas. Roedd pawb arall yn gwisgo esgidiau bale a leotard, a fi mewn crys T a sanau. Doeddwn i'n gwybod dim byd am ddawnsio. Rhoddodd y beirniaid ychydig o gerddoriaeth bop ymlaen yn y clyweliad olaf ac, er fy mod i'n swil, gwnes i gopïo'r symudiadau roeddwn i wedi gweld fy chwaer yn eu gwneud wrth ymarfer gymnasteg rythmig.

Derbyniodd yr ysgol fi, ond gadawodd y rhan fwyaf o'r bechgyn am eu bod nhw'n cael sylwadau cas yn yr ysgol. 'Rhaid i ti fod yn hoyw i ddawnsio.' 'Peth i ferched yw dawnsio.' Dwi'n meddwl bod y lleill yn bod yn gas oherwydd eu bod nhw heb gael cyfle.

Roedd y flwyddyn gyntaf yn dda iawn a dechreuais yr ail flwyddyn â chyfle i agor sioe gyda merch o flaen y cwmni bale cyfan gyfan. Ar ôl y perfformiad hwnnw, ces i fy symud ar unwaith i'r drydedd flwyddyn. Roeddwn i'n hapus, ond mae byd dawns yn llawn cenfigen, a'r dawnswyr eraill yn gofyn, 'Pam wyt ti yma? Pam wyt ti flwyddyn yn uwch nag y dylet ti fod?'

Dydw i ddim yn berson eiddigeddus. Dwi'n trio helpu eraill. Dwi'n hoffi cael fy ysbrydoli gan bobl eraill, gweld beth maen nhw'n ei wneud a defnyddio hynny i wella beth dwi'n ei wneud. Dwi'n gwrtais, ond dydy hynny ddim yn wir am lawer o bobl.

Yn y pen draw, hoffwn i gyrraedd y brig gyda Chwmni Bale Cenedlaethol Lloegr, ond mae'n rhaid i fi ddeall bod gwireddu breuddwydion yn gallu bod yn anodd. Os wyt ti eisiau gwneud hynny, mae'n rhaid i ti weithio; os dwyt ti ddim yn cyflawni dy uchelgais, mae'n rhaid i ti dderbyn y byddi di'n dal i gael bywyd da. Mae'r rhain yn brofiadau normal – dysgu i dderbyn y pethau negyddol yn ogystal â'r pethau cadarnhaol. Mae profiad drwg yn gallu gwneud lles a dysgu cymaint i ti – llawer mwy na rhywbeth positif. Os wyt ti'n methu bod yn Baryshnikov, gelli di ddal i ddawnsio dy orau glas mewn theatr fach a bod yn hapus â hynny. Mae rhai athrawon wedi bod yn llawdrwm iawn arna i. Doedden nhw ddim yn meddwl y byddwn i'n llwyddo, ond mae gen i rieni cariadus a theulu bendigedig. Dwi'n lwcus.

Bydda'n ti dy hun: dyna'n dwi'n ei ddweud wrth bob person ifanc. Os wyt ti eisiau gwneud rhywbeth, gwna hynny. Mae'n rhaid i ti garu dy fywyd dy hun. Dwyt ti ddim yn gallu gwneud pethau er mwyn rhywun arall. Byddi di'n gweld ambell garreg ar y ffordd, ond defnyddia nhw i adeiladu dy wal dy hun. Os wyt ti'n caru rhywun a dydyn nhw ddim yn dy garu di, mae'r byd yn dal i droi. Ceisia gyflawni'r hyn rwyt ti eisiau ei gyflawni, a gwna dy orau glas. Os nad wyt ti'n rhoi cynnig arni, fyddi di byth yn gwybod beth rwyt ti'n gallu ei wneud.

Pan oeddwn i'n dawnsio yn Sbaen, roeddwn i yn yr un gystadleuaeth â ffrind i fi. Roedd o yn y tîm uchaf a doeddwn i ddim, ac roedd hynny'n rhwystredig. Dawnsiodd y ddau ohonon ni ac enillodd fy ffrind y wobr gyntaf. Yn sydyn, dyma nhw'n cyhoeddi, 'Mae 'na wobr arall, gwobr arbennig gan y panel beirniaid,' a fi gafodd y wobr honno. Felly weithiau rwyt ti'n gallu colli ac ennill. A beth bynnag fydd yn digwydd, byddi di'n gwybod mwy nag yr oeddet ti cynt.

I fi, mae unrhyw bryd yn adeg dda i frwydro dros dy freuddwydion. Dydy hi byth yn rhy hwyr i ymdrechu, ond pan ydyn ni'n ifanc, mae mwy o ysgogiad i wynebu newidiadau yn ein bywydau. Mae'n rhaid i ni fod yn realistig a gwybod ein bod ni'n methu gwireddu ein breuddwydion bob amser, ond mae mor bwysig rhoi cynnig ar ein dymuniadau a'n breuddwydion.

HECTOR

@hectorvaloriaa

"Mae unrhyw bryd yn adeg dda i frwydro dros dy freuddwydion. Dydy hi byth yn rhy hwyr i ymdrechu, ond pan ydyn ni'n ifanc, mae mwy o ysgogiad i wynebu newidiadau yn ein bywydau."

YAMIKANI,
18, Lilongwe, Malawi

> "Gwnaeth marwolaeth fy mam adfywio fy ngreddf i frwydro. Dywedais i wrtha i fy hun fy mod i'n mynd i weithio'n galed a chyrraedd y brig. Fydda i byth yn fethiant."

Pan oeddwn i'n blentyn, cafodd ysgariad fy rhieni effaith wael arna i. Roeddwn i eisiau byw gyda'r ddau ohonyn nhw ac yn teimlo fy mod i wedi cael fy rhannu'n ddwy. Ar adegau, roedd gadael fy nhad mor anodd, roeddwn i'n difaru 'mod i wedi cael fy ngeni. Roeddwn i'n byw gyda fy mam, a oedd yn gofalu am berthnasau iddi hefyd, felly roeddwn i'n rhan o deulu estynedig oedd yn byw mewn tlodi. Y teimlad oedd gen i oedd bod pob drws a oedd yn arwain at gyfle newydd wedi cau yn fy wyneb i. Roedd fy mreuddwydion wedi cael eu chwalu.

Er hynny, roeddwn i'n edmygu fy mam. Dwi'n cofio pa mor anodd oedd hi iddi gynnal y teulu. Ond daliodd ati i ymdrechu. Roedd hi'n gweithio mor galed. Wedyn, pan oeddwn i'n 8 oed, penderfynodd hi mai'r ffordd orau iddi hi'n cynnal ni oedd mynd i Dde Affrica a chael swydd. Y peth olaf dwi'n ei gofio amdani oedd hi'n gadael yn ei dagrau.

Tra oedd hi yn Ne Affrica, digwyddodd y peth gwaethaf un. Bu farw. Roeddwn i'n 10 oed a wnes i byth ei gweld hi eto. Mae'n anodd i fi gredu ei bod hi wedi mynd. Roedden ni'n gwybod ei bod hi'n sâl, ond dywedodd y meddygon doedd neb yn cael gofalu amdani hi. Doedden nhw ddim yn gallu gwneud dim i helpu i achub ei bywyd oherwydd doedd hi ddim yn ddinesydd y wlad a doedd ganddi ddim hawl i ofal iechyd. Doedden ni ddim yn gallu dod â'i chorff hi adref a chafodd hi ei chladdu yn y fan a'r lle. Mor boenus.

Ar ôl ei marwolaeth, roedd bywyd yn anodd. Es i fyw at fy nhad, a oedd wedi ailbriodi. Doedd fy llysfam ddim yn fenyw neis iawn. Doeddwn i ddim yn perthyn iddi trwy waed – gwnaeth hi hynny'n ddigon amlwg, ac roedd fy mywyd yn uffern llwyr oherwydd hi. Roedd y tawelwch meddwl roeddwn i ei angen, hyd yn oed i gerdded yn hyderus ar y stryd, wedi mynd.

Ond wedyn bues i'n hynod ffodus. Daeth modryb i fi draw a mynd â fi i fyw gyda hi. Mae hi mor dda; mae hi wastad yno ar fy nghyfer i. Weithiau, dwi'n gweld eisiau Mam; weithiau, dwi'n dweud wrtha i fy hun fod popeth yn iawn achos mae gen i fy modryb. Mae'n iawn.

Yn sicr, mae marwolaeth fy mam wedi adfywio fy ngreddf i frwydro. Profiadau fel hyn wnaeth fy ysgogi i. Dywedais i wrtha i fy hun fy mod i'n mynd i weithio'n galed a chyrraedd y brig. Fydda i byth yn fethiant.

Mae wedi cymryd amser i fi sylweddoli bod angen i fi gredu ynof i fy hun er mwyn gallu bod ar fy ngorau. Dechreuais i feddwl eto am y breuddwydion a gafodd eu chwalu.

Dwi wedi dweud wrtha fy hun nad ydw i eisiau i fy mhlant orfod dioddef tlodi. Dwi'n gweithio'n galed nawr er mwyn y plant bydda i'n eu cael. Ar ôl gweithio'n galed ac yn benderfynol, dwi wedi cael graddau da yn yr ysgol ac erbyn hyn, dwi wedi cael lle ym Mhrifysgol Gyhoeddus Malawi.

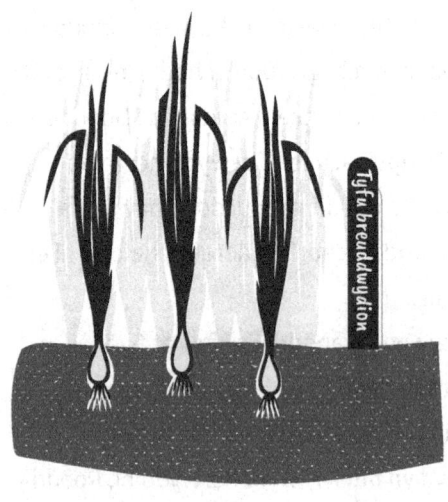

Dwi'n astudio astudiaethau busnes, a bydd hynny yn fy helpu i ddysgu sut i gasglu cyfalaf a datblygu sgiliau angenrheidiol eraill. Dwi eisiau rhedeg fferm fel busnes. Dwi eisiau tyfu llysiau a chadw anifeiliaid. Dwi eisiau bod yn rhywun sy'n gallu dibynnu arna i fy hun. Mae fy mhrofiad cynnar wedi fy nysgu i pa mor bwysig yw hyn. Dydy fy stori i ddim yn mynd i gael ei dileu drwy fethiant, yn hytrach, bydd gwaith caled a phenderfyniad yn ei diffinio.

Mae'r arddegau yn adeg dda i wneud newidiadau, ynof i fy hun ac yn fy nghymuned, oherwydd fy mod i'n gwybod beth sydd eisiau arna i nawr. Dwi'n gwybod beth sy'n dda ac yn ddrwg, ac mae gen i'r egni a'r amser i gymryd rhan mewn datblygiad cymunedol cyn i fi fod yn rhy brysur yn magu plant a gyda chyfrifoldebau eraill.

Mae problemau ariannol yn gallu bod yn her; mae hyd yn oed bod yn ferch yn gallu bod yn her; ond dwi eisiau gwneud fy ngorau glas. Dwi'n credu ynof i fy hun a dwi eisiau dangos i bawb beth dwi'n gallu ei wneud. Dwi eisiau i Dad ddifaru fy ngadael i. Dwi eisiau dangos iddo y bydda i'n fenyw dda, yn fenyw wych; yn esiampl i ferched eraill.

Ar hyn o bryd, dwi'n esiampl drwy fod yn arweinydd ifanc gyda'r Geidiaid. Dwi eisiau sbarduno newid er mwyn merched iau. Dwi'n gwybod nawr bod problemau'n codi er mwyn fy ngwneud i'n gryfach, nid er mwyn fy llethu i, a dwi'n dweud yr un peth wrthyn nhw.

Dwi'n dysgu'r merched iau sut i ailddefnyddio ac ailgylchu pethau. Dwi'n eu dysgu nhw sut i greu eu padiau mislif eu hunain o gotwm a deunyddiau eraill. Maen nhw'n gwybod pa mor bwysig yw dysgu'r sgìl yma ac maen nhw'n falch iawn pan dwi'n ei ddangos iddyn nhw. Cyn hyn, roedden nhw'n defnyddio eu dillad yn ystod eu mislif ac yn eu golchi ar ôl ysgol. Cyn iddyn nhw wneud hyn, doedden nhw ddim yn gallu mynd i'r ysgol yn ystod eu mislif, ac roedd eu haddysg yn dioddef.

Dwi'n dweud wrth y merched ei bod yn rhaid iddyn nhw ddal i gredu, oherwydd bod y byd yn aros i chi godi ar eich traed a rhoi o'ch gorau. Edrycha ar dy hun yn y drych a chara'r ferch rwyt ti'n ei gweld.

YAMIKANI

- Malawi Girl Guides Association (MAGGA)
- @GirlGuidesMw
- www.magga.org

> "Mae'r arddegau yn adeg dda i wneud newidiadau, ynof i fy hun ac yn fy nghymuned, oherwydd fy mod i'n gwybod beth sydd eisiau arna i nawr."

CAMERON,
17, Harrogate, Lloegr

"Oherwydd bod gen i barlys yr ymennydd, roeddwn i wastad ar y fainc ac yn cael fy ngadael allan o gemau pêl-droed. Felly sefydlais i fy nhîm fy hun, Adversity United."

Dechreuais i fwynhau pêl-droed yn yr ysgol gynradd pan oeddwn i'n 6 oed, a fy ffrindiau i gyd yn chwarae.
Roeddwn i wrth fy modd – mae'n bosib bod gen i obsesiwn! Yn 10 oed, ymunais i â fy nghlwb pêl-droed lleol, ond oherwydd fy mod i'n byw gyda pharlys yr ymennydd, wnes i ddim dod 'mlaen yn rhy dda yno.

Mae parlys yr ymennydd yn effeithio ar fy ochr chwith, felly pan oeddwn i'n ifanc iawn, roeddwn i'n cropian braidd yn od, gan lusgo fy llaw a fy nghoes. Roeddwn i'n hŷn na phlant eraill yn dysgu cerdded.

Wrth i fi dyfu, gwellodd fy mraich a fy nghoes. Mae lot o bethau wedi helpu. Dwi wedi gwneud ffisiotherapi a dwi'n meddwl bod chwarae pêl-droed yn yr ardd gefn wedi gwneud lles, yn ogystal â'r grefft ymladd Indonesaidd, Silat. Roeddwn i'n ymweld â chanolfan i wneud ymarferion a fyddai'n gwella fy symudedd, ac yn gwisgo sblintiau ar fy mraich ac ar fy nghoes. Pan oeddwn i'n iau, roedd llawer o bobl yn tynnu sylw atyn nhw – dydych chi ddim yn gweld pethau felly bob dydd. Roeddwn i ychydig bach yn wahanol, ond doedd hynny ddim yn fy mhoeni i. Roeddwn i'n gwybod eu bod nhw yno i fy helpu i, a des i i arfer â nhw. Mae'r diolch i fy rhieni, a ddywedodd, 'Mae angen i ti wisgo'r sblintiau yma,' ac yn yr oedran hwnnw rwyt ti'n gwneud beth mae dy rieni'n ei ddweud wrthot ti.

Yn yr ysgol gynradd, roeddwn i'n mwynhau chwarae pêl-droed gyda fy ffrindiau yn fawr iawn. Ond pan wnes i ymuno â'r tîm, gallai pobl weld nad oeddwn i cystal â'r plant eraill. Dim ond un ochr o'r corff oedd yn gallu symud yn iawn, felly doeddwn i ddim mor ystwyth â'r chwaraewyr eraill.

Oherwydd hynny, roeddwn i wastad ar y fainc ac yn cael fy ngadael allan o gemau pêl-droed. Roeddwn i'n gallu clywed yr hyfforddwr a'r chwaraewyr yn dweud nad oeddwn i'n dda iawn. Dwi'n meddwl bod pethau wedi gwella ers hynny, ond doedd o ddim yn awyrgylch dymunol iawn bryd hynny.

Effeithiodd hyn yn bennaf arna i achos fy mod i mor hoff o bêl-droed. Roedd eistedd ar y fainc ar gyfer pob gêm ar ddydd Sul yn brofiad rhyfedd a diflas, ac roedd hyn yn fy ypsetio i. Roedd yn wastraff amser: fy amser i ac amser fy rhieni. Roeddwn i'n gwybod nad oeddwn i byth yn mynd i gael cyfle i wella, gan mai'r unig gyfle roeddwn i'n ei gael i chwarae oedd pan nad oedd digon o chwaraewyr ar gael. Wnes i erioed ddechrau gêm. Pêl-droed oedd yr unig beth ar fy meddwl i drwy'r wythnos, ond roeddwn i'n teimlo nad oedd gen i ddewis ond gadael.

Yn lle pêl-droed, dyma ganolbwyntio ar fy nghrefft ymladd. Roeddwn i'n teimlo fy mod i'n cael fy nghynnwys yno, a rhoddodd gyfle i fi dyfu. Dechreuais hyfforddi plant iau. Enillais i fy ngwregys du iau pan oeddwn i'n 13/14; ac wedyn enillais fy ngwregys du oedolion pan oeddwn i'n 15 oed. Dechreuais hyfforddi pobl o bob oed.

Dwi wedi cefnogi Manchester United ers pan oeddwn i'n blentyn, gan fod ochr Mam o'r teulu yn hanu o'r ddinas. Roeddwn i'n dal i wylio pêl-droed ar y teledu ac yn mynd i ambell i gêm, ond roeddwn i'n caru pêl-droed gymaint, doedd hynny ddim yn teimlo'n ddigon i fi. Roeddwn i wedi dechrau chwarae yn yr ardd, wedi ymaelodi â thîm, a dyma fi nawr yn ôl yn chwarae yn yr ardd. Ches i ddim cyfle i wneud unrhyw gynnydd, a gwnaeth hyn fy ypsetio i.

Yna digwyddodd rhywbeth gwych. Pan oeddwn i'n 15 oed, daeth rhywun i'r ysgol i'n dysgu ni i chwarae pêl-fasged cadair olwyn. Soniodd o am bêl-droed i bobl â pharlys yr ymennydd, felly dyma fi'n cysylltu â nhw.

Roedd meddwl am chwarae pêl-droed i dîm eto yn fy nghyffroi i'n lân. Gofynnodd rheolwr Carfan Parlys yr Ymennydd Swydd Efrog i fi fynd i ganolfan anableddau yn Efrog, ac ar ôl dwy sesiwn, ces i wahoddiad i fynd i dreial ar gyfer y garfan. Roeddwn i ar dân wrth feddwl am gael chwarae i dîm, nid dim ond yn fy ngardd gefn.

Dwi wedi bod yn chwarae iddyn nhw ers tri thymor erbyn hyn, ar yr asgell fel arfer. Dwi'n meddwl bod chwarae pêl-droed yn rhan ohona i. Dwi ddim yn gwybod o ble dwi'n ei gael o.

Erbyn diwedd y tymor cyntaf, roeddwn i wedi cael treialon ar gyfer Carfan Datblygu Pêl-droed Lloegr i rai â Pharlys yr Ymennydd. Oherwydd fy anawsterau, doeddwn i erioed wedi meddwl y byddwn i'n chwarae dros fy ngwlad, ond erbyn hyn, roedd gobaith y byddwn i'n gwneud hynny ryw ddydd. Yn ystod y misoedd diwethaf, dwi wedi cael cais i ymuno am weddill y tymor â thîm Pêl-droed dan 21 Lloegr i rai â Pharlys yr Ymennydd. Mae'r gwersyll hyfforddi cyntaf yn cael ei gynnal y penwythnos hwn. Dwi wedi dod o hyd i fy llwybr, a dydw i byth wedi edrych yn ôl.

Mae hyn wedi helpu i wella fy mywyd, nid dim ond gwella fy mhêl-droed. Mae wedi rhoi hyder i fi. Mae'r gwaith tîm a'r cyfathrebu mae angen i chi ei wneud yn dda wedi fy helpu i'n fawr.

Fis Medi y llynedd, pan oeddwn i'n 16 oed, sefydlais i fy nhîm fy hun, Adversity United. Penderfynais ddilyn fy mreuddwyd i fod yn hyfforddwr pêl-droed.

Mae Adversity United yn derbyn pawb sydd ag anabledd. Mae'r cyfan yn ymwneud â chynnwys pobl sy'n cael trafferth cymryd rhan mewn pêl-droed prif ffrwd. Mae'n ymwneud â chael hwyl ac annog eraill. Dyna pam sefydlais i'r tîm – ac i roi rhywbeth 'nôl nad oedd ar gael i fi. Erbyn hyn, mae 15 chwaraewr yn y garfan, pob un yn blant oed cynradd, a dwi'n gobeithio cael ychydig mwy ar gyfer y tymor nesaf. Mae'r cysylltiad rhwng pawb mor dda. Mae'r chwaraewyr a'r teuluoedd sydd o'u cwmpas yn wych.

Mae rhai o'r plant heb chwarae pêl-droed o'r blaen, felly roeddwn i'n meddwl y byddai eu taflu nhw i gêm lawn yn achosi gofid iddyn nhw. Yn hytrach, rydyn ni'n gobeithio chwarae ambell gêm gyfeillgar y tymor hwn, fel eu bod nhw'n cael cyfle i ddod i arfer.

Hoffwn i symud ymlaen a chynnwys pobl ifanc yn eu harddegau. Mae gen i waith ysgol i'w wneud hefyd, ond dwi'n treulio cymaint o amser ar hyn ag y galla i – ac mae'n debyg y bydd yn troi'n yrfa i fi.

O bopeth dwi wedi'i ddysgu, dwi'n meddwl mai'r peth pwysicaf yw magu hyder, dechrau ymestyn dy hun o ran beth rwyt ti'n gallu'i wneud, credu dy fod ti'n gallu gwneud rhywbeth a'i gyflawni. Es i i lawer o gyfarfodydd â noddwyr, ac roedd hynny ymhell tu allan i fy nghylch cysur – yn fy ymestyn i go iawn. Mae'n rhaid i ti gael ffydd ynot ti dy hun.

Mewn dim o dro, sylweddolais i fod mynd i'r cyfarfodydd yn rhoi gwefr i fi, a dyma fi'n meddwl, 'Beth arall galla i ei wneud?' Ar y dechrau, doeddwn i ddim wedi arfer â'r profiad hwnnw, ond mae mor naturiol erbyn hyn, a dwi'n teimlo y gallwn i gyflawni cymaint o bethau. Mae 'na noddwyr ar ein crysau. Mae'r papur newydd lleol a'r orsaf radio leol yn ein cefnogi. Rhoddodd y clwb pêl-droed lleol beli a bibiau i ni. Mae fy rhieni wedi rhedeg hanner marathon Leeds i'n helpu ni i godi arian, mae fy nhad wedi gwneud naid barasiwt, ac rydyn ni i gyd wedi cymryd rhan mewn cwrs rhwystrau Tough Mudder. Dydw i ddim cystal â phawb arall wrth wneud gweithgareddau – dwi'n wahanol i bobl rwyt ti'n eu gweld o ddydd i ddydd, ond mae gen i ffrindiau da iawn a theulu cefnogol iawn.

Yn ddiweddar, clywais i 'mod i ar restr fer y Gwobrau Amrywiaeth Cenedlaethol, ar ôl cael fy enwebu gan fwy na 300 o bobl. Mae'n wych cael cydnabyddiaeth gyhoeddus felly.

Yn y gorffennol, dwi wedi bod yn siomedig, ac wedi teimlo'n flin neu'n rhwystredig, fel yr adeg pan oedd fy ffrindiau yn chwarae yn y tîm a minnau'n teimlo fy mod i'n cael fy ngadael allan – roedd hynny'n eithaf anodd. Dydy hynny ddim yn digwydd ryw lawer erbyn hyn. Dwi'n mwynhau bod yn pwy ydw i; dwi wedi cyrraedd lle da.

Dwi wedi dysgu mai'r gyfrinach yw bod yn gadarnhaol a chredu dy fod ti'n gallu gwneud y pethau rwyt ti eisiau eu gwneud, hyd yn oed os yw'n beth bach. Dechreuais i gyda chamau bach a chynyddu'n raddol nes cyrraedd lle rydw i erbyn hyn. Roedd yn anodd ar y dechrau a dydw i ddim wastad wedi bod y person mwyaf cadarnhaol. Ond os wyt ti eisiau meistroli sgìl newydd, mae angen i ti gredu dy fod ti'n mynd i allu gwneud hynny, ymestynna dy hun i gyflawni her anoddach. A symud ymlaen o'r fan honno. Mae cyflawni pethau'n raddol yn gwneud byd o wahaniaeth.

CAMERON

- Adversity United
- @AdversityUnited
- @adversityunited

> "Os wyt ti eisiau meistroli sgìl newydd, mae angen i ti gredu dy fod ti'n mynd i allu gwneud hynny, ymestynna dy hun i gyflawni her anoddach... Mae cyflawni pethau'n raddol yn gwneud byd o wahaniaeth."

XANTHE,
19, Llundain, Lloegr

"Oherwydd galar, dwi wedi dysgu bod bywyd yn ymwneud ag atgofion hapus. Mae agor dy galon a sôn am farwolaeth yn gymaint o hwb i'r enaid."

Nes roeddwn i'n 5 oed, roedd gen i deulu nodweddiadol a normal, gyda mam, tad a dau frawd. Roedd ein cartref ni'n hyfryd. Roedden ni'n cael gwyliau teuluol gwych. Roedd popeth yn braf.

Pan oeddwn i'n 5 oed, roedd Mam yn disgwyl fy chwaer fach. Gwnaethon nhw ddarganfod yn ystod y beichiogrwydd ei bod hi'n mynd i gael ei geni â syndrom Down. Ond pan gafodd hi ei geni, gwnaethon nhw ddarganfod bod ganddi syndrom Costello hefyd, clefyd genetig prin sy'n effeithio ar ddim ond 200 o bobl yn y byd i gyd. Roedd yn arwain at drafferthion lu â'r system dreulio ac yn cynyddu ei siawns o ddatblygu canser. Roedd hefyd yn golygu na fyddai ganddi ddigon o hormonau twf ac y byddai ganddi nodweddion arbennig iawn.

Doedd dim o hyn yn mygu'r cyffro roeddwn i'n ei deimlo am gael chwaer fach. Roeddwn i ar ben fy nigon, er bod Daisy wedi treulio blwyddyn gyntaf ei bywyd yn yr ysbyty. Roedd y cyfnod hir hwnnw yn yr ysbyty yn golygu bod fy rhieni yn teithio 'nôl a 'mlaen, gan adael i fi a fy mrawd hŷn fod yn annibynnol. Parhaodd y rhythm 'nôl a 'mlaen hwnnw am y rhan fwyaf o fywyd Daisy. Pan gafodd hi ei geni, wnes i ddim deall yn iawn fyddai hi ddim yn chwaer gorfforol abl pan fyddai hi'n hŷn. Roeddwn i'n mwynhau chwarae gwisgo fyny gyda hi a chwarae te parti, ond roedd rhaid i fi ddod i arfer â'r trafferthion fyddai'n dod yn sgil cael chwaer.

Cawson ni'n dysgu yn ifanc iawn bod anableddau Daisy yn golygu ei bod yn annhebygol y byddai'n tyfu i fod yn oedolyn. Gwnaethon ni drio gwneud cymaint â phosib gyda hi, i greu llwyth o atgofion hapus yn yr amser byr a oedd ar gael.

I fi, o 5 oed ymlaen, roedd hi wastad yn anodd esgus bod bywyd yn normal. Roedd y blynyddoedd y gwnes i eu treulio yn mynd i Ysbyty Great Ormond Street i weld fy chwaer yn cyd-fynd â'r blynyddoedd roedd fy ffrindiau yn mynd ar wyliau. Roedden ni'n byw mewn byd cwbl wahanol.

Ond dyma sy'n rhyfedd. Er bod ein teulu ni'n trio bod mor normal â phosib, roedden ni'n gorfod delio â mwy a mwy o anawsterau. Roedd fy mrawd hŷn, Theo, yn delio â phroblemau ymddygiad pan oedd yn ei arddegau ac yn cael trafferth yn yr ysgol. Cafodd ddiagnosis o syndrom Asperger. Yna cafodd Jules, fy mrawd iau, ddiagnosis o osgoi galw patholegol (PDA – *pathological demand avoidance*), math o awtistiaeth. Mae'r ddau ohonyn nhw fel ci a chath byth a hefyd.

Dwi'n meddwl bod hyn wedi gwneud i fi deimlo'n eitha pigog. Doeddwn i ddim yn deall pam roedden nhw'n mynd ar nerfau ei gilydd gymaint – pam roedden nhw'n methu ymddwyn fel brodyr normal, fel brodyr fy ffrindiau, a rhoi cwtsh i'w gilydd. Roedd hi'n amhosib i'r ddau ohonyn nhw ymddiheuro a dweud mai nhw oedd ar fai. Hyd yn oed ar wyliau, roedden nhw'n mynd ar nerfau ei gilydd, y naill yn pigo ar y llall yn gyson. Roedd hyn yn gwneud y straen o ddelio â Daisy yn waeth o lawer.

Yn 2014, cafodd Dad ddiagnosis o ganser. Bu'n cael triniaeth am flwyddyn. Roedden ni'n lwcus iawn i gael blwyddyn ychwanegol o'i gwmni. Gyda'r math o ganser oedd ganddo, dim ond ychydig wythnosau neu fisoedd mae pobl yn byw gan amlaf.

Bu farw ym mis Rhagfyr 2015, bythefnos cyn y Nadolig. Roedd hynny'n straen enfawr ar Daisy, a fu farw flwyddyn yn ddiweddarach pan oedd hi'n 12 oed. Rydyn ni'n credu bod marwolaeth Dad wedi cyfrannu at ei dirywiad. Yn raddol, roedd teulu â golwg normal arno wedi troi yn deulu gwahanol iawn.

Mae pethau'n wahanol iawn ers i Dad a Daisy farw. Mae'n dal i fod yn gwbl ddi-drefn, diolch i'r bechgyn, mae bywyd yn brysur ac yn llawn straen, ond rydyn ni wedi dioddef cymaint o golled.

Roeddwn i wedi gwrthod derbyn bod Dad yn derfynol wael. Roedd ein hagwedd ni tuag at Daisy wedi bod yn gadarnhaol iawn. Roedden ni wastad yn gwybod ein bod ni eisiau gwneud y gorau o'r amser yn ei chwmni hi. Aethon ni i Glastonbury gyda Dad, roedden ni'n mynd allan i fwyta. Doedden ni byth yn gynnil – byth yn arbed arian rhag ofn. Doedden ni ddim yn gwybod faint o amser oedd ganddo ar ôl. Oherwydd fy mod i'n gwrthod derbyn pa mor ddifrifol oedd salwch Dad, roedd hynny'n gwneud pethau'n llawer anoddach pan fu farw. Gyda Daisy, roeddwn i'n barod – roedd yn rhan o fy meddylfryd. Roedd y broses alaru eisoes wedi dechrau ac roeddwn i'n gwybod beth oedd yn mynd i ddod.

Pan fu farw Dad, aethon ni i'w weld yn y parlwr angladdau a ffarwelio am y tro olaf. Gyda Daisy, buon ni'n ffodus i gael dod â'i chorff adref o Great Ormond Street. Roedd hi gartref ac mewn hedd. Gwnaethon ni dynnu'r llinellau triniaeth a chael gwared ar yr holl gyfarpar meddygol. Gan ei bod ar fatres oer er mwyn gwarchod ei chorff, roedden ni'n gallu eistedd gyda hi bryd bynnag roedden ni eisiau, rhoi blodau yn ei gwallt, siarad â hi a chwarae ei hoff gerddoriaeth. Roedd pobl o'i hysgol yn gallu galw i ffarwelio â hi, yn ogystal â'i nyrsys a'i gofalwyr. Roedd hynny'n wirioneddol wych o ran gallu dygymod â'r golled. Roedd yn dangos i fi faint o effaith gafodd hi ar fywydau pobl. Rhoddodd hynny agwedd mor bositif i fi ar alar. Roedd ei bywyd yn un gadarnhaol. Roedd hi wedi cael effaith fawr ar bobl eraill, er gwaetha'r ffaith ei bod hi mor ifanc.

Oherwydd galar, dwi wedi dysgu bod bywyd yn ymwneud ag atgofion hapus. Mae agor dy galon a sôn am farw, peidio ag ynysu dy hun, gwneud jôc ohono hyd yn oed, yn gymaint o hwb i'r enaid. Mae bod yn siriol yn cadw'r sianeli cyfathrebu ar agor ac yn caniatáu i bobl sôn am eu profiadau. Dwi'n gweld bod y rhan fwyaf o bobl yn mygu popeth a dydyn nhw ddim yn gwybod a ddylen nhw siarad â fi am y peth ai peidio. Mae'n bwysig i fi eu bod nhw ddim yn meddwl fy mod i'n osgoi cysylltiad emosiynol â nhw, ac nad ydyn nhw'n osgoi cysylltiad emosiynol â fi. Dwi eisiau dal i siarad, hyd yn oed pan mae hynny'n anodd. Os yw pobl yn osgoi cysylltu achos eu bod nhw ddim gwybod beth i'w ddweud, dwi'n teimlo fy mod i'n cael fy nhorri i ffwrdd o'r grŵp. Felly mae'n rhaid i fi reoli beth sydd wedi digwydd i'r teulu a chael beth sydd ei eisiau arna i o'r sgyrsiau.

Mae pobl yn dweud 'rwyt ti mor ddewr' neu 'mor ysbrydoledig'. Dydw i ddim yn derbyn hynny. Mae hynny'n gwneud i fi deimlo fel merthyr neu sant. Wnes i ddim cael fy newis i hyn ddigwydd i fi; gallai hyn fod wedi digwydd i unrhyw un. Bydd pawb arall yn cael profiadau anodd yn eu bywydau, sefyllfaoedd gwahanol, ac yn mynd trwyddyn nhw mewn ffordd wahanol. Dwi'n trio bod yn gadarnhaol, yn agored ac yn esmwyth am fy stori.

Mae fy ffrind gorau ers chwe blynedd wedi bod trwy hyn, ochr yn ochr â fi. Roedd hi yma pan ddigwyddodd popeth. Un peth dwi wir yn gwerthfawrogi amdani yw ei bod hi'n fy ngweld i yn berson cadarnhaol a chryf. Mae hi'n gwybod fy mod i'n dangos gwendid ac yn cael dyddiau anodd weithiau. Mae hi'n gwybod y bydd y pethau hyn wastad yn effeithio arna i'n emosiynol. Mae hi hefyd yn fy ngweld i fel person agored. Mae mor bwysig bod yn agored – mae hyn yn caniatáu i berson arall dy gefnogi di.

Wrth i fi aeddfedu, mae'n haws diffinio'r hyn sydd wedi digwydd mewn ffordd sy'n helpu i bobl ymdopi ag o. Ambell ddiwrnod, dwi'n teimlo'n isel oherwydd beth sydd wedi digwydd i fi yn fy mywyd, ond dyna sydd wedi fy ngwneud i'n pwy ydw i. Mae wedi caniatáu i fi aeddfedu fel person a datblygu'n emosiynol. Mae wedi fy nysgu i feithrin agwedd gadarn ac i fod yn ddi-flewyn-ar-dafod. Mae wedi rhoi profiad emosiynol i fi ynghylch anabledd ac mae hyn wedi fy ngalluogi i ddangos llawer mwy o empathi tuag at broblemau'r byd.

Pan dwi'n isel fy ysbryd, mae fy aeddfedrwydd emosiynol yn helpu i gydbwyso hynny. Dwi'n gobeithio fy mod i'n dysgu pobl eraill bod ochr gadarnhaol i'r hyn sydd wedi digwydd, a bod modd manteisio arni. Rwyt ti'n gallu pwyso ar beth sydd wedi digwydd a manteisio arno, yn lle teimlo'n ddrwg yn ei gylch. Mae'r pethau hyn wedi digwydd i fi, ond dwi mewn lle gwell o lawer. Dwi'n byw bywyd gwell. Dwi wedi defnyddio'r lemonau a'u troi nhw'n lemonêd.

XANTHE

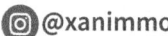 @xanimmo

> "Rwyt ti'n gallu pwyso ar beth sydd wedi digwydd a manteisio arno, yn lle teimlo'n ddrwg yn ei gylch."

3...
DOD O HYD I FY LLAIS

JOSIE,
16, California, UDA

> "Mae pawb yn ofnus ar y dechrau, ond gallwn ni i gyd wneud newidiadau os ydyn ni'n ymdrechu. Bob tro rydyn ni'n gwneud safiad, bydd mwy o bobl yn sefyll gyda ni."

Un o'r pynciau llosg yn ein hysgol yw ein gwisg. Bob tro mae'r merched yn gwisgo jîns wedi'u rhwygo, rydyn ni'n cael ein stopio yn y coridorau oherwydd cyfyngiadau rheolau'r wisg. Pan fyddwn ni'n gwisgo siorts yn yr haf, rydyn ni'n dioddef oherwydd cyfyngiadau rheolau'r wisg. Mae bechgyn yn gwisgo jîns wedi'u rhwygo a siorts, a does neb yn eu stopio nhw. Mae grŵp o ferched yn cynllunio deiseb i newid rheoli'r wisg ar gyfer merched.

Yn y dosbarth newyddiaduraeth, holon ni awdurdodau'r ysgol am hyn. Gofynnon ni, 'Beth am ein haddysg ni? Does dim ots ein bod ni'n methu gwersi oherwydd rheolau'r wisg?' Dywedodd rhywun yn yr ysgol y dylai merched wybod pa ddillad maen nhw'n edrych yn dda ynddyn nhw, sydd mor ddilornus. Mae'n ymwneud â'r hyn rydyn ni eisiau ei wisgo – ddylai hynny ddim bod o bwys i neb arall.

Er mwyn ein helpu ni i frwydro yn erbyn y materion hyn, rydyn ni'n cael cyfarfodydd misol â Girls Learn International, mudiad ffeministiaid ifanc mewn ysgolion uwchradd. Rydyn ni'n trafod sut i hybu ymwybyddiaeth yn ein hysgolion. O brofiad, os wyt ti'n cymryd y cam cyntaf, bydd pobl eraill yn dy ddilyn. Mae pawb yn ofnus ar y dechrau, ond gallwn ni i gyd wneud newidiadau os ydyn ni'n ymdrechu. Bob tro rydyn ni'n gwneud safiad, bydd mwy o bobl yn sefyll gyda ni.

Yn aml iawn, rydyn ni'n gwneud i bobl eraill sylweddoli beth sy'n digwydd. O ran y jîns wedi'u rhwygo, doedd y merched ddim yn sylweddoli bod y bechgyn ddim yn cael eu stopio. Roedden nhw jest yn meddwl, 'Dyna sy'n digwydd yn yr ysgol.' Nawr, maen nhw'n gwybod bod hyn yn digwydd, a'n bod ni'n gadael iddo ddigwydd.

Mae un o'r merched yn yr ysgol eisiau gwella'r adnoddau sydd ar gael mewn toiledau. Mae hi eisiau mabwysiadu 'prosiect padiau' sydd ar waith mewn ysgol arall. Mae hwn yn syniad gwych i helpu merched sy'n methu fforddio cynnyrch mislif, neu sydd wedi'u hanghofio. Mae hyn yn gallu bod yn ffynhonnell cywilydd go iawn. Byddai merched yn gadael pad newydd yn y toiledau ar ôl iddyn nhw eu defnyddio, er mwyn i ferch arall ei ddefnyddio os oedd angen. Mae'n debyg bod hyn yn gweithio'n dda iawn.

Mae hybu ymwybyddiaeth a dod o hyd i gymorth yn dy helpu i gyflwyno newid lle mae ei angen. Dwi'n bendant yn meddwl bod hwn yn un o'r pethau sydd wedi fy ngwneud i'n fwy grymus. Dwi'n gweld cymaint o bethau sy'n ddilornus i fi ac i bobl sy'n annwyl i fi. Mae hunan-gred yn bwysig iawn. Mae llawer o bobl yn meddwl mai plant yw pobl ifanc yn eu harddegau, ond ni yw'r dyfodol ac mae angen i ni ddechrau dangos beth rydyn ni ei eisiau.

Yn fy mhrofiad i, dwi'n meddwl bod yr ymatebion negyddol i'r hyn rydyn ni'n ei wneud yn tarddu o'r gymuned Latino. Mae'r dynion yn dod yn gyntaf, ac mae'r feddylfryd sydd wedi ennill ei blwyf ers canrifoedd yn dal mewn grym.

Dydy fy nhad ddim yn credu mewn ffeministiaeth oherwydd machismo ein diwylliant. Dwi'n dal ati i wneud beth sydd, yn fy nhyb i, yn gyfiawn ac yn gwneud gwahaniaeth. Mae'n bendant yn frwydr gydag o, ac mae wedi bod yn heriol, ond dwi'n gwybod y bydd buddugoliaethau bach yn ei helpu i newid.

Dwi wedi dawnsio a bod yn *cheerleader* – y pethau roedd fy nhad eisiau i fi, fel merch, eu gwneud. A finnau'n awr yn ymgymryd â mwy o heriau yn yr ysgol, mae'n dweud, 'Cer i ymarfer dawnsio.' Dwi'n dweud, 'Dwi'n gallu gwneud unrhyw beth dwi'i eisiau.' Mae gen i system gymorth gref. Dwi'n dod o deulu o bump o ferched, a dim ond un brawd bach, sy'n dal i fod yn fabi. Felly mae Dad yn y lleiafrif! Mae angen iddo ein helpu i sefyll o blaid ni'n hunain. Yn araf bach, dwi'n meddwl ei fod o'n dechrau sylweddoli hynny. Treuliais i gyfnod yn intern mewn cwmni cyfreithiol a gweld bod y menywod yno yn ysgrifenyddesau: nid cyfreithwyr, nid swyddogion uwch, nid partneriaid. Mae angen i ni wneud y newidiadau hyn.

Mae nawr yn adeg dda i bobl ifanc fynegi'r hyn rydyn ni ei eisiau. I fi, dwi'n credu bod mynd i faes newyddiaduraeth â chredoau cryf yn golygu y byddwn i'n gallu mynegi fy hun a gwneud i hynny ddigwydd, a dyna dwi eisiau ei wneud. Dwi'n rhan o sefydliad o'r enw Global Girl Media. Gyda nhw, dwi newydd greu rhaglen ddogfen am salwch meddwl yng nghymuned y bobl o liw. Roeddwn i eisiau cael gwared ar y stigma sydd ynghlwm wrtho, oherwydd mae'n anodd iawn cael gafael ar gymorth.

Daethon ni o hyd i lond gwlad o ystadegau sy'n dangos pa mor gyfyngedig yw'r gallu i gael gafael ar wasanaethau ac, oherwydd ein harferion a'n credoau, doedd neb o'n teulu na'n ffrindiau yn sôn am y peth.

Diolch i ysgoloriaeth gan Girls Learn International, dwi'n mynd i fynychu Comisiwn Menywod y Cenhedloedd Unedig yn Efrog Newydd. Rydyn ni'n mynd i fod yn llais i fenywod yn eu harddegau. Byddwn ni'n llunio rhestr o rai o'r newidiadau rydyn ni eisiau eu gweld yn y byd. Dwi'n edrych ymlaen at dreulio amser gydag ymgyrchwyr ifanc eraill. Dwi'n credu mai'r hyn dwi eisiau ei wneud yw sylweddoli beth sydd wedi effeithio arna i a gweld beth mae pobl eraill yn ei ystyried yw'r problemau. Dwi'n gweld sut mae pobl ifanc yn deffro, a dwi'n mynd i'w helpu nhw i newid pethau. Gallwn ni ddod at ein gilydd a bod yn gryfach.

Unwaith rwyt ti'n dechrau nodi'r problemau a sylwi beth sy'n digwydd o dy gwmpas, mae 'na dân y tu mewn i ti sy'n mynd yn fwy a mwy tanbaid. Dim ond drwy greu newid y byddwn ni'n diffodd y tân hwnnw.

JOSIE

@justxjosie

> "Mae llawer o bobl yn meddwl mai plant yw pobl ifanc yn eu harddegau, ond ni yw'r dyfodol ac mae angen i ni ddechrau dangos beth rydyn ni ei eisiau."

ZAINAB,

17, Swydd Gaerhirfryn, Lloegr

"Dwi wedi stopio bod yn rebel, dwi wedi dod yn ôl i'r ysgol fel gweithiwr ieuenctid i helpu plant ifanc, a'u rhoi nhw ar y trywydd iawn."

Roeddwn i'n ferch gegog erioed. Roeddwn i wastad yn rebel. Byddwn i'n dadlau â fy nghyd-ddisgyblion a'r athrawon heb reswm o gwbl. Roeddwn i'n boen. Wedyn dechreuais i dreulio amser yng nghwmni criw anaddas a dilyn y llwybr anghywir. Roedd llawer o ddylanwad drwg arna i.

Yna gwnaeth y gwir fy nharo i. Roeddwn i wedi fy ynysu. Fi oedd clown y dosbarth, roeddwn i'n ymddwyn fel ffŵl, a doedd hynny ddim yn mynd i wneud dim lles i fi o gwbl. Roedd gen i orbryder a oedd yn fy niweidio i'n feddyliol ac yn gorfforol. Siaradais i â'r gweithiwr ieuenctid yn yr ysgol a dywedodd o wrtha i, 'Rwyt ti'n gweiddi ar yr athrawon. Rwyt ti'n ymddwyn fel brenhines. Pam na wnei di ddefnyddio dy lais uchel a dy ymddygiad ymosodol i wneud rhywbeth da?' Roedd o eisiau i fi ddefnyddio'r daioni oedd ynof i a gwneud rhywbeth. Gwrandewais i arno a chilio oddi wrth y ffrindiau hynny. Doeddwn i ddim yn chwarae'r ffŵl rhagor. Gwnes i droi yn ferch roedd unrhyw un yn gallu troi ati am help. A des i hefyd yn aelod o'r pwyllgor ieuenctid. Pryd bynnag roedd pobl yn dioddef problemau, roedden nhw'n dod i siarad â ni a ninnau'n rhannu'r pryderon wedyn â'r athrawon.

Newidiais i o'r ferch roeddwn i'n arfer bod. Roedd hi'n anodd troi cefn ar y meddylfryd chwarae o gwmpas. Mae'r elfen o rebel ynof i o hyd, ond mae pethau'n wahanol nawr. Y diwrnod o'r blaen, dywedodd un ferch iau yn yr ysgol, 'Mae Zainab yn fy ysbrydoli i. Mae'r athrawon wedi sôn pa mor ddrwg roeddet ti'n arfer bod. Roedd gen ti'r hyder i newid.' Gwnes i grio wrth feddwl bod beth dwi wedi'i wneud wedi gwneud gwahaniaeth. Mae oedolion yn meddwl bod pobl ifanc yn ddiwerth, wastad ar y cyfryngau cymdeithasol, ond mae rhai ohonon ni'n bod sy'n gallu gwneud gwahaniaeth go iawn i'r byd. Mae angen i'n lleisiau ni gael eu clywed.

Difaru yw'r boen waethaf. Os nad wyt ti eisiau dioddef poen ac euogrwydd yn dy fywyd, paid â gwneud y pethau a fydd yn sbarduno'r emosiynau hynny. Mae ymddygiad o'r fath yn gallu costio'n ddrud i ti. Efallai dy fod ti'n diddanu dy ffrindiau, ond yn y pen draw, bydd dy ffrindiau di'n gadael yr ysgol wedi pasio'u harholiadau TGAU, a fyddi di ddim. Bryd hynny, ti fydd y clown go iawn. Mae gen i ffrindiau newydd nawr. Dwi ddim yn ymddwyn fel dafad nawr ac yn dilyn pawb arall; fi yw'r bugail. Dwi'n ymddwyn er fy lles fy hun. Mae'n well o lawer.

Un peth dwi'n falch iawn ohono yw prosiect wnes i ar y Rhyfel Byd Cyntaf. Dwi'n dod o dreftadaeth Asiaidd a doeddwn i'n gwybod dim am gyfraniad Asia i'r Rhyfel Byd Cyntaf. Doeddwn i ddim yn gwybod a oedd unrhyw un yn fy nheulu wedi bod yn rhan o'r rhyfel. Aeth ein grŵp i Wlad Belg, Ffrainc, Brighton a Llundain i ymchwilio.

Yn Brighton, clywson ni fod llawer o filwyr Indiaidd wedi aros yno. Roedden nhw'n cael lle ar wahân i goginio eu bwyd. Roedd gwahanol ardaloedd i'r Mwslimiaid a'r Hindwiaid allu gweddïo. Roedd pobl yn gofalu amdanyn nhw. Chwiliais i am gofnodion am fy nhaid, ond cafodd cofnodion y milwyr cyffredin eu colli adeg rhannu India a Phacistan.

Ar ôl i ni wneud y gwaith ymchwil hwn, cafodd ein grŵp wahoddiad i ŵyl goffa. Cyflwynais i araith yn Neuadd Albert o flaen y Frenhines, a gafodd ei dangos ar y teledu, yn sôn am sut mae cofio yn golygu cymaint i fi fel unigolyn. Roeddwn i'n dweud bod angen i bawb ei gofleidio – nid dim ond pobl wyn. Ces i dri phwl o banig yn ystod yr ymarfer; roeddwn i'n poeni gymaint y byddwn i'n gwneud camgymeriad. Wedyn, pan oeddwn i'n siarad, roedd pawb yn curo dwylo. Gofynnais i'r athro a oedd y Frenhines yn edrych arna i. Roedd pobl yn dod ata i ac yn gofyn, 'Sut rwyt ti'n gallu cael yr hyder i siarad fel'na â'r holl bobl yn dy wylio di ar y teledu?'

Dwi eisiau mynd i rywle lle mae fy llais i'n cael ei glywed, felly dwi'n ystyried gyrfa mewn newyddiaduraeth neu wleidyddiaeth. Dwi eisiau defnyddio fy llais mewn ffordd gadarnhaol. Dwi eisiau dylanwadu ar bob person ifanc sy'n meddwl does ganddyn nhw ddim llais. Dwi wedi gadael yr ysgol erbyn hyn, ond dwi wedi dod yn ôl fel gweithiwr ieuenctid i helpu plant ifanc, a'u rhoi nhw ar y trywydd iawn. Mae llawer yn dod o gefndiroedd lle maen nhw'n chwarae o gwmpas; maen nhw wedi penderfynu dydyn nhw ddim yn mynd i gymryd yr ysgol o ddifri. Mae'n hawdd i fi weithio gyda nhw gan mai dyna'n union sut roeddwn i. Weithiau dydy athrawon ddim yn eu deall nhw, ond mae'n hawdd i fi greu cysylltiad achos dwi wedi dod o fanna fy hun.

Erbyn hyn, dwi'n caru pobl ac yn caru byd natur. Os dwi'n gweld dioddefaint, mae'n rhaid i fi helpu. Ein gwaith ni yw gofalu am ein gilydd. Dwi eisiau gwneud yn siŵr bod y pethau iawn yn cael eu dweud, bod y lleisiau iawn i'w clywed.

Roedd Mam mewn dagrau o falchder pan welodd hi fi ar y teledu. Roeddwn i'n gwisgo fy sgarff yn ogystal â fy ngwisg ysgol. Pan ddechreuais i newid, gofynnodd hi, 'Wyt ti'n iawn? Roeddwn i'n meddwl bod ti'n mynd i fod yn ffŵl am byth.' Mae hi'n dweud y bydda i'n mynd yn bell. Mae fy mrawd bach i hefyd wedi newid. Mae yntau bellach ar y llwybr cywir, ac mae'n dweud mai fi sydd wedi'i ysbrydoli. Mae'n bosib y bydd rhai pobl yn fy meirniadu i ac yn fy ngalw i'n ffefryn yr athro, ond dwi ddim yn mynd i adael pum eiliad o hynny ddifetha fy niwrnod cyfan. Dydy hynny ddim wedi fy rhwystro i erioed. Os yw'n mynd i fod o fudd i fi, fe wnaf i o.

ZAINAB

> "Mae oedolion yn meddwl bod pobl ifanc yn ddiwerth, wastad ar y cyfryngau cymdeithasol, ond mae rhai ohonon ni'n bod sy'n gallu gwneud gwahaniaeth go iawn i'r byd. Mae angen i'n lleisiau ni gael eu clywed."

HANNAH,

19, Preston, Lloegr

"Roeddwn i'n cael trafferth gyda swildod a chodi fy llais, ond gwnes i annerch 500 o bobl yn un o gynadleddau'r Cenhedloedd Unedig."

Roeddwn i'n blentyn swil erioed. Mae gwneud ffrindiau a dweud fy nweud wedi bod yn anodd i fi erioed. Doeddwn i ddim hyd yn oed yn hoffi ateb cwestiynau yn y dosbarth.

Dwi'n byw gyda chlefyd seliag, a stopiodd fy chwarren bitwidol weithio'n iawn pan oeddwn i'n iau. Roeddwn i dan bwysau, ac roedd fy nghyflyrau iechyd mor ddifrifol, collais i bedair blynedd o ysgol pan oeddwn i yn fy arddegau. Dechreuais i'r ysgol uwchradd ym mis Medi, ond ychydig fisoedd wedyn, roeddwn i'n methu dal ati.

Tra oeddwn i gartref ac yn wael, roeddwn i'n teimlo'n angof. Roeddwn i'n teimlo mai fy mai i oedd fy mod i'n sâl a ddim yn gallu mynd i'r ysgol. Mae'n bosib bod meddwl y fath beth yn swnio'n wirion, ond rwyt ti'n dechrau meddwl fel hynny.

Roeddwn i wedi symud i'r ysgol uwchradd gyda chriw o ffrindiau o'r ysgol gynradd. Erbyn i fi fynd 'nôl pan oeddwn i'n 15 oed, roeddwn i wedi colli'r criw ffrindiau hwnnw. Roedden nhw wedi symud ymlaen. Roedd hynny'n anodd, ac yn ergyd fawr i fy hyder. Roedd fy hen ffrindiau'n mwynhau chwaraeon ac yn aelodau o wahanol glybiau, ond doeddwn i ddim yn gallu ymuno â nhw oherwydd fy iechyd. Roedden nhw'n mynd i ffwrdd i chwarae gemau ac roeddwn i'n teimlo'n ynysig iawn.

Ddim ond yn y ddwy flynedd ddiwethaf dwi wedi teimlo'n ddigon cyfforddus i sôn pa mor boenus oedd hyn. Roeddwn i'n chwerw bryd hynny, ond dydw i ddim erbyn hyn oherwydd dyna sydd wedi fy ngwneud i'n pwy ydw i.

Oherwydd fy afiechyd, roeddwn i'n agos at fod yn rhywun oedd ddim ar dir y byw. Mae hyn yn golygu fy mod i'n gweld pethau mewn ffordd wahanol. Oherwydd popeth dwi wedi bod trwyddo, dwi'n llawer mwy hyderus a gwydn.

Dwi'n gwybod mai unwaith rwyt ti'n byw, a dwi'n benderfynol o fyw fy mywyd yn llawn. Ymhen amser, ffurfiais i grŵp ffrindiau newydd, a rhoddodd hynny gymaint o hyder i fi. Mae bod yn arweinydd gyda'r Brownies wedi cyfrannu hefyd. Ymunais i â'r Brownies pan oeddwn i'n 7 oed; yna symud ymlaen i'r Geidiaid yn 15 oed, pan oeddwn i'n ddigon da. Bryd hynny, es i 'nôl i uned y Brownies i wirfoddoli ac i helpu eraill. Rhoddodd hyn ffocws newydd i fi a chyfle i feithrin sgiliau newydd a gwahanol. Roedd rhoi rhywbeth yn ôl a helpu eraill yn werth chweil. Bues i'n mynd i'r grŵp *Rangers* hefyd, ar gyfer criw hŷn, a gwneud ffrindiau yno – roedd hynny'n hwb bersonol enfawr.

Dwi'n hoff iawn o bopeth sy'n ymwneud â'r Geidiaid. Digwyddais i glywed ar Twitter am gyfle i fod yn rhan o ddirprwyaeth i gynhadledd enfawr y Cenhedloedd Unedig yn Efrog Newydd ar gydraddoldeb rhywedd a hawliau menywod. Y rôl oedd cynrychioli menywod ifanc a merched ledled y byd a siarad ar eu rhan. Mae gen i ddiddordeb mewn hawliau dynol a ffeministiaeth erioed, felly dyma fachu ar y cyfle i gymryd rhan. Roeddwn i'n meddwl ei fod yn swnio'n anhygoel. Ces i drafferth wrth gwblhau'r ffurflen gais, ond atebais i cystal ag y gallwn i. Hyd yn oed os nad oeddwn i'n cael fy newis, roeddwn i wedi gwneud fy ngorau. Beth amser wedyn, ces i alwad ffôn yn dweud fy mod i wedi cyrraedd y cam cyfweliad ffôn. Yna clywais fy mod i wedi cael fy newis i gynrychioli'r Deyrnas Unedig, gyda chynrychiolydd arall o'r Alban ac un o Iwerddon.

Dyma fi'n rhedeg o gwmpas y tŷ, wedi cyffroi'n lân. Roeddwn i ar ben fy nigon. Yn sydyn, ychydig ddyddiau'n ddiweddarach, dyma feddwl, 'Dwi'n gorfod gwneud hyn.' Dyna pryd dechreuodd y panig. Bues i'n gwylio gweminarau, yn cael fy hyfforddi i siarad yn gyhoeddus, yn dysgu popeth roeddwn i angen ei wybod am hawliau menywod, ac yn gwneud ychydig mwy o waith ymchwil a dod i'r casgliad na fyddai'r profiad yn rhy ddrwg.

Ar fy ffordd i Efrog Newydd, roeddwn i'n llawn cyffro. Wedyn, ar ôl cyrraedd, roedd mwy o hyfforddiant. Ar ddiwrnod cyntaf yr hyfforddiant, dwi'n cofio staff Cymdeithas Geidiaid y Byd yn ein holi ni'n dwll i brofi ein gwybodaeth, er mwyn trio efelychu amodau'r gynhadledd. Yn sydyn, dechreuais i grio. Roedd y cyfan mor llethol. Roedd fy ymennydd yn teimlo mor araf deg, yn trio llyncu'r holl wybodaeth. Roeddwn i'n meddwl, 'Dwi yma. Alla i ddim gadael.

Dwi mewn cornel.' Doeddwn i ddim yn teimlo y byddwn i'n gallu siarad. Dywedon nhw wrtha i am beidio â chrio gan fy nghysuro i, ac na fyddwn i wedi cael fy newis i fod yno oni bai eu bod nhw wedi gweld rhywbeth ynof i.

Ar ôl cyrraedd, ces i ar ddeall mai fy araith i fyddai araith gyntaf y gynhadledd. Roeddwn i'n mynd i fod yn siarad o flaen cynrychiolwyr o wahanol elusennau a chyrff anllywodraethol o bob cwr o'r byd. Byddwn i'n aelod o banel o flaen 500 o bobl. Roedd yn frawychus iawn. Ces i lawer o help gan y staff, ond y peth gwirioneddol anhygoel oedd bod y merched eraill yn teimlo fel chwiorydd i fi, er mai newydd eu cyfarfod nhw roeddwn i. Roedd cwlwm mor gryf rhyngon ni. Roedd gwybod bod y grŵp yma o bobl yn fy nghefnogi i i'r carn ac eisiau i fi lwyddo go iawn, yn deimlad anhygoel. Teimlais i hynny i'r byw. Gan fy mod i heb fod yn rhan o'r grŵp yn yr ysgol, roeddwn i bellach yn teimlo, 'Waw, dwi'n cael fy nerbyn.' Does dim geiriau i ddisgrifio faint o hyder ges i yn fy ngallu fy hun yn sgil hynny.

Roeddwn i mor nerfus, ond aeth fy araith yn dda. Yn dda iawn. Soniais i am fy mhrofiad bywyd a sut roedd y Geidiaid wedi fy helpu i. Roedd y merched eraill wedi fy helpu i baratoi, a daeth llawer o Geidiaid draw i wylio fy araith. Gwnes i ganolbwyntio arnyn nhw ac anwybyddu pawb arall, a ches i hwb rhyfeddol o hyder.

Y peth gwych oedd bod y ferch o'r Alban a minnau wedi mynd i sesiwn briffio a gafodd ei threfnu gan lywodraeth y Deyrnas Unedig. Roedden nhw wedi cael gwybod am fy araith ac eisiau clywed mwy amdani. Ar y diwedd, roedd pawb yn curo dwylo. Gwnaeth hyd yn oed Jess Phillips, sy'n Aelod Seneddol, ddechrau crio. Diolchodd hi i fi ar y diwedd a dweud wrtha i fy mod i'n ddewr iawn.

Dwi wedi dysgu, yn ystod fy mywyd hyd yma, ei bod hi'n bwysig iawn bod yn hyderus yn y person wyt ti. Yn aml iawn, mae pwysau i fod yn rhan o'r criw, i fod fel pawb arall ac i fod â golwg benodol. Mae'n her, a dydw i ddim yn credu fy mod i wedi llwyddo'n llwyr, ond fy nod yw peidio â phoeni beth mae pobl eraill yn ei feddwl. Paid byth ag ofni mynd amdani a gweld sut hwyl gei di.

Mae sawl peth gwahanol yn gallu achosi'r pwysau hynny.

Mae'r cyfryngau cymdeithasol yn un amlwg, ond mae cylchgronau, papurau newydd, hysbysebion, ffilmiau a theledu yn chwarae eu rhan yn ogystal. Mae 'na lawer o bwysau ar fechgyn hefyd.

Mae llawer o bwysau i fod yn academaidd, i fynd o'r ysgol uwchradd i'r coleg a sicrhau gyrfa flaenllaw. Does dim llawer o bwyslais ar lwybrau eraill. Mae'n anodd i fi ddal i fyny oherwydd fy mod i wedi colli cymaint o ysgol. Yn anodd iawn, iawn. Gwnes i'n dda yn fy arholiadau TGAU oherwydd fy mod i wedi gwthio fy hun. Ar ôl hynny, roeddwn i'n meddwl, 'Dwi'n iawn nawr,' ond ar ôl dechrau astudio Lefel A, bues i'n gorweithio. Doeddwn i ddim yn gallu ymdopi ac roedd yn rhaid i fi roi'r gorau iddi. Ers hynny, dwi wedi gwneud swyddi gwahanol a dwi'n dal i drio penderfynu beth dwi eisiau ei wneud, ond dwi'n gwybod fy mod i eisiau gwneud rhywbeth sy'n helpu pobl eraill neu'n helpu cymdeithas yn ehangach. Dwi'n teimlo bod gen i ryw ruddin sy'n mynd i 'ngalluogi i roi rhywbeth yn ôl i'r byd neu i bobl eraill.

Pan oeddwn i'n helpu gyda'r Brownies, roeddwn i'n cael boddhad mawr yn gweld plant 7 oed swil yn datblygu'n blant 10 oed anturus. Dwi'n meddwl mai dyna dwi eisiau ei wneud gyda fy ngyrfa – helpu i siapio bywyd rhywun arall. Dwi'n gwybod cystal â neb, pan fydd angen help arnat ti, mae hi mor bwysig ei dderbyn.

Dwi'n meddwl ei bod hi'n bwysig bod yn driw i ti dy hun. Dilyna'r pethau sy'n dy ysgogi di a gwna dy orau bob amser. Mae'n gallu cymryd amser, ac mae'n gallu bod yn anodd dysgu bod yn hapus yn dy groen dy hun. Ond mae dod i 'nabod pwy wyt ti a derbyn dy hun pan wyt ti yn dy arddegau yn help go iawn i ddod yn unigolyn cryf ac i fyw dy fywyd yn y ffordd orau.

HANNAH

 @han_sandy30

> "Roedd gwybod bod y grŵp yma o bobl yn fy nghefnogi i i'r carn ac eisiau i fi lwyddo go iawn, yn deimlad anhygoel."

HERAA,
20, Colorado, UDA

> "Trwy golli popeth oedd gen i, ces fy argymell i sefyll dros fy nghymuned."

Pan oeddwn i yn 14 oed, gartref gyda fy chwaer ddwy oed, llosgodd ein tŷ ni yn ulw.

Roedd Dad yn y gwaith a Mam wedi mynd at y doctor. Rhedon ni allan a gweld y bloc cyfan ar dân. Yn ôl y diffoddwyr tân, fydden ni ddim wedi dod allan yn fyw petaen ni wedi aros 30 eiliad yn hirach. Ffoniais i Dad a ffoniodd o Mam. Roedd y tân i'w weld 20 milltir i ffwrdd. Collon ni bopeth heblaw am y ddau gar, gan eu bod nhw gyda'n rhieni ni. Gan ein bod ni heb ryw fath penodol o yswiriant, buon ni'n ddigartref am gyfnod.

Dwi'n cofio'r teimlad yma o anobaith oherwydd roeddwn i'n methu gwneud dim byd; doedd gen i ddim math o reolaeth. Am y flwyddyn gyfan honno, roeddwn i'n dioddef o iselder a PTSD ac yn delio â nhw.

Doeddwn i erioed wedi bod mewn sefyllfa lle doeddwn i ddim yn gwybod o ble roedd fy mhryd bwyd nesaf yn dod. Roeddwn i wedi arfer â ffordd gyfforddus o fyw, â fy llofft fy hun, yn byw'r freuddwyd Americanaidd. Roeddwn i'n 13 oed, ac yn obsesiynol am y pethau a oedd yn eiddo i fi. Yr eiliad nesaf, doedd gen i ddim byd. Gwnaeth y profiad yma fy nysgu i fod pethau materol yn braf, ond dydyn nhw ddim yn bwysig. Dydyn nhw ddim yn rhoi dim byd yn ôl i ti.

Sylweddolais i un peth. Pan fydda i'n hŷn ac yn edrych yn ôl ar fy mywyd, doeddwn i ddim eisiau meddwl mai'r cyfan roeddwn i wedi'i wneud oedd casglu pethau materol.

Wrth i fi ddod i delerau â'r hyn oedd wedi digwydd a meddwl am y pethau cadarnhaol, sylweddolais i ein bod ni fel teulu wedi dod yn llawer agosach at ein gilydd ar ôl y tân. Roedden ni'n agosach at ein ffrindiau a'r bobl o'n cwmpas. Gwnaethon nhw ein cefnogi ni a gofalu amdanom ni, a dwi ddim yn gwybod sut byddwn ni byth yn ad-dalu'r gymwynas honno. Mae pethau da yn dod yn sgil pethau drwg. Roedd fy ymdeimlad o bwysigrwydd cymuned wedi cynyddu.

Dwi'n meddwl mai dyma un o'r dylanwadau sydd wedi fy arwain at ymgyrchu. Wedyn, roedd pethau roeddwn i'n eu clywed a phethau oedd yn cael eu dweud wrtha i yn cronni. Digwyddodd ymosodiad terfysgol yn Llundain; cafodd ambell ymosodiad yma eu defnyddio i wthio agenda wahaniaethol, adeg yr etholiad yn 2016. Fel roedd hyn yn digwydd, gwelais nad oedd gwybodaeth a ffeithiau'n cefnogi'r hyn oedd yn cael ei ddweud. Un cwestiwn ges i yn yr ysgol oedd, 'Pam mae Mwslimiaid mor dreisgar?' Roeddwn i'n gallu teimlo fy hun yn paratoi am ddadl, ond roeddwn i'n teimlo nad oedd fy llais i'n cael ei glywed.

Es i adre'n teimlo mor rhwystredig. Roeddwn i'n gwybod bod ymosodiadau eraill yn digwydd, ond doedden nhw ddim yn cael eu disgrifio fel 'ymosodiadau terfysgol'. Gwnes i ystyried anfon ambell ddolen i'r ferch a oedd wedi gofyn y cwestiwn hwnnw a dweud wrthi am chwilio ar Google am yr atebion, ond yn lle hynny, dechreuais i ymchwilio fy hun. Dechreuais i ddysgu mwy am fy ffydd fy hun. Un peth oedd gwrthod trais a rhyfel; peth arall oedd gwrthbrofi diwinyddiaeth Isis. Roedd fel diflannu i lawr twll cwningen enfawr â dim byd ond Google yn gwmni i fi.

Ffrwyth fy llafur oedd taenlen Google â rhestr 712 tudalen o'r hyn y mae Mwslimiaid yn ei gondemnio, yn cynnwys terfysgaeth, gwahaniaethu yn erbyn menywod a newid hinsawdd. Cymerodd y gwaith dair wythnos. Yn y pen draw, meddyliais i, 'Galla i droi hyn yn adnodd.' Gwnes i beth byddai unrhyw berson ifanc call wedi'i wneud: trydar beth roeddwn i wedi'i ddysgu.

Dros nos, ces i filoedd ar filoedd o aildrydariadau – 15,000 o aildrydariadau mewn 24 awr. Sylweddolais i fod hwn yn rhywbeth mae ei angen ar y cyhoedd. Roedden ni wedi bod yn amddiffyn y gymuned Fwslimaidd, ond heb wybod y ffeithiau.

Dechreuais i gael nifer fawr o negeseuon am beth roeddwn i wedi'i wneud. Anfonodd datblygwr gwe o Nigeria neges i ddweud y byddai hyn yn wybodaeth wych i'w chynnwys ar wefan. Sylwais i ddim ar ei neges, ond gwelais wedyn ail neges ganddo oedd yn dweud, 'Mae'r wefan 70 y cant yn barod!' Roedd wedi sefydlu gwefan Muslims Condemn ac mae'n dal i'w rhedeg o hyd gyda'i gariad. Doedd o ddim eisiau unrhyw gyhoeddusrwydd nac arian ar ei chyfer. Mae hynny'n fy synnu i'n llwyr.

Daeth beth roedden ni wedi'i wneud i sylw'r Bridge Initiative yn Washington. Maen nhw hefyd yn ymgymryd â'r gwaith o chwalu camsyniadau am Islam drwy ffeithlenni a gweithdai. Roedden nhw wedi bod yn gweithio arnyn nhw ers tro. Roedd ganddyn nhw 600 o enghreifftiau ac roedd gen i 6,000. Dyna sy'n digwydd pan wyt ti'n fyfyriwr sydd ddim yn cysgu! Dyma nhw'n awgrymu i ni rannu adnoddau, a dyna wnaethon ni.

Ces i fy meirniadu'n hallt am beth roeddwn i'n ei wneud. Dywedodd ambell un wrtha i, 'Os yw'r Ku Klux Klan yn lansio ymosodiad ac yn defnyddio Crist fel cyfiawnhad, dydy Cristnogion unigol ddim yn atebol. Fyddai Cristnogion ddim yn teimlo'r angen i wneud beth rwyt ti'n ei wneud.' Ond roeddwn i'n teimlo ei bod hi'n bwysig dangos i bobl bod beth roedden nhw'n ei feddwl am Fwslimiaid ddim yn wir.

Dwi'n cael negeseuon cas nawr ac yn y man, fel arfer gan gyfrifon sy'n gwneud dim byd ond ymateb yn gas i gyfrifon pobl eraill. Dydw i ddim yn poeni'n ormodol. Fyddwn i ddim yn blocio neb petaen nhw'n gofyn cwestiwn i fi, ond os ydyn nhw'n ateb drwy alw enwau arna i, dydw i ddim yn hapus am hynny. Mae fy rhieni yn fy atgoffa i, 'Paid â gwylltio, paid ag ymateb o gwbl, does dim byd yn cael ei ddileu am byth.'

Ces i wahoddiad gan Sefydliad Yaqeen i gyflwyno darlith o flaen 3,000 o Fwslimiaid. Arweiniodd hynny at enwebiad Gwobr Mwslim Hyderus Muhammad Ali. Rywsut neu'i gilydd, enillais i. Ces i fynd i Dallas a chael cinio gyda merched Malcolm X a Muhammad Ali. Roeddwn i'n teimlo'r fath anrhydedd i fod yn eu cwmni, a gwnaeth hyn fy ysgogi i ddilyn yn ôl eu traed. Y peth rhyfeddol oedd bod y ddwy ferch yma yn sôn am eu tadau fel pobl gyffredin, ond eu bod nhw'r goreuon o'r bobl gyffredin. Roedd Rashida Ali yn dweud na fyddai ei thad byth yn troi cefn ar ffan. Unwaith, roedden nhw mewn car ar ôl dangosiad ffilm a dechreuodd rhywun redeg ar ei ôl. Dywedodd ei thad wrth y gyrrwr i aros, er ei fod wedi blino ar ôl taith hir mewn awyren. Aeth allan o'r car, tynnu ei lun gyda'r dyn a rhoi llofnod iddo, a chael sgwrs ag o. Doedd o byth yn meddwl ei fod yn well na neb arall.

Roedd merch Malcolm X mor huawdl. Mae hi mor academaidd, roeddwn i'n ofni y byddai'n rhaid i mi estyn am eiriadur. Soniodd am ymdrech ei thad i'w hintegreiddio i bob cymuned: bydden nhw'n mynd i'r eglwys, i'r synagog, i ysgol Gatholig... gallwn ni ddysgu cymaint o hyn.

Roedd pawb wrth y bwrdd wedi'u swyno. Roedd y merched yn tanio o'r newydd fy ffydd yn y ddau ddyn, a fy nghariad tuag atyn nhw. Gwnaethon nhw fy atgoffa nad fi oedd yr un a oedd yn creu newid. Roedd Malcolm X yn bod, roedd Muhammad Ali yn bod. Eu gwaddol nhw sy'n cael ei drosglwyddo.

Yn y coleg, dwi'n astudio Bioleg Foleciwlaidd, Bioleg Celloedd a Bioleg Ddatblygiadol, ac Ieithyddiaeth. Fy ngraddau sy'n poeni fy rhieni fwyaf. Dwi'n gobeithio gwneud gradd uwch ac ymchwilio ym maes biowybodeg, ond dwi'n dychmygu y bydd Muslims Condemn yn rhan fawr o fy mywyd. Roedd dechrau'r ymgyrch yn foment allweddol i fi – gwnaeth i fi sylweddoli bod y gallu gan bobl i wneud llawer o ddaioni yn y byd, ac ysgogi llawer o newid.

Dwi eisiau gwneud yn siŵr bod fy mwriad yn ddiffuant. Dwi eisiau gwneud yn siŵr fy mod i ddim yn gwneud hyn er mwyn cael sylw, ond oherwydd fy mod i'n poeni am gyflwr y bobl go iawn.

Mae tyfu i fyny yn y byd digidol wedi fy ngalluogi i wneud beth dwi wedi'i wneud. Ni yw'r genhedlaeth sy'n gallu cyflawni hyn. Dwi wedi ychwanegu tystysgrif mewn technoleg dylunio at fy astudiaethau. Yn y dosbarth, rydyn ni wedi trafod bod technoleg ddim yn beth drwg; mae'n adnodd, ac mae'n ddibynnol ar y defnyddiwr. Mae'r saethu yn yr ysgol uwchradd yn Parkland wedi gwthio pobl ifanc o dan y chwyddwydr, wrth iddyn nhw bwyso am newid. Technoleg yw eu ffordd nhw o gysylltu, ac mae'n ddull real. Dwi'n dewis defnyddio technoleg bob dydd er lles. Os oes un yn hoffi neges, neu os oes mil yn ei hoffi, mae'n ddigon. Does dim angen i ni fod yn sêr Instagram adnabyddus; y cyfan mae ei angen yw i ni fod yn ni ein hunain a phwyso am newid lle rydyn ni'n gweld bod ei angen. Dyna yw ein gwaith ni fel pobl ifanc.

HERAA

 @caveheraa

Llun o Heraa gan Swyddfa Amrywiaeth, Tegwch a Chymuned, Prifysgol Colorado Boulder

> "Roeddwn i'n teimlo ei bod hi'n bwysig dangos i bobl bod beth roedden nhw'n ei feddwl am Fwslimiaid ddim yn wir."

WENDY,
18, California, UDA

"Dwi'n gwybod fy mod i'n methu newid fy ngorffennol o gwbl, ond mae gen i'r gallu i ffurfio fy nyfodol."

Ym mis Hydref 2017, cyhoeddodd *The New York Times* y stori gyntaf am honiadau o aflonyddu rhywiol yn erbyn y cynhyrchydd ffilm Harvey Weinstein. Fisoedd lawer ar ôl i'r stori hon hawlio'r penawdau, roedd yn dal i gael cryn sylw ar y sianeli newyddion. Daeth mwy a mwy o actoresau i lygad y cyhoedd wrth i'r wythnosau a'r misoedd basio. Yr hashnod oedd yn cyd-fynd â'u straeon oedd #MeToo.

Dwi wedi byw drwy ymosodiad rhywiol, a galla i ddweud nad oes dim byd dwi'n ei ofni fwy na gorfod dweud fy stori a wynebu'r perygl na fydd pobl yn fy nghredu i. Doedd dweud fy stori y tro cyntaf ddim yn hawdd, a dydy hi ddim yn mynd yn haws y trydydd neu'r pedwerydd tro.

Wrth i fwy a mwy o actoresau gamu o'r cysgodion, newidiodd rhywbeth ynof i. Roeddwn i'n teimlo wedi fy ngrymuso mewn ffordd roeddwn i heb ei deimlo o'r blaen. Darllenais i sawl erthygl yn trafod pam roedden nhw wedi penderfynu adrodd eu straeon. Un peth wnaeth fy synnu oedd eu bod nhw heb ddweud eu hanes i helpu eu hunain gan amlaf, ond i helpu actoresau ifanc eraill sy'n trio ennill enwogrwydd. Roedden nhw eisiau eu rhybuddio nhw; eisiau eu diogelu nhw. Ar ôl i gylchgrawn *Time* gyhoeddi ei rifyn 'Person of the Year 2017: The Silence Breakers' fel teyrnged i'r menywod dewr hyn, sylweddolais i fy mod i'n dyst i hanes.

Ar yr un pryd, dechreuodd sioe ddadleuol o'r enw *13 Reasons Why* gael ei darlledu ar Netflix. Mae'n adrodd hanes merch 16 oed o'r enw Hannah Baker a laddodd ei hun o ganlyniad i gam-drin. Dechreuodd trafodaeth mewn ysgolion ynghylch y pynciau dan sylw yn y gyfres. Unwaith, clywais i gyd-fyfyrwyr gwryw yn gofyn i'w gilydd pwy yn ei iawn bwyll, yn sefyllfa Hannah, fyddai ddim yn gofyn am help. Roedd fel petaen nhw'n ei beio hi.

Dwi'n cofio'n glir iawn troi a dweud rhywbeth tebyg i, 'Pwy yn ei iawn bwyll fyddai'n treisio unrhyw un?'

Ar ôl hyn, dewison nhw eu cwestiynau'n fwy gofalus; roedden nhw'n trio rhoi eu hunain yn esgidiau'r dioddefwr. I fi, roedd hynny ynddo'i hun yn fuddugoliaeth fach.

Gwnaeth y fuddugoliaeth fach hon fy helpu i ddeall pam mae hi'n bwysig i fi godi fy llais, yn enwedig dros y rhai sydd ddim yn gallu cydymdeimlo â dioddefwyr gweithred mor erchyll. Fel rhan o fy nhriniaeth (roedd yn rhaid i fi weld amryw o seicolegwyr i helpu gyda'r trawma), roeddwn i'n mynd i 'grwpiau trafod' lle byddwn i'n clywed straeon gwahanol gan fenywod a dynion a oedd hefyd yn dioddef y trawma. Ysgogodd hyn awydd ynof i i siarad â phobl eraill, yn unigol, i'w helpu i ddioddef eu trafferthion eu hunain. Roedd helpu eraill yn therapiwtig i fi, a gwnaeth hyn i fi gredu y galla i ysgogi newid.

Yn ystod y cam-drin gwnes i ei brofi, gan gyn-gariad, roeddwn i wedi teimlo'n ddiamddiffyn ac yn gyfrifol ar yr un pryd: fel petai'n fai arna i. Doeddwn i ddim yn gwybod beth i'w wneud nac wrth bwy i ddweud. Doedd dweud wrth fy nheulu ddim yn teimlo fel opsiwn. Doeddwn i ddim yn gwybod sut bydden nhw'n ymateb. Sylwodd Mam fy mod i'n byw mewn ofn, a daeth hi o hyd i ddyddiadur roeddwn i wedi bod yn ei gadw. Darllenodd hi pa mor ddwys oedd fy nheimladau, fy mod i weithiau'n teimlo fel fy lladd fy hun. Gwnaeth hi fy nhrosglwyddo i ofal seicolegwyr, ac anfonon nhw fi i ward seiciatryddol. Yn y fan honno, bues i'n meddwl am beth oedd wedi digwydd a sut roeddwn i'n mynd i ymdopi â chanlyniadau'r ymosodiad.

Pan ddaeth yr achos i'r llys, roedd angen i fi fod yn ddewr iawn er mwyn rhoi tystiolaeth. Plediodd fy nghyn-gariad yn euog, ond

gwasanaeth cymunedol a therapi oedd yr unig gosb gafodd o. Roedd hynny'n teimlo fel slap ar draws fy wyneb.

Ond beth sy'n bwerus yw fy mod i bellach yn gallu ysgrifennu fy stori heb grynu na cholli deigryn. Weithiau, dwi'n gofyn i fi fy hun beth gallwn i fod wedi'i wneud i newid sut digwyddodd pethau, ond yna dwi'n cau'r rhan honno o fy ymennydd. Dwi'n gwybod fy mod i'n methu newid fy ngorffennol o gwbl, ond mae gen i'r gallu i ffurfio fy nyfodol. Ar hyn o bryd, dwi yn y brifysgol ac yn breuddwydio am ennill gradd baglor mewn Newyddiaduraeth. Bydd cyrraedd pen y daith yn anodd, ond dwi'n barod am y siwrnai.

I unrhyw un sy'n darllen hwn, plis gwranda ar y wers dwi wedi'i dysgu. Os wyt ti neu rywun sy'n annwyl i ti yn mynd trwy sefyllfa debyg i fi, paid ag oedi cyn chwilio am help i ti dy hun neu iddyn nhw. Dwi wedi cyfarfod pobl, yn ferched ac yn fechgyn, sy'n dweud wrtha i eu bod nhw mewn sefyllfaoedd tebyg a'u bod nhw ddim yn gwybod beth i'w wneud. Fel arfer, dwi'n eu cyfeirio nhw at weithiwr proffesiynol i chwilio am help. Gan amlaf, dwi'n eu gwylio nhw'n dod yn ôl ata i ac yn diolch am eu helpu nhw. Fel arfer, dwi'n gwneud iddyn nhw addo na fyddan nhw byth yn rhoi eu hunain mewn perygl tebyg eto, os ydyn nhw'n gallu gwneud rhywbeth yn ei gylch. Drwy gydol y broses hon o gael gafael ar help i fi fy hun ac i eraill, dwi wedi dysgu mai'r rheswm pennaf dros ddioddefwyr yn peidio â gofyn am help yw oherwydd eu bod nhw wedi dychryn ac yn ofni cael eu barnu. Ond fy neges i yw, plis coda dy lais; os nad er dy fwyn di, er mwyn rhywun arall. Gelli di gael gwared ar faich trwm. Gelli di achub y dioddefwr nesaf.

WENDY

@wendyrhblogs
Wendy R. H.

> "Roedd helpu eraill yn therapiwtig i fi, a gwnaeth hyn i fi gredu y galla i ysgogi newid."

MAYA,

19, Damascus,

Syria a Birmingham,

Lloegr

"Fy neges i ffoaduriaid eraill yw bod cyfnodau gwael yn digwydd, ond y bydd pethau'n newid os wyt ti'n dal gafael ar ychydig o obaith."

Mae fy nheulu yn dod o Ddamascus, un o'r dinasoedd sydd wedi'u heffeithio gan y bomio yn Syria. Pan oedden ni yno, roedd y sefyllfa'n mynd yn ddrwg iawn. Doedd pethau hanfodol fel trydan, dŵr a nwy ddim ar gael y rhan fwyaf o'r amser. Bu'n rhaid i fi newid ysgol dair gwaith. Doedd dim modd cyrraedd fy ysgol gyntaf oherwydd bod y fyddin o gwmpas yr ysgol y rhan fwyaf o'r amser; roedd yr ail ysgol i fod yn fwy diogel, ond doedd hi ddim, ac roedd Mam yn poeni amdana i. Un tro, pan oeddwn i'n 15 oed, roeddwn i'n cerdded ar fy mhen fy hun i'r drydedd ysgol pan glywais i sŵn ffrwydradau dychrynllyd. Doeddwn i ddim yn gwybod ble i fynd. Doedd gen i ddim ffôn. Y cyfan wnes i oedd sefyll yn fy unfan. Doeddwn i ddim yn gwybod beth i'w wneud. Roedd sŵn y bomiau'n mynd yn uwch. Roeddwn i'n teimlo yn y canol heb ffordd allan.

Wrth edrych yn ôl, dwi'n dal i ddiolch na ddigwyddodd dim byd i unrhyw aelod o fy nheulu.

Roedden ni wedi dychryn oherwydd ein bod ni'n byw mewn lle peryglus, ond roedd ein cartref yn dal i fod yno. Roeddwn i wir eisiau parhau â fy addysg, ond roedd fy rhieni yn meddwl bod yn rhaid i ni adael a dod o hyd i le mwy diogel er mwyn gallu byw bywyd normal. Llwyddodd fy nhad i gael fisas i ni, a daethon ni i Loegr ar awyren. Does dim llawer o bobl yn gwybod bod hyn yn bosib. Maen nhw'n meddwl bod pob ffoadur wedi cyrraedd ar ôl cerdded trwy'r jyngl.

Doeddwn i erioed wedi meddwl dod i'r Deyrnas Unedig. Daeth fy nhad yma'n ddiogel yn 2014 a dywedodd y byddai'n lle diogel i bob un ohonon ni. Gwnaeth gais am fisa aduniad teulu, ond roedd yn rhaid i ni aros am 15 mis iddi gael ei chymeradwyo. Roedd yn rhaid i ni fynd i'r llysgenhadaeth yn Libanus wedyn, cyn teithio i Dwrci ac aros yno am fis cyn i ni adael am y Deyrnas Unedig. Ar y ffordd, yn yr awyren, roeddwn i wedi cyffroi'n lân. Doeddwn i erioed wedi hedfan o'r blaen, felly roeddwn i'n nerfus, ond dechreuais i obeithio y byddwn i'n gallu mynd i'r ysgol, a chael fy locer fy hun, a gwisg ysgol. Roeddwn i'n meddwl y bydden ni'n byw mewn cymdogaeth dawel, ac y byddai'r cymdogion yn dod â chacen siocled i ni, byddai ganddyn nhw blant tua'r un oed â fi ac y bydden ni'n chwarae gyda'n gilydd, yn union fel sy'n digwydd mewn ffilmiau.

Cyrhaeddon ni ym mis Mai, a dyna pryd newidiodd fy mywyd yn fawr unwaith eto. Beth sy'n syfrdanu pobl fwyaf yw eu bod nhw'n disgwyl fy mod i wedi cael trafferth yn cyrraedd yma, ond bod bywyd yn haws a minnau'n hapusach wedyn.

I fi, daeth y gofid unwaith i fi gyrraedd. Roeddwn i'n 16 oed ac yn teimlo doeddwn i ddim yn perthyn yn fy nghartref newydd; roedd yn fywyd ac yn amgylchedd hollol newydd. Roedd yr iaith yn newydd. Roeddwn i wedi dysgu ychydig bach o Saesneg yn Syria, ond roedd yn rhaid i fi ddod i arfer ag acen Birmingham. Roeddwn i'n gwybod y byddai'n rhaid i fi wneud arholiadau TGAU, ond roeddwn i wedi disgwyl y byddwn i'n dod o hyd i ysgol ac yn cofrestru, yn cymysgu ac yn dod i arfer â phobl. Ond dywedodd un ysgol ei bod hi'n rhy academaidd i fi, roedd angen rhywle mwy sylfaenol arna i. Rhoddodd y nesaf nodyn gludiog i fi â chyfeiriad y cyngor arno. Wnaeth yr ysgol nesaf ddim hyd yn oed ateb. Ymwelais i â choleg, ond chlywais i ddim byd oddi yno chwaith.

Roedd hyn yn anodd iawn. Roeddwn i eisiau cael bywyd normal; roeddwn i eisiau rhywbeth digon sylfaenol, sef cael lle mewn ysgol. Roeddwn i'n gwbl barod i ddysgu pethau newydd. Byddai Mam a Dad yn gadael bob bore i fynd i'r coleg i ddysgu Saesneg; roedd fy mrodyr bach i yn yr ysgol. Ces i fy ngadael gartref heb ddim byd i'w wneud, heb addysg, heb ffrindiau. Dim ond fy ngadael yno. Roeddwn i'n ynysig ac yn unig. Roeddwn i'n crio wrth gofio am fy ffrindiau yn Syria ac yn gofyn i fi fy hun pam roeddwn i wedi troi fy nghefn arnyn nhw ac ar fywyd yn fy ngwlad. Fy nyfodol oedd y flaenoriaeth bwysicaf i mi erioed, ac roedd yn diflannu o flaen fy llygaid.

Roeddwn i'n gweld Saesneg yn anodd achos doedd neb yn fy nysgu i. Prynais i lyfr a dechrau ei ddarllen, gan orfodi fy hun i ddefnyddio Saesneg yn fwy nag Arabeg. Gwnes i'n siŵr 'mod i ddim yn cyfieithu dim byd i Arabeg; dim ond ei ddarllen yn Saesneg. Byddwn i'n gwrando ar ganeuon ac yn darllen y geiriau. Yn y pen draw, es i at athro mewn coleg a gofyn iddyn nhw fod â ffydd y gallwn i wneud fy arholiadau TGAU. Gwnaethon nhw brofi fy Saesneg, a ches i le yn y coleg a dechrau cymysgu â phobl. Dyna pryd dechreuodd fy Saesneg i wella go iawn, ond credwch chi fi, mae dysgu'r gwahaniaeth rhwng pwy a sut yn dipyn o gamp!

Roedd fy ewythr wedi cyrraedd y Deyrnas Unedig y ffordd beryglus, gan fynd o Dwrci i Wlad Groeg ar gwch, yna croesi gwahanol wledydd nes iddo gyrraedd y Deyrnas Unedig yn ddiogel. Roedd hynny'n golygu ei fod wedi cael mwy o gymorth gan y llywodraeth ar ôl iddo gyrraedd, a chafodd gyfeiriadau sefydliadau sy'n helpu ffoaduriaid. Soniodd wrtha i am brosiect Cymdeithas y Plant.

Es i draw i'r prosiect ac roeddwn i'n un o griw o bobl ifanc a gyflwynodd araith fer, yn sôn am y cyfle roedden ni wedi'i gael. Daeth Rosanne o Gymdeithas y Plant ata i ar y diwedd a dweud, 'Roeddet ti'n swnio'n anhygoel. Bydden ni wrth ein boddau petaet ti'n ein helpu ni i helpu plant eraill.' A meddyliais i, mae'n rhaid bod fy Saesneg i'n gwella!

Dwi'n meddwl mai Rosanne helpodd fi i adfer fy hyder. Diolch iddi hi, gwelais fod pobl yma'n gyfeillgar ac yn derbyn pobl eraill.

Gwnaeth i fi gredu y byddwn i'n gallu bod yn rhywun yn y wlad hon. Penderfynais i 'mod i eisiau i blant eraill deimlo'r un fath hefyd. Dechreuais gyflwyno sgyrsiau am sut y des i i'r Deyrnas Unedig, a'r trafferthion roedden ni wedi'u cael. Byddwn i'n mynd i'r prosiect yn Birmingham, lle bydden ni i gyd yn coginio pryd o fwyd gyda'n gilydd, yn dod i 'nabod Birmingham gyda'n gilydd a theimlo bod ein Saesneg yn gwella gyda'n gilydd. Roedd hyn mor wahanol i deimlo'n ynysig ac yn unig gartref.

Yn y pen draw des i'n siaradwr gwirfoddol gyda Chymdeithas y Plant. Fy neges i oedd hon – os wyt ti'n ei chael hi'n anodd, mae'n bwysig i ti wybod y bydd pethau'n gwella. Roeddwn i'n sôn wrthyn nhw sut ges i fy ngwrthod gan dair ysgol a choleg. Roeddwn i'n cael fy ngwahodd i siarad gan bobl eraill. Byddwn i'n adrodd fy stori ac yn dweud sut roedd Cymdeithas y Plant wedi rhoi gobaith i fi. Roeddwn i'n teimlo'n anhygoel. Sylweddolais i pa mor bwysig yw hi bod pobl yn teimlo bod croeso iddyn nhw. Dwi eisiau cael gwared â'r ystrydebau am ffoaduriaid. Dwi'n dweud wrth bobl, 'Dyma pwy ydyn ni, dyma pwy rydyn ni'n trio bod. Dyma'r problemau sy'n ein hwynebu ni, ond rydyn ni'n gwerthfawrogi'n fawr yr help rydyn ni'n ei gael.' Fy neges i ffoaduriaid ac ymfudwyr eraill yw bod cyfnodau gwael yn digwydd, ond bydd pethau'n newid os oes gen ti lygedyn o obaith.

Erbyn hyn, dwi'n teimlo fy mod i'n cael fy nghroesawu gan y wlad a'r system addysg hefyd. Mae pobl ym mhobman yn hyfryd ac yn gefnogol. Dwi'n teimlo'n lwcus ac mae pobl dda yn fy amgylchynu.

Dwi'n gweld eisiau Syria a phobl a ffrindiau yno, ond dwi'n berson gwahanol nawr. Dydw i ddim yn trio bod yr un fath â phawb nawr – dwi'n trio tynnu sylw ata i fy hun. Dwi'n dangos bod pawb yn rhyfeddol yn eu ffordd eu hun.

Dri diwrnod cyn fy mhen-blwydd yn 18 oed, clywais fy mod i'n mynd i gael Gwobr Gwaddol Diana, a sefydlwyd i goffáu'r Dywysoges Diana. Roedd hynny mor ddoniol achos cyn i ni fynd i'r Deyrnas Unedig, roedd Mam wedi dweud wrtha i, 'Rydyn ni'n mynd i weld y Tywysog William, rydyn ni'n mynd i weld y Tywysog Harry.' Roedden ni'n meddwl y bydden nhw'n cerdded o gwmpas ac y bydden ni'n taro i mewn iddyn nhw ar y stryd! Doeddwn i ddim yn meddwl y bydden nhw yno pan oeddwn i'n cael y wobr, ond roedden nhw. Roedd y ddau mor hyfryd. Cawson ni sgwrs fer; roedden nhw'n gwybod ein hanes ni a chyflwynodd y ddau y wobr i fi. Un gair sydd i ddisgrifio'r teimlad a'r diwrnod – ansbaradigaethus! Roedd gweld y palas, y teulu brenhinol a'r bobl yn brofiad swreal. Doeddwn i erioed wedi disgwyl y fath beth. Roedd y ddau dywysog mor hyfryd, a gwnaethon nhw'n siŵr eu bod nhw'n siarad â phob un ohonon ni. Wrth fynd ymlaen i dderbyn fy ngwobr, ces i eiriau cefnogol a chalonogol gan y ddau – dwi'n eu galw nhw'n gyfrinachau brenhinol. Yna cyflwynon nhw'r wobr i fi ac es i'n ôl i fy sedd. Gwnes i grio wrth fynd ar y llwyfan am y tro cyntaf – roedd y goleuadau, y cymeradwyo, y camerâu a'r bobl i gyd yn ei wneud yn rhywbeth bythgofiadwy. Dwi'n cofio meddwl, 'Mae breuddwydion yn cael eu gwireddu.'

Roedd cael fy ngwobrwyo fel hyn yn gwneud i fi deimlo bod fy neges yn cael ei chydnabod. Mae pobl yn gwrando. Dwi'n gweithio gyda Chymdeithas y Plant i hybu gobaith a dealltwriaeth o ffoaduriaid, ac roedd yn anhygoel cael fy ngwobrwyo am rywbeth feddyliais i erioed y byddwn i'n cael fy ngwobrwyo amdano.

Yn rhyfedd ddigon, ers i ni hedfan i'r Deyrnas Unedig, mae awyrennau wedi fy swyno i'n llwyr. Dwi'n cofio bod yn ofnus ar y dechrau oherwydd y daith arw, ond yna dechreuodd y daith dawel i fywyd newydd a gwnaeth hynny wahaniaeth go iawn. Dwi wedi penderfynu fy mod i am fynd i'r brifysgol i astudio peirianneg hedfan. Bydda i'n ennill trwydded hedfan yn y pen draw, a bydda i'n hedfan pobl i wledydd gwahanol ryw ddiwrnod. Rhyfeddol. Dwi'n bendant yn meddwl y dylwn i wneud yn fawr o flynyddoedd fy arddegau. Dwi'n teimlo bod pobl ifanc yn cael eu cysylltu ag ieuenctid a'u hegni. Os oes gen ti dosturi a chred yn dy achos, bydd y rhinweddau hynny yn dy helpu i gyflawni pethau.

Dwi'n bendant wedi newid yn aruthrol yn ystod y cyfnod yma. Roedd dod yma fel oedolyn ifanc 16 oed yn newid ar adeg dyngedfennol: y cyfnod pan ydyn ni'n dechrau diffinio ein hunain, yn trio gosod nodau i ni'n hunain a chyfri ein llwyddiannau. Ers bod yn 19 oed, dwi'n teimlo bod gen i lawer i'w ddysgu o hyd; ar yr un pryd, mae gen i lawer i godi llais drosto o hyd. Dyna'r fantais o fod yn ifanc. Gallwn ni gael ein clywed, gall pobl wrando a bydd ein barn yn cael ei gwerthfawrogi. Dylen ni gofleidio'r cyfleoedd hynny. Yr arddegau yw'r cyfnod pan mae gennym ni ddigon o egni a thosturi i wneud rhywbeth rydyn ni'n credu ynddo. Gyda'r grym hwnnw sydd gennym ni, does dim pen draw.

MAYA

 @GhazalMia
@ghazalmia

> "Gallwn ni gael ein clywed, gall pobl wrando a bydd ein barn yn cael ei gwerthfawrogi. Yr arddegau yw'r cyfnod pan mae gennym ni ddigon o egni a thosturi i wneud rhywbeth rydyn ni'n credu ynddo."

4...
HERIO BARN
POBL ERAILL

JONATAN,
22, Helsinki, Y Ffindir

"Roeddwn i'n meddwl nad oedd symud i gartref hen bobl yn beth cŵl, ond dysgodd y bobl hŷn gymaint i fi."

Pan oeddwn i'n 19 oed, es i fyw mewn cartref hen bobl am flwyddyn a hanner gyda thua 100 o bobl hŷn. Roedd hwnnw'n brofiad anhygoel. Clywais am hanes a dysgais am fywyd.

I ddechrau, roedd meddwl fy arddegau'n dweud wrtha i nad oedd gwneud hyn yn cŵl. Ond yn rhyfedd iawn, roedd fy ffrindiau, a ffrindiau fy ffrindiau, yn teimlo'n gwbl wahanol. Roedden nhw wastad yn gefnogol. Roedden nhw'n dweud, 'Mae'n anhygoel dy fod ti'n gwneud hyn.' Yn fuan iawn, sylweddolais i eu bod nhw'n iawn.

Roedd perthnasau gan y rhan fwyaf o'r trigolion, ond doedd gan rai ohonyn nhw neb o gwbl. Roedd rhai yn eu 70au a rhai bron yn 100. Roeddwn i yno fel ffrind a chynorthwywr. Byddwn i'n dod â choffi iddyn nhw ac yn treulio amser yn eu cwmni. Pan oeddwn i'n gwneud hyn, roeddwn i'n gallu gweld wrth eu hwynebau pa mor hapus oedden nhw mwya' sydyn, ddim ond oherwydd fy mod i yno.

Dwi'n meddwl eu bod nhw'n mwynhau fy nghwmni i oherwydd bod pawb o'u cwmpas, heblaw am y nyrsys, yr un oed â nhw. Roedd cael rhywun iau yno yn gwneud y lle'n fwy diddorol. Roedd yn cynnig safbwynt gwahanol iddyn nhw. Mae cartrefi hen bobl yn gallu rhoi'r argraff bod pobl hŷn wedi'u rhoi mewn bocsys, a'u cau i ffwrdd o'r byd tu allan. Roedd fy nghael i a phobl ifanc eraill yno yn dod â'u byd yn fyw.

Daeth fy nghymdoges 86 oed a finnau'n ffrindiau agos iawn, a buon ni'n ffrindiau nes iddi farw flwyddyn yn ôl. Mae gen i atgofion da ohoni o hyd. Roedd hi'n ffrind da iawn i fi. Bob tro bydda i'n meddwl amdani, mae darlun ohoni'n gwenu yn dod i'r meddwl, ac mae hynny'n hyfryd.

Roedd un o'r dynion yn y cartref wedi ymladd yn y rhyfel, ond pan oedden nhw'n sôn am hanes, roedd hynny'n bennaf yn ymwneud â'r Rhyfel Oer rhwng y Ffindir a Rwsia. Dydych chi ddim yn clywed am y pethau hynny erbyn hyn. Rydyn ni'n wlad eithaf niwtral, felly roedd gwrando ar y straeon hyn yn dipyn o agoriad llygad.

Un wers wnes i ei dysgu gan y bobl yn y cartref yw pa mor bwysig yw peidio byth â throi cefn ar y pethau rwyt ti'n eu caru. Roedden nhw'n dweud pa mor bwysig yw gwneud gwaith rwyt ti'n ei garu a charu'r gwaith rwyt ti'n ei wneud.

Dwi'n gogydd cynnyrch crwst. Pan oeddwn i'n byw gyda nhw, roeddwn i'n dysgu'r grefft, ac yn dod â'r cynnyrch roeddwn i wedi'i wneud yn ystod y dydd yn ôl i'r cartref i'w rhannu â nhw. Pan wnes i raddio, dathlais i gyda nhw â chacennau a danteithion eraill roeddwn i wedi'u gwneud yn yr ysgol. Roedden nhw'n hapus iawn!

Roeddwn i'n talu rhent tra oeddwn i'n aros yno, ond roedd yn rhad iawn, iawn yn ôl safonau'r Ffindir: €250 yn lle €800. Mae rhent yma yn uchel iawn, felly un rheswm dros drefnu'r prosiect oedd dangos sut mae ffordd wahanol o fyw yn gallu gweithio i bobl ifanc.

Roedd y prosiect roeddwn i'n rhan ohono yn llwyddiant ysgubol. Roeddwn i'n un o dri pherson ifanc a oedd yn byw yno ac, ar ôl i ni symud allan, daeth tri arall yn ein lle ni. Dwi'n credu bod y prosiect wedi helpu i amlygu problemau sy'n gysylltiedig â mynd yn hŷn a ches i neges gref y dylwn i ofalu am bobl oedrannus a'u helpu nhw.

Pan oeddwn i'n blentyn, roeddwn i'n treulio llawer o amser gyda fy nain ac yn ei helpu hi bryd bynnag roeddwn i'n gallu. Ar ôl i fi adael y cartref hen bobl, dechreuais i helpu pobl hŷn os oeddwn i'n gweld bod angen cymorth arnyn nhw: yn yr archfarchnad, ar y stryd, unrhyw fan lle byddai help llaw yn cael ei groesawu. Pethau bach felly sy'n cynhesu'r galon. Mae'n cyflwyno rhywbeth arbennig i fy mywyd i hefyd. Mae pethau bach yn gallu gwneud cymaint o wahaniaeth.

I fi erbyn hyn, mae'n anghredadwy bod unrhyw un yn meddwl am bobl hŷn fel dim byd ond hŷn. Dwi'n meddwl bod eu profiad bywyd nhw yn fwy gwerthfawr o lawer na datblygiadau cyfoes, fel technoleg. Dysgodd fy ffrindiau yno wersi bywyd i fi.

Yn fy ngwaith, dwi'n dod â llawenydd i fywydau pobl drwy bobi danteithion blasus. Dwi'n meddwl bod hynny'n cael ei adlewyrchu ynof i. Dwi weithiau'n taro heibio i'r siopau sy'n gwerthu fy nghynnyrch i weld pobl yn prynu'r cacennau ac ati a pha mor hapus mae hynny'n eu gwneud nhw. Mae gweld hynny'n fy ngwneud i'n hapus, ac mae hefyd yn fy atgoffa i o ba mor hapus roedd hynny'n gwneud y bobl yn y cartref hefyd.

Ar y pryd, doeddwn i ddim mewn perthynas. Dwi'n meddwl bod y ffordd wnes i newid drwy fyw yno yn amlygu ei hun yn fy mherthynas â fy nghariad a fy nheulu. Dwi wedi dod yn berson mwy gofalgar. Dwi wir yn meddwl am bobl. Dwi eisiau eu helpu nhw.

Dwi wir yn argymell y dylai pobl ifanc eraill roi cynnig ar hyn, neu unrhyw beth sy'n ymwneud â helpu pobl. Os oes gen ti gymydog oedrannus neu os oes unrhyw un ar dy stryd a allai fod angen cymorth, gofynna a oes angen help arnyn nhw neu a hoffen nhw gael sgwrs, oherwydd mae llawer ohonyn nhw'n unig iawn. Mae'n bosib bod llawer ohonyn nhw heb fod mewn cysylltiad â phobl eraill, heblaw nyrsys, ers blynyddoedd. Dwi'n meddwl bod angen i ni eu parchu nhw a pharchu hanes. Rydyn ni yma o'u herwydd nhw, ac mae hynny mor bwysig. Gobeithio wir y bydd pobl ifanc eraill yn agor eu llygaid ac yn agor eu calonnau i bobl oedrannus.

JONATAN

"Mae'n gallu rhoi'r argraff bod pobl hŷn wedi'u rhoi mewn bocsys, a'u cau i ffwrdd o'r byd tu allan. Roedd fy nghael i a phobl ifanc eraill yno yn dod â'u byd yn fyw."

LIAM,

17, Waroona,

Gorllewin Awstralia

"Mae'n hawdd bod yn feirniadol. Dwi wedi dysgu bod yn fwy agored fy meddwl. Dwyt ti byth yn gwybod beth mae rhywun yn mynd trwyddo."

Dwi newydd fod yn ddigon ffodus i dreulio pythefnos yn dod i 'nabod un o ardaloedd gwarchodedig harddaf yr Unol Daleithiau, Parc Cenedlaethol Shenandoah. Roeddwn i'n rhan o raglen ysgoloriaeth i annog pobl ifanc o wahanol wledydd i fod yn arweinwyr amgylcheddol, ag awydd gwneud gwahaniaeth.

Hyd yn oed nawr, ar ôl dod adref, dydw i ddim yn ystyried fy hun yn berson ofnadwy o wyrdd. Does gen i ddim obsesiwn â'r amgylchedd, er bod y daith yn bendant wedi gwneud i fi feddwl mwy am y pwnc, ac am newid hinsawdd.

Yn hytrach, roedd beth wnes i ei ddysgu ar y daith yn ymwneud yn bennaf â fi fy hun; ac mae beth wnes i ei ddysgu wedi newid fy mywyd.

Mae rhaglen Nature Bridge Alcoa Scholars yn recriwtio pobl ifanc o sawl gwlad wahanol, ac am bythefnos, roedden ni fel un teulu bach. Roedden ni yng nghwmni hyfforddwyr a oedd yn ein trin ni fel ffrindiau.

Tra oeddwn i yno, roedd hi'n flwyddyn ers i Sam, un o fy ffrindiau gorau, ei ladd ei hun. Roedd y gefnogaeth ges i gan y lleill yn un o'r pethau brafiaf i fi ei brofi erioed. Wir i chi, bydda i'n cofio hynny am weddill fy oes.

Yn ystod fy mhythefnos yno, treuliais fy amser yn dod i 'nabod pobl wahanol a dysgais sut beth yw bywyd iddyn nhw, a sut mae eu diwylliant nhw mor wahanol i un Awstralia. Un wers fawr ddysgais i oedd bod pethau bydden ni'n feirniadol ohonyn nhw ddim yn cael eu beirniadu mewn rhannau eraill o'r byd. Er enghraifft, yma, rwyt ti'n cael dy ystyried yn od os wyt ti'n hoffi *Harry Potter* neu'n darllen y llyfrau. Ond mewn rhai gwledydd, rwyt ti'n cael dy ystyried yn eithriad os dwyt ti ddim yn hoffi *Harry Potter*.

Dyma'r arwydd cyntaf ges i fod Awstralia yn gallu bod yn hynod o feirniadol. Gwnaeth hyn i fi ddechrau meddwl nad yw pobl yr un fath ble bynnag wyt ti'n mynd. Roeddwn i'n gweld hynny'n ddiddorol iawn. Mae dysgu hynny'n bendant wedi cael effaith ar y person ydw i. Mae wedi gwneud gwahaniaeth mawr i fy safle yn y byd, sut dwi'n meddwl am bobl a sut mae pobl yn wahanol. Cyn y daith, fyddwn i byth wedi beirniadu rhai o'r lleill mewn ffordd amlwg ond, yn fewnol, byddwn i wedi meddwl amdanyn nhw fel pobl mor wahanol i fi. Nawr, dwi'n meddwl amdanyn nhw mewn ffordd gwbl wahanol. Unwaith des i i'w 'nabod nhw, roedden nhw i gyd yn bobl wych.

Roedd y lleill yn dweud bod beth roedden nhw'n ei glywed gen i yn gwneud iddyn nhw deimlo bod Awstralia yn lle beirniadol iawn. Bellach, dwi'n credu bod hynny'n wir a byddwn i wrth fy modd yn gwneud rhywbeth, hyd yn oed rhywbeth bach, i newid hynny.

Roedd golwg hapus iawn ar fy ffrind a fu farw. Roedd bob amser yn ei roi ei hun o flaen pobl eraill. Roedd ei golli yn ergyd galed. Yn yr ardal dwi'n byw ynddi, mae'r gyfradd hunanladdiad mor uchel. Erbyn hyn, dwi'n dechrau meddwl a yw hynny'n rhywbeth i wneud â faint mae pobl yn lladd ar ei gilydd. Tybed a yw pobl yn canolbwyntio gormod ar sut argraff maen nhw'n ei wneud, neu tybed ydyn nhw'n trio bod yr un fath â phawb arall, yn trio ffitio i mewn. Os nad ydyn nhw'n ffitio i mewn, fydd pobl ddim yn sôn am hyn yn agored; yn hytrach, byddan nhw'n rhoi'r meddyliau i'r naill ochr. Os ydyn nhw'n gwneud rhywbeth gwahanol, canlyniad hynny fydd cael eu hystyried yn wahanol. Gallai hyn gynnwys plant sy'n chwarae gwyddbwyll, neu gemau cardiau â dreigiau arnyn nhw. Does gen i ddim diddordeb mewn pethau fel hyn, ond erbyn hyn dwi'n meddwl am bobl sy'n credu eu bod nhw'n ddiddorol – a chwarae teg iddyn nhw am fod yn nhw eu hunain.

Y diwrnod o'r blaen, gwnaeth ffrind i fi, sy'n Affricanes, fy nghodi i a 'nghariad i yn ei char. Roedd yn rhaid iddi hi eistedd rhwng y ddau ohonon ni, am mai dyna'i diwylliant hi. Byddai'n amharchus i ni eistedd gyda'n gilydd. Yn ei diwylliant hi, maen nhw'n gweld pethau'n wahanol. Fyddwn i ddim wedi sylwi ar hynny o'r blaen.

Erbyn hyn, mae gen i feddwl llawer mwy agored am bobl eraill. Nawr, os dwi'n clywed rhywun yn dweud rhywbeth na ddylen nhw'i ddweud wrth rywun, bydda i'n codi llais ac yn dweud hynny. Drwy wneud hynny, dwi'n gobeithio fy mod i'n gallu dylanwadu ar bobl eraill.

Dydw i ddim yn dweud bod pobl yma'n bwlio. Dwi'n meddwl bod llawer ohonon ni'n dweud pethau sy'n achosi loes, er nad ydyn ni'n bwriadu iddyn nhw wneud hynny. Mae sylw neu weithred yn gallu bod yn ddigon i wthio rhywun dros y dibyn. Does dim ots pa mor ddi-nod yw'r hyn rydyn ni'n ei ddweud neu yn ei wneud. Mae dweud rhywbeth wrth rywun yn gallu troi mater bach yn beth sylweddol.

Ar ôl i Sam farw, roedd pawb yn dweud, 'Dwi yma i bawb.' Roedd pobl yn sôn am hunanladdiad ac yn ysgrifennu am hunanladdiad ac iselder am fisoedd lawer, ond tawelodd popeth ac yn araf bach, dechreuodd llawer o bobl anghofio. Paid ti ag anghofio. Gwna wahaniaeth i fywydau pobl eraill a bydda yno ar gyfer pobl oherwydd dwyt ti byth yn gwybod beth yw amgylchiadau rhywun.

Mae cael y cyfle wnes i, a finnau mor ifanc, wedi rhoi agwedd wahanol i fi ar fywyd. Dwi eisoes yn cyfathrebu mwy â phob math o bobl wahanol. Efallai mai'r arddegau yw'r cyfnod pan allwn ni ddysgu yn hawdd. Dydyn ni ddim yn cario baich cyfrifoldebau oedolion, felly gallwn ni fanteisio i'r eithaf ar gyfleoedd, a ninnau'n ifanc. Does dim rhaid i ti fynd ar daith i ochr arall y byd. Gofynna i rywun os ydy o'n iawn. Cer allan o dy ffordd i wneud gwahaniaeth, oherwydd rwyt ti'n gallu gwneud gwahaniaeth go iawn. Mae'n gallu newid bywyd.

Mae bywyd yn fyr. Rydyn ni i gyd yn ddiolchgar ein bod ni ar y Ddaear, ac mae angen i bawb wneud y gorau ohoni.

LIAM

Liam Hannah
@liamhannah767

> "Efallai mai'r arddegau yw'r cyfnod pan allwn ni ddysgu yn hawdd... gallwn ni fanteisio i'r eithaf ar gyfleoedd, a ninnau'n ifanc."

RUBEN,

18, Huddersfield,

Lloegr

"Galla i ddangos i bawb beth mae pobl ag anabledd yn gallu'i wneud â'u dyfodol."

Daeth fy nhad o hyd i sgriptiau drama Superman ar-lein, a gwnaeth rhywbeth amdanyn nhw ennyn fy niddordeb a gwneud i fi fod yn llawn cyffro am roi cynnig ar actio. Dwi'n hynod o lwcus achos mae fy rhieni yn rhedeg cwmni theatr i blant ag anableddau, felly roedden nhw mewn sefyllfa wych i roi cyngor i fi am gael gwaith.

Fy swydd gyntaf oedd lleisio rhaglen am dri pherson â syndrom Down. Roedd un yn nofiwr – a dweud y gwir, y fi oedd hwnnw, dwi'n nofiwr cryf iawn; roedd un yn syrffiwr; ac roedd un yn mwynhau drama. Roedd y rhaglen am y tri ohonon ni.

Wedyn cynigiais i am ychydig o waith ar *Newsround*, y rhaglen newyddion i blant ar Children's BBC. Roeddwn i'n gohebu am blant ag anableddau mewn sinemâu. Roedd un adroddiad am ferch â syndrom Down oedd yn mwynhau'r ffilm yn arw ac yn gwneud gormod o sŵn, a hynny'n tarfu ar bobl eraill a oedd yn gwylio. Roedd fy adroddiad newyddion i'n trafod sut mae'n bosib i theatrau a sinemâu fod yn fwy croesawgar i blant ag anableddau. Siaradais i â thîm *The Lion King*, a oedd yn gwneud yn siŵr bod y profiad mor llawn â phosib i'r gynulleidfa gyfan. Roedd ganddyn nhw becyn arbennig i'w roi i blant yn esbonio beth oedd yn digwydd pan oedd plant eraill yn gwneud llawer o sŵn, ac roeddwn i'n meddwl bod hynny'n wych.

Wedyn clywais i am glyweliadau ar gyfer *The Dumping Ground*, cyfres ddrama am blant sy'n byw mewn cartref gofal. Roedden ni ar wyliau yn Nyfnaint pan glywais i gan y cyfarwyddwr castio fy mod i wedi cael rhan. Roeddwn i'n meddwl ei bod hi'n golygu rhan mewn un bennod, ond roedd am gyfnod o bum mis! Erbyn hyn, dwi'n dweud wrth fy rhieni 'mod i'n fwy cyfoethog na nhw...

Dwi'n mwynhau popeth am fod yn The Dumping Ground, o wneud ffrindiau newydd i'r ochr dechnegol. Mae hyn wedi fy ysbrydoli i ddechrau gwneud ffilmiau fy hun ar fy iPad. Weithiau dwi'n gwneud fideo llawn a rhaghysbyseb a'u golygu â'r meddalwedd golygu ar fy iPad. Dwi'n ysgrifennu caneuon hefyd. Dwi'n dysgu trwy wneud. Dwi'n gobeithio 'mod i'n chwalu ystrydebau ar yr un pryd.

Dwi hefyd wedi gwneud rhaglen ddogfen arall a oedd yn fwy dirdynnol. Gwnes i ymweld â Moldova a gweld sefydliadau lle'r oedd pobl â phob math o anableddau yn byw: parlys yr ymennydd, syndrom Down, awtistiaeth... pob math o gyflyrau a phob math o oedrannau gwahanol. Roedd fy adroddiad amdanyn nhw ac am Lumos, elusen sy'n cael ei chefnogi gan J.K. Rowling, a oedd yn trio newid yr amodau ofnadwy yno.

Roedd hyn yn brofiad torcalonnus. Dim ond un tegan yr un oedd gan y plant yno ac roedden nhw'n dlawd iawn. Gwnes i hefyd ymweld ag ysgol arbennig anhygoel sy'n cael ei hariannu gan elusen Lumos. Roedd bachgen mewn cadair olwyn yno, a gofynnais i iddo beth roedd o eisiau ei wneud pan oedd yn hŷn. Dywedodd ei fod eisiau bod yn blismon a dywedais i wrtho, 'Cei di fod y plismon cyntaf ym Moldova mewn cadair olwyn.'

Dwi eisiau gwneud rhagor o raglenni dogfen. Dwi eisiau gwneud adroddiadau heriol am bobl ag anableddau. Dwi'n gweithio gyda chriw ffilmio sydd i gyd yn fenywod ag anableddau eu hunain. Mae rhai pobl yn garedig iawn wrth bobl ag anableddau fel fi, ond dydy hynny ddim yn wir am bawb. Pan dydyn nhw ddim yn garedig, mae'n annheg.

Roeddwn i'n mynychu ysgol uwchradd brif ffrwd lle roeddwn i'n cael fy mwlio weithiau. Roedd ganddyn nhw ystafell addysg arbennig i bobl â phroblemau dysgu. Roeddwn i yn eu plith, ond roedd rhai o'r plant eraill yn sathru ar fy nhraed, yn fy maglu neu'n galw enwau arna i. Roedden nhw'n gwneud hynny mewn ffordd doedd ddim yn amlwg. Roedden nhw'n fy atal i rhag gwneud pethau ac yn fy rhwystro i rhag cymdeithasu. Fi oedd y plentyn cyntaf â syndrom Down yn yr ysgol. Roedd yn teimlo fel petawn i'n treulio fy holl amser yn brwydro yn erbyn rhagdybiaethau.

Gwnes i ddal ati yno. Gadawais yr ysgol â chymwysterau TGAU ond dim ffrindiau. Dyma fi'n dweud wrtha i fy hun, 'Does dim rhaid i ti wneud hynny eto,' a wnes i ddim edrych yn ôl.

Dwi mor falch o'r cynnydd dwi wedi'i wneud ers i fi adael yr ysgol. Pan dydw i ddim yn actio, dwi'n gweithio mewn canolfan chwaraeon fel cynorthwyydd hyfforddi nofio, badminton a thenis bwrdd.

Yr agwedd orau ar fy mywyd nawr yw treulio amser gyda ffrindiau. Dwi'n hoffi fy swyddi actio, a gweithio gyda phobl ag anableddau. Dwi eisiau i bobl wylio rhywbeth dwi'n actio ynddo a dwi eisiau eu hysbrydoli nhw. Yna galla i fod yn actor ag anabledd sy'n ysbrydoli pobl, galla i ddangos i bawb beth mae pobl ag anabledd yn gallu'i wneud â'u dyfodol.

Roedd pawb yn fy hen ysgol uwchradd yn gwylio *The Dumping Ground*, felly dwi'n enwog yno erbyn hyn. Dwi eisiau bod yn fwy enwog fyth ac ennill hyd yn oed mwy o arian!

Mae hyn yn rhoi teimlad gwych i fi. Mae gan bobl ragdybiaethau am beth mae plant â syndrom Down yn gallu'i wneud neu ddim yn gallu'i wneud. Dwi yma i'w profi nhw'n anghywir. Yn yr ysgol gynradd, gofynnodd yr athro wrth Mam, 'Beth rydych chi'n feddwl bydd Ruben yn ei wneud pan fydd yn gadael yr ysgol?' ac atebodd hithau, 'Ar hyn o bryd, mae o eisiau bod yn seren roc.' Roedd golwg o sioc ar wyneb yr athro, ond dyma Mam yn meddwl, 'Arhoswch chi, gewch chi weld.'

RUBEN

@shebangtheatre

> "Roedd plant â syndrom Down yn arfer cael eu cuddio. Dwi'n gwneud y gwrthwyneb i hyn."

IMANI,

18, Los Angeles, UDA

> "Os yw myfyrwyr o liw yn clywed y byddan nhw'n tyfu i fyny i fod yn dda i ddim, dyna fydd yn digwydd a dyna dwi eisiau ei newid."

Wrth dyfu i fyny, un o'r heriau mwyaf roeddwn i'n eu hwynebu oedd pobl yn gofyn i fi yn gyson 'beth roeddwn i'. Roedd fy hynafiaid yn bobl o Libanus ac o dras Affricanaidd o Guatemala, ac er bod hwn yn gyfuniad hyfryd, wynebais i frwydr wrth dyfu i fyny, a cheisio dod i delerau â fy nghefndir ethnig anarferol.

Merch Latina ydw i sydd ddim yn siarad Sbaeneg yn berffaith. Dwi'n rhy wyn i edrych fel Affro-Latina nodweddiadol. Dwi'n Arabes

'Americanaidd', ond heb fod yn perthyn i'r diwylliant Arabaidd 'traddodiadol'.

Roedd fy nghroen golau a fy ngwallt cyrliog mawr yn golygu bod pobl yn aml yn amau fy nghymysgedd ethnig cymhleth. Pan oeddwn i'n ferch fach, roedd ymateb ambell blentyn arall yn codi cywilydd arna i. Roedden nhw'n cael trafferth ynganu enwau mamwledydd fy rhieni, heb sôn am wybod ble roedden nhw. Yn syml, byddwn i'n dweud wrth bobl fy mod i'n ddu ac yn wyn. Roedd hynny'n haws, er bod hyn yn golygu gwadu agweddau sylweddol ar fy niwylliant.

Yn yr ysgol gynradd, un o'r pethau a ddechreuodd ddod i'r amlwg yn ystod y darlithoedd teyrnged blynyddol ar 11 Medi oedd cymaint o deimladau drwg oedd yn bod tuag at Islam. Gwnaeth hynny i fi gilio oddi wrth yr ochr honno o fy ngwreiddiau. Yna, pan es i i'r ysgol uwchradd, oedd â phoblogaeth uchel o bobl Latino, roeddwn i'n teimlo fel y ferch wen yng nghanol fy nghriw ffrindiau.

Roedd dysgu Sbaeneg yn dipyn o her i fi, ac roeddwn i'n cael trafferth ei siarad heb gecian oherwydd fy mod i'n teimlo nad oeddwn i'n gwneud cyfiawnder â'r iaith. Dwi'n dal ati i ymarfer, ond yng nghefn fy meddwl dwi'n gwybod ei bod hi'n anoddach i fi ddod yn rhugl oherwydd wnes i erioed ddysgu'r iaith yn iawn pan oeddwn i'n iau.

Y llynedd, cefais ysgoloriaeth i astudio dramor yn yr Aifft am gyfnod, a dyna pryd dysgais i arwyddocâd beth mae'n ei olygu i fod yn fenyw Arabaidd. Ces i deimlad o falchder a gobaith wrth weld y menywod yno'n dyfalbarhau er gwaetha'u hamodau byw, a'r cyfyngiadau niferus sy'n wynebu menywod Mwslimaidd a menywod sy'n gwisgo'r hijab. Roedd llawer o reolau a rheoliadau dealledig i fenywod: doedd y ferch hynaf mewn teulu ddim yn cael mynd allan heb orfod bod yn ôl erbyn amser penodol, a byddai ei brawd iau yn ei gwarchod. Roedd yn ymddangos fel diwylliant lle'r oedd dynion yn tra-arglwyddiaethu, ond roedd fy ffrindiau benywaidd a oedd yn gwisgo'r hijab, yn teimlo'n falch o'u crefydd a'u diwylliant er gwaetha'r anawsterau. Gwnaethon nhw ddangos y gallwn i hefyd fod yn falch o bob agwedd ar fy ethnigrwydd a derbyn fy hun fel menyw Arabaidd-Affricanaidd-Latina-Americanaidd sy'n barod i hybu cydnabod pob hil ymhlith pobl eraill.

Fy nod yw hyrwyddo cydnabod hil a rhywedd drwy waith artistig. Un o fy mhrosiectau diweddaraf oedd rhaglen ddogfen gyda'r sefydliad Global Girl Media. Drwy'r profiadau dwi wedi'u cael yn gweithio gyda'r menywod yn Global Girl, dwi wedi gallu sefydlu fy hunaniaeth fy hun drwy gelf a'r cysylltiadau dwi wedi'u gwneud â phobl.

Dwi wedi gwneud ffilm am y gymuned breninesau drag yn Los Angeles. Mae breninesau drag mwy tywyll eu croen yn destun dadlau. Dydyn nhw ddim yn cael cymaint o waith â breninesau goleuach, a dydyn nhw ddim yn gallu perffeithio'u colur oherwydd y diffyg arlliwiau croen mae'r diwydiant colur yn eu cynnig. Mae'r ffilm yn archwilio lliwyddiaeth ac unigedd cymdeithasol yn y gymuned hon. Roedd y breninesau drag gwnes i gyfweld â nhw yn cadarnhau bod llawer o'r diwylliant drag yn wyn. Roedden nhw'n sôn am ddefnyddio gwaith ymgyrchu yn eu perfformiad, dod i delerau â'u hunaniaeth a bod yn hapus yn eu croen. Dywedodd un fod perthnasau yn cyfeirio ato fel 'pocha', term Sbaenaidd sy'n cyfeirio at wyngalchu. Mae dynion i fod yn gryf, yn benteuluoedd – cysyniadau sydd wedi'u trwytho yn ideoleg machismo. Er bod y safonau a'r syniadau diwylliannol hyn yn ei eithrio, roedd yn cymryd gofal rhag teimlo'i fod yn cael ei eithrio o'i ddiwylliant ei hun. Felly gwnaeth ymchwil a darllen hanes, a dysgu am ei wreiddiau fel na allai neb gymryd hynny oddi arno.

Pan glywais i hyn, penderfynais i nad oeddwn i'n gwybod digon am Guatemala a Libanus, a dechreuais astudio fy nhreftadaeth fy hun. Doeddwn i ddim eisiau i bobl ddweud wrtha i, 'Dwyt ti ddim wir yn Latina, dwyt ti ddim wir yn Arabes.' Erbyn hyn, dwi'n gallu dweud fy mod i'n gwybod fy hanes; dwi'n gwybod beth ddigwyddodd i fy nheulu i ddod â ni i ble rydyn ni heddiw.

Dwi hefyd wedi dechrau ymgyrchu yn yr ysgol. Dwi wedi hyrwyddo ymwybyddiaeth ymhlith disgyblion o liw yn y blynyddoedd isaf, fel nad ydyn nhw ar ei hôl hi wrth wneud cais am goleg. Mae gwneud cais llwyddiannus i fynd i goleg yn pwyso'n drwm ar fraint. Mae system ein hysgolion wedi'i sefydlu mewn ffyrdd sy'n golygu nad yw myfyrwyr o liw yn teimlo'u bod nhw'n ddigon da a ddim yn ddigon hyderus. Dwi eisiau newid y neges, pasio heibio'r rhwystr meddyliol sy'n dweud nad yw pobl o liw yn gallu ennill lle mewn dosbarthiadau ymlaen llaw. Os oes rhywun yn clywed eu bod nhw'n mynd i dyfu i fyny i fod yn dda i ddim, dyna fydd yn digwydd, a dyna dwi eisiau ei newid.

Dwi'n mynd i Brifysgol Berkeley yn yr hydref i astudio rheolaeth fyd-eang a newyddiaduraeth. Pan fydda i'n mynd i fyd gwaith, dwi eisiau hybu grym pobl eraill yn fy ngyrfa. Mae angen i bobl beidio â diystyru grym pobl ifanc: rydyn ni'n ifanc, rydyn ni'n naïf, ond mae gennym ni lais. Gallwn ni droi at y cyfryngau cymdeithasol. Mae grym ein meddyliau ein hunain gennym ni, a safbwynt pobl y filflwydd. Rydyn ni'n wahanol i'n rhieni. Efallai nad ydyn ni'n cael ein gwerthfawrogi a'n hystyried yn llawn, ond dyna pam mae angen i ni godi ein lleisiau.

Mae cymaint o bobl, hyd yn oed yn ein grŵp oedran ni, ddim yn cymryd yr amser i wrando ar ein gilydd, i archwilio ein hamrywiaeth barn a'n cefndiroedd. Yn America, mae gan bobl gymaint o syniadau a chredoau gwahanol. Mae angen i ni gael ein clywed. Does dim byd defnyddiol am sefyll yn gwneud dim byd a bod yn ddig tuag at ein gilydd. Rydyn ni'n meddwl ein bod ni'n gwneud rhywbeth, yn mynegi ein hunain, ond y cyfan rydyn ni'n ei wneud yw sefyll a throi mewn cylchoedd.

Dwi'n credu bod pobl yn fy nghenhedlaeth i yn ymwybodol o'r hyn sy'n digwydd, a phobl a fyddai'n hoffi bod yn ymwybodol ond sydd ddim yn gwybod digon. Gallwn ni edrych ar ddiweddariadau i negeseuon ar y cyfryngau cymdeithasol a Twitter a neidio ar beth rydyn ni'n ei weld, ond gallwn ni hefyd edrych ar waith ymchwil a defnyddio hynny i ffurfio dadl effeithiol. Gallwn ni seilio credoau ar ffeithiau, i wneud yn siŵr nad ydyn ni'n rhagfarnllyd. Addysgu ein hunain ynglŷn â beth sydd bwysicaf, a datblygu ein credoau dilys ein hunain, sy'n mynd i allu'n grymuso ni o ddifri, a helpu i sefydlu platfform addas i ni gael ein cynrychioli arno.

Mae ein hamgylchedd a'n hamgylchiadau yn gallu cyfyngu arnon ni mewn sawl ffordd, ond does dim un rhwystr o gwmpas ein meddyliau. Does neb yn gallu dwyn ein rhyddid i feddwl. Mae ein meddyliau yn llefydd sanctaidd ac, fel pobl ifanc, mae gennym ni amser i ddysgu. Gall hynny fod yn un o'n nodau; cael ein haddysgu a bod yn agored i'r doreth o syniadau sy'n ffurfio'r byd mawr o'n cwmpas ni.

IMANI

@itsimanisalazar

@missmaani

"Mae angen i bobl beidio â diystyru grym pobl ifanc. Mae gennym ni lais, mae gennym ni amser i ddysgu."

GURO,

13, Bergen, Norwy

> "Gwnes i berswadio'r bobl oedd yn creu'r fideo pop nad sioe yn unig yw merched."

Pan oeddwn i'n 5 oed, fy hoff raglen deledu oedd *Mickey Mouse Clubhouse.* Sylwais mai Mickey oedd wastad yn gyrru'r car a bod y merched wastad yn eistedd yn sedd y teithiwr, neu hyd yn oed yn y sedd gefn. Gofynnais i fy nhad pam roedd hyn yn digwydd, ond doedd o ddim wedi sylwi cyn hynny. Yn ein teulu ni, mae Mam a Dad yn gyrru, felly roeddwn i'n meddwl ei fod yn beth od.

Wedyn, pan oeddwn i'n 9 oed, gwelais fodelau dillad mewn canolfan siopa a sylwi ar rywbeth nad oedd Mam wedi'i weld. Roedd pob model o fachgen yn sefyll ar ei ddwylo, a'r modelau o ferched yn gwneud dim ond eistedd yn edrych arnyn nhw. Roeddwn i'n meddwl, 'Dydy hynny ddim yn deg.'

Gofynnais am help Mam i ysgrifennu llythyr am y mater i'r papur newydd. Ces wahoddiad gan reolwr y ganolfan siopa i greu arddangosfa o un o'r merched yn sefyll ar ei dwylo. Gwnes i gyfnewid dillad un o'r 'merched' am ddillad un o'r 'bechgyn', fel ei bod hi hefyd yn gallu sefyll ar ei dwylo. Roedd hynny'n hwyl. Roeddwn i'n fodlon iawn.

Pan oeddwn i ychydig yn hŷn, es i brynu bag ysgol. Roeddwn i eisiau un glas golau, ac roedd yr holl fagiau ysgol i ferched yn binc. Dyma fi'n meddwl, 'Mae cymaint o fagiau ysgol ar gael yn y siop – pam does dim byd ar gyfer y ddau ryw?' Os wyt ti'n dewis bag ysgol bachgen, bydd pobl yn tynnu dy goes di. Os wyt ti'n dewis un pinc, fyddi di ddim yn driw i ti dy hun. Yn y pen draw, prynais i fag ysgol lledr brown, tebyg i'r un a oedd gan Mam a Dad yn yr 1980au.

Pan oeddwn i'n 11 oed, gwelais fideo gan ddeuawd bop boblogaidd iawn yn Norwy. Mae'r merched i gyd yn eu caru nhw. Roeddwn i gartref yn sâl, yn gwylio'r teledu, a sylwais ar rywbeth od am y fideo. Roedd y bechgyn i gyd yn gwneud trosben cefn i mewn i'r pwll nofio, yn nofio ac yn sglefrio, a'r merched i gyd yn gwneud dim ond trio edrych yn dda. Doedd y merched ddim yn gwneud dim byd oedd yn hwyl, ac roeddwn i eisiau iddyn nhw gael hwyl.

Gwnes i fideo ohona i'n dweud nad oeddwn i'n credu ei bod hi'n iawn bod y merched yn gwneud dim byd a'r bechgyn yn gwneud popeth. Anfonais i'r fideo i'r papur newydd a gwelodd rheolwyr y grŵp pop beth roeddwn i wedi'i wneud. Dywedon nhw eu bod nhw'n anghytuno a doedden nhw ddim yn mynd i newid y fideo.

Pan glywais i hynny, dechreuais i ymgyrch. Galwais i'r ymgyrch yn #Ikketilpynt, sy'n golygu 'mwy na sioe'. Roeddwn i'n dweud bod merched yn fwy na dim byd ond addurn. Rydyn ni'n haeddu mwy na sefyll yno'n trio edrych yn ddeniadol. Roeddwn i eisiau i bobl ddefnyddio'r hashnod pan oedden nhw'n gwneud rhywbeth cŵl neu rywbeth ychydig yn wahanol.

Roeddwn i'n methu coelio'r peth! Aeth yr ymgyrch ar draws Twitter, Facebook ac Instagram. Roedd gwleidyddion a darlledwyr yn ei defnyddio. Bues i ar y teledu ac yn y papurau newydd cenedlaethol, heb sôn am bapurau newydd yn Nenmarc.

Yn y pen draw, penderfynodd y cwmni cerddoriaeth ailolygu'r fideo.

Roedd yn anhygoel. Safodd pawb gyda'i gilydd a chyflawni newid doedden ni ddim yn meddwl yn ei bod hi'n bosib.

Dwi ddim eisiau i blant nac oedolion feddwl bod beth rydyn ni'n gallu ei wneud yn wahanol i'r ddau ryw. Mae merched yn gallu gwneud popeth mae bechgyn yn cael eu dangos yn eu gwneud. Os nad ydyn ni'n edrych ar y pethau bychain a dadlau dros newid, allwn ni ddim newid y pethau mawr.

Dwi'n credu i fi gael fy magu yn gwybod hyn erioed. Rydyn ni'n deulu eithaf modern, ond mae fy rhieni yn dweud fy mod i wedi'u hysbrydoli nhw. Weithiau, rwyt ti'n edrych o gwmpas ac yn gwybod bod rhywbeth o'i le.

Ar ôl yr ymgyrch hashnod, gofynnodd TED Talks i fi ddod i siarad am gydraddoldeb rhywiol. Gwnes i'r araith hon yn Saesneg er mwyn dweud wrth bawb beth sy'n bwysig i fi. Yna ces i wobr cydraddoldeb rhywiol gan wleidyddion lleol. Yn ddiweddarach, rhoddais i sgwrs arall, gyda bron pob maer yn Norwy yn y gynulleidfa. Dwi'n credu bod pobl nawr yn fy neall i'n well pan dwi'n dweud beth sy'n iawn a beth sydd ddim yn iawn.

Ond dwi wastad yn cadw llygad am bethau mae angen eu newid, hyd yn oed y pethau lleiaf. Mewn llyfrau, bechgyn yn aml sy'n gwneud y stwff cŵl, a'r merched sy'n crio pan mae neidr yn dod i mewn i'r dosbarth. Soniais am lyfr roeddwn i'n ei ddarllen wrth fy athro, a dywedodd, 'Dyna'r drefn,' ond dydw i ddim yn meddwl bod rhaid i hynny fod yn wir.

Mae'r pynciau dwi'n edrych arnyn nhw yn gallu ymddangos yn eithaf pitw. Ond mae'r cyfan yn ymwneud â bod yn ti dy hun, a gelli di wneud beth bynnag fynni di. Dylet ti fod y person rwyt ti, yn hytrach na'r ystrydeb. Os oes rhywbeth rwyt ti eisiau ei wneud sy'n wahanol i'r arferol, dylet ti ei wneud. Os wyt ti eisiau gwneud rhywbeth gwahanol, bydda'n pwy bynnag rwyt ti eisiau bod.

GURO

#Ikketilpynt (Norwegian)
#notforshow (English)

> "Os nad ydyn ni'n edrych ar y pethau bychain a dadlau dros newid, allwn ni ddim newid y pethau mawr."

GAVIN,
18, Ohio, UDA

"Roeddwn i'n teimlo fel un doedd neb yn disgwyl y byddai'n llwyddo, ond unwaith des i o hyd i ffordd i fynegi fy hun, doedd dim angen i fi wrthryfela mwyach."

Pan oeddwn i'n 10 oed, dechreuais i ganu'r piano. Oherwydd hynny, does gen i mo'r wybodaeth drylwyr honno o dechneg sydd gen ti os wyt ti'n dechrau yn 5 oed, pan fyddai'r rhan fwyaf o bianyddion proffesiynol wedi dechrau.

Dwi'n dod o dref wledig, dlawd iawn yn ne ddwyrain Ohio, felly'r unig athrawon oedd ar gael i fi oedd rhai oedd yn dysgu'r hanfodion elfennol i blant. Roedd hyn yn golygu fy mod i wedi dysgu fy hun, i raddau helaeth. Trwy lwc, symudodd athrawes i'r ardal a oedd newydd raddio o'r Royal Conservatory yn Llundain, felly dechreuais wersi clasurol tua thair blynedd yn ôl. Dyma pryd dysgais i fy narn clasurol cyntaf, a dyma'r tro cyntaf hefyd i fi gael unrhyw hyfforddiant technegol.

Dwi'n credu mai 10 oed oedd yr adeg iawn i fi ddechrau; petai fy rhieni wedi fy ngwthio i wneud yn gynharach, dwi'n credu y byddwn i wedi cicio yn erbyn y tresi. Oherwydd 'mod i wedi dechrau'n hwyr, mae fy chwarae wedi tyfu'n organig. Mae wedi dod yn rhan gynyddol o fy mywyd i, ac yn fwy a mwy pwysig i fi. Doeddwn i erioed wedi meddwl mewn mil o flynyddoedd y byddwn i'n dweud hyn, ond cyn bo hir bydda i'n mynd i'r Cincinnati Conservatory of Music, fy mhrif nod, i astudio perfformio ar y piano. A dweud y gwir, ar ôl i fi basio'r clyweliadau, roedd fy athro piano newydd yn y coleg cerdd eisiau bod yn athro arna i o ddifri. Roedd hi wedi cael ei magu mewn ardal debyg ac felly'n gwybod nad oedd cyfleoedd i ddarpar bianyddion yn Appalachia.

Yn wahanol i gymaint o bobl eraill, dwi wedi cyflawni fy nod, er nad oes gen i hanes hir o berfformio. Dwi wedi cyflwyno datganiadau bob mis neu ddau. Dwi wedi dysgu Brahms, Bach a Haydn, ac ychydig o jazz am hwyl, ond dwi heb droedio'r un llwybr â chymaint o bobl eraill.

Dydw i ddim wedi bod yn breuddwydio am fod yn gerddor erioed. Roeddwn i eisiau bod yn bensaer am gyfnod, cyn bod â mwy a mwy o ddiddordeb mewn cerddoriaeth. Roedd canu'r piano yn hawdd i fi ar y dechrau, ond yn sicr doeddwn i ddim yn athrylith. Roeddwn i'n mwynhau ac yn rhyw ddeall beth roedd fy athro piano yn ei ddweud wrtha i, ac roedd hynny'n fy annog i ddal ati.

Mae'r piano yn bendant wedi fy helpu i ymdopi â'r arddegau. Mae'n rhyddhau straen emosiynol. Mae'n mynegi emosiynau mor dda, ac yn greadigol mae'n fy helpu i ddod o hyd i'r hyn dwi eisiau ei wneud a dwi'n gallu mynd adref a byrfyfyrio. Dwi'n gallu ei wneud bob dydd, ac mae'n rhoi pwrpas i fi – i lawer o blant fy oed i, yr ysgol yw'r unig lwybr sydd ganddyn nhw.

Pan oeddwn i'n blentyn, roeddwn i wastad yn ffrindiau gyda'r plant lletchwith. Roedd gen i ambell ffrind oedd yn reit arw. Dwi wedi gorfod ymbellhau oddi wrth rai ffrindiau ar ôl iddyn nhw ddechrau mynd i helynt yn yr ysgol neu ei gor-wneud hi o ran cyffuriau a mwynhau partïon. Roedd yn rhaid i fi ddal ati i ganolbwyntio. Roedd canu'r piano yn ganolog o ran gallu gwneud hynny.

Roeddwn i'n mwynhau'r broses o astudio'n academaidd er mwyn fy mynegi fy hun – diddordeb rwyt ti wir yn ei hoffi, un rwyt ti'n gallu mynd dan ei groen go iawn a'i ddeall. Pan oeddwn i'n 11 oed, sylweddolais fy mod i eisiau bod yn gerddor proffesiynol. Roeddwn i yn adeilad disgyblion talentog a dawnus yr ysgol pan ddigwyddodd hynny. Bu'r rhaglen disgyblion talentog a dawnus yn hynod werthfawr i fi, gan roi gwybod i fi y gallwn i wneud unrhyw beth oedd yn mynd â 'mryd i. Roedd yn ddihangfa o fywyd undonog yr ysgol, ac yn hwb go iawn i greadigrwydd. Chwaraeodd ran enfawr yn fy natblygiad. Yn ystod rhaglen gyrfaoedd yn yr ysgol, dwi'n cofio meddwl, 'Dwi wir yn mwynhau cerddoriaeth.' Ar y bwrdd gwyn, roedd yr athro wedi ysgrifennu'r geiriau, 'Dwi eisiau bod yn…' ac wedyn gadael lle gwag. Dyna pryd sylweddolais i fy mod i eisiau bod yn gerddor proffesiynol, a dwi heb ddifaru ers hynny.

Dydw i ddim yn dod o deulu o gerddorion proffesiynol, er ein bod ni wastad wedi mwynhau cerddoriaeth. Roedd fy nheulu'n gwrando ar bob math o gerddoriaeth ar y radio, a ches i brofiadau cerddorol eang iawn wrth dyfu i fyny. Roedd fy modryb a fy nain yn canu'r piano fel hobi. Un o ddiddordebau fy nhad yw drymio. Ar ôl i fi benderfynu bod yn bianydd, clywais i fod fy hen nain wedi mynychu coleg cerdd Bethlehem, Pennsylvania a'i bod hithau'n bianydd hefyd.

Os wyt ti'n mwynhau gwneud rhywbeth, dwi'n credu bod y broses yn dy wneud di'n wylaidd. Wrth ystyried y meistri, mae'n anodd credu faint roedden nhw'n gorfod ymarfer i gyrraedd y lefel honno. I ddeall y traddodiad hwnnw o ragoriaeth, mae'n rhaid i ti blygu gerbron allor cerddoriaeth. Pan fyddi di'n teimlo dy fod ti'n dda, edrycha ar y bobl sydd hyd yn oed yn well na ti. Mae popeth yn ymwneud â chwalu dy ddisgwyliadau a dy ego. Mae'n dy wneud ti'n berson gwell.

Pan wyt ti'n blentyn, dwyt ti ddim yn hunanymwybodol. Dwyt ti ddim wir yn deall nad wyt ti'n dda iawn. Pan wyt ti yn dy arddegau, rwyt ti'n hunanymwybodol o dy ran di dy hun beth bynnag. Mae angen i ti fynd heibio hynny. Mae'n rhaid i ti ddeall ble rwyt ti arni a lle rwyt ti eisiau bod. Unwaith rwyt ti'n osgoi digalonni oherwydd dy fod ti'n meddwl nad wyt ti'n dda iawn, mae'r broses yn fuddiol, ac rwyt ti'n ei mwynhau'n fawr.

Ers i fi fod yn 10 oed, mae cerddoriaeth wedi bod yn rhan mor fawr o fy mywyd, ac mae hyn wedi cael effaith fawr ar fy arddegau. Doeddwn i ddim yn mwynhau'r llafurio systematig drwy'r ysgol ganol neu'r ysgol uwchradd. Gwrthryfelais yn erbyn hynny. Heb y nod hwn, mae'n ddigon posib y byddwn i wedi gwrthryfela'n fwy fyth. Diolch i gerddoriaeth, roeddwn i'n gallu mynd i'r coleg yn lle i'r ysgol uwchradd a chael teimlo'n fwy o unigolyn. Unwaith y gwnes i ddod o hyd i ffordd i fynegi hynny, doedd dim angen i fi wrthryfela rhagor.

Pan ges i glyweliad yn y coleg cerdd a gwrando ar bobl yn ymarfer, roeddwn i'n meddwl, 'O mam bach, dwi dim yn perthyn fan hyn.' Doeddwn i ddim yn meddwl fy mod wedi gwneud yn dda yn fy nghlyweliad. Roeddwn i'n methu nodau. Doeddwn i ddim yn meddwl fy mod i ar y lefel honno. Roeddwn i'n meddwl fy mod i wedi gwneud mor wael, es i adref a dechrau trefnu mynd i ysgol arall. Pan glywais i fy mod i wedi cael fy nerbyn, gwaeddais nerth esgyrn fy mhen, a rhedeg i lofft Mam pan oedd hi'n cysgu i ddweud wrthi. Dwi'n meddwl mai fy amau fy hun oedd wrth wraidd llawer o'r pryder. Roeddwn i'n hwyr yn dechrau arni ac yn teimlo nad oeddwn i'n ddigon galluog. Os oedden nhw'n cynnig lle i fi, roeddwn i'n teimlo y byddwn i'n disgyn yn ddarnau yno.

Mae llawer o fy ffrindiau heb benderfynu eto beth maen nhw eisiau ei wneud. Does dim byd o'i le ar hynny. Mae pawb yn dod o hyd i rywbeth maen nhw'n teimlo'n angerddol yn ei gylch. Beth am fynd allan a rhoi cynnig ar rywbeth? Roeddwn i'n teimlo'r un peth am amser hir. Dychmyga dy hun yn gwneud rhywbeth rwyt ti'n ei fwynhau a beth allai dy arwain di yno.

Ers dwy neu dair blynedd, dwi wedi rhoi'r gorau i deimlo'n ddi-nod. Dwi wedi rhoi'r gorau i gymharu fy hun â'r plant athrylithgar. Dwi wedi gwthio heibio i hynny. Dwi ddim yn meddwl fy mod i'n eithriadol. Roeddwn i wedi bod yn byrfyfyrio a chreu synau pan oeddwn i'n 2, 3 a 4 oed. Hen dro na fyddai rhywun wedi sylwi. Efallai y gallwn i fod wedi bod yn un o'r plant hynny sy'n chwarae yn Neuadd Carnegie, un o'r plant athrylithgar, ond roedd fy rhieni wrthi'n ysgaru, yn ailbriodi ac yn ysgaru eto. Roedd gormod o bethau'n digwydd.

Dwi'n gweld fy hun wedi llwyddo er fy mod i heb gael fy magu gyda cherddoriaeth, a bellach yn ei astudio ar y lefel uchaf. Mae'r llwybr hwn yn hawlio'i ddyfalbarhad a'i amynedd ei hun. Mae'n ymwneud llai â thechneg, ond mwy ag angerdd. Anaml iawn mae athrylithoedd cerddorol yn cael eu geni. Maen nhw'n aml yn cael eu creu gan athrawon a rhieni disgybledig. Dwi'n falch fy mod i wedi dilyn y llwybr amgen. Dwi wedi cael y cyfle i gael ffrindiau a brwydrau cleddyfau golau a chwarae gemau fideo a chymdeithasu yn y parc a dod yn berson mwy cyflawn yn gyffredinol.

Dywedodd ffrind i'r teulu, dyn dwi'n ei edmygu'n fawr, wrtha i unwaith, 'Er mwyn teimlo dy fod ti'n perthyn, yn gyntaf mae'n rhaid i ti gredu dy fod ti'n perthyn.' Mae hyn wedi fy helpu'n fawr i deimlo fy mod i'n perthyn mewn man lle mae cymaint o resymau dros deimlo nad ydw i'n perthyn. Mae'n gyngor y byddwn i'n ei roi i unrhyw un.

Byddwn i'n dweud hyn hefyd. Os wyt ti'n teimlo nad oes neb yn disgwyl i ti lwyddo, cofleidia dy lwybr di dy hun. Dwi'n meddwl dy fod ti'n darganfod llawer iawn amdanat ti dy hun os nad oes neb yn disgwyl i ti lwyddo. Gwna bethau yn dy ffordd dy hun, ond sylwa ar y pethau mae pobl eraill yn eu gwneud yn effeithiol. Er dy fod ti eisiau profi dy hun i'r byd, dwi'n credu mai'r unig berson mae angen i ti brofi unrhyw beth iddo yw ti dy hun. Byddi di wastad yn mynd ymhellach os byddi di'n gwneud hynny.

GAVIN

@gavindavis_00

> "Os wyt ti'n teimlo nad oes neb yn disgwyl i ti lwyddo, cofleidia dy lwybr di dy hun. Gwna bethau yn dy ffordd dy hun."

MATILDA,
13, Washington DC, UDA

"Alli di ddim barnu rhywun ar sail eu dillad. Dylai pobl gael gwneud fel y mynnon nhw â'u cyrff."

Dwi wastad yn credu bod mwy i berson na beth mae'n ei wisgo. Alli di ddim barnu rhywun ar sail eu dillad. Dylai pobl gael gwneud fel y mynnon nhw â'u cyrff. Dwi'n dweud wrth fy ffrindiau eu bod nhw'n brydferth. Does neb yn hyll; rydyn ni i gyd yn unigryw. Ddylai'r un myfyriwr gymharu ei hun â myfyrwyr eraill. Os yw pobl yn treulio amser ac ymdrech ar sylw cas pan mae rhywun yn postio llun ac yn dweud, 'Mae hi'n edrych yn ffiaidd,' dwi'n meddwl bod eu gweithred nhw'n ffiaidd.

Dwi'n gweld fideos coluro ar gyfer plant 5 oed, â phedwar palet yn costio $50, a dwi'n meddwl, 'Dydyn nhw ddim yn talu am y rhain eu hunain.' Dydy hyn ddim yn iawn. Soniodd fy ffrind am ferch 5 oed sy'n well am ddefnyddio colur nag yr oedd hi, a dywedais innau, 'Nid dyna'r pwynt. Ddylai hi ddim bod yn defnyddio colur.' Os dydw i ddim yn hoffi sut mae'n teimlo ar fy wyneb, efallai dydyn nhw ddim chwaith. Mae rhoi rhywbeth ar dy wyneb i'w guddio fel gwisgo mwgwd, er mwyn peidio â dangos dy wir emosiynau.

Mae cymaint o fideos ar-lein o fenywod yn colli pwysau neu gadw'n heini, menywod sy'n 'hyll' cyn dechrau gwneud hynny. Dwi'n meddwl bod y menywod hyn yn brydferth cyn y colur a'r 'trawsnewid'. Dwi eisiau helpu i atgyfnerthu meddyliau cadarnhaol mewn pobl eraill. Os wyt ti'n dweud wrth rywun eu bod nhw'n edrych yn anhygoel, byddan nhw'n siŵr o deimlo ar ben eu digon.

Pan wyt ti'n oedolyn, mae dy agwedd di wedi'i ffurfio'n llawn. Dwyt ti ddim yn newid llawer bryd hynny. Dwi'n meddwl bod yr arddegau'n ymwneud â gosod seiliau dy agwedd yn yr ysgol gynradd, yna ffurfio dy agwedd ar ddechrau dy gyfnod yn yr ysgol uwchradd. Dyna'r cyfnod pan wyt ti'n gallu dysgu sut i gyflwyno dadleuon cryf, ac mae hynny'n dy baratoi ar gyfer y chweched dosbarth.

Mae'r arddegau yn gyfnod anghyfforddus. Rwyt ti'n chwilio amdanat ti dy hun, rwyt ti'n canfod dy ddiddordebau, yn trio penderfynu pwy wyt ti. Mae'n bwysig bod yn aeddfed ac yn anaeddfed ar yr un pryd. Mae'n adeg canolbwyntio ar gael hwyl a sicrhau'r graddau mae'n rhaid i ti eu cael ar gyfer dy fywyd yn y byd gwaith. Mae'r arddegau yn agor byd o ddysgu.

Dwi'n treulio amser yn ystyried beth dwi'n teimlo'n angerddol amdano. Dwi wastad yn dweud wrth bobl am ffurfio'u barn eu hunain, a pheidio â gadael i farn pobl eraill ddylanwadu ar eu barn nhw eu hunain. Dwi'n hoffi meddwl fy mod i'n gwneud fy ngorau i gael effaith gadarnhaol ar y byd. Dwi'n trio fy ngorau glas i wneud beth sy'n iawn.

Dwi wedi penderfynu peidio â defnyddio'r cyfryngau cymdeithasol. Mae'n well gen i gadw fy mywyd yn breifat. Dwi'n meddwl y gallai'r cyfryngau cymdeithasol fod yn blatfform gwych ar gyfer negeseuon, ond dydyn nhw'n cyflawni fawr ddim oherwydd bod y byd a'i wraig wrthi. Canlyniad hynny yw gormod o stwff. Hefyd, os yw pobl yn treulio'u hamser yn gwylio fideos, dydyn nhw ddim yn gwneud dim byd arall.

Pan mae pobl yn gweld merch 13 oed, dydyn nhw ddim o reidrwydd yn meddwl, 'Mae hon yn mynd i fod yn aeddfed,' ond mae gen i farn gref ar sawl mater. Dwi'n trio cadw'r amgylchedd yn lân. Dwi wedi dadlau sawl gwaith â phobl yn y gorffennol, am bwysigrwydd coed, er enghraifft, a'r angen i ofalu amdanyn nhw. Ar un adeg, roedd 63 triliwn o goed ar y blaned. Erbyn hyn, dim ond 3 triliwn sydd ar ôl. Mae'n bwysig cadw ein hamgylchedd yn ddiogel ac yn lân. Mae amgylchedd glân heb sbwriel o gwbl yn gwneud i ti deimlo'n dda. Os oes ogla da arno fo, mae'n dda.

Byddwn i wrth fy modd yn gweithio fel milfeddyg neu swolegydd, yn achub ac yn ailgartrefu anifeiliaid. Maen nhw'n dioddef cymaint oherwydd gweithgareddau dynol.

Mae bod yn dy arddegau yn ymwneud ag edrych o dy gwmpas, yna cael trefn arnat ti dy hun. Camgymeriad yw peidio ag edrych y tu hwnt i ti dy hun. Mae gen i farn gref am wyddoniaeth, llyfrau a ffilmiau. Dwi wrth fy modd yn edrych ar seryddiaeth a mecaneg cwantwm a cheisio deall beth sy'n digwydd.

Mae deall gwyddoniaeth yn beth anodd iawn, ond pan wyt ti'n llwyddo, mae'n gwneud gwahaniaeth, ac mae angen i ni wneud gwahaniaeth. Gwyddoniaeth yw popeth. Mae pobl wastad yn dweud, 'Pryd ydyn ni'n mynd i ddefnyddio gwyddoniaeth?' a'r ateb yw 'Rydyn ni'n ei ddefnyddio drwy'r amser'.

MATILDA

"Dwi'n dweud wrth fy ffrindiau eu bod nhw'n brydferth. Does neb yn hyll; rydyn ni i gyd yn unigryw."

NIAMH,

15, Lerpwl, Lloegr

"Mae llawer o bobl ifanc yn cael trafferth bod yn nhw eu hunain... Dwi eisiau gwneud iddyn nhw deimlo y bydd y dyfodol yn iawn."

Dwi'n gwybod erioed fy mod i'n ddeurywiol. Dwi'n cofio mynd i bartïon a bod yng nghwmni merched a oedd yn hoffi dim ond bechgyn ac roeddwn i'n teimlo'n wahanol. Roeddwn i'n teimlo'n gyfforddus yn fy nghroen, ond roeddwn i'n teimlo'n wahanol iddyn nhw.

Mae'n anodd esbonio. Un funud, dwi'r tomboi mwyaf i ti ei weld erioed, a'r funud nesaf, dwi'r ferch fwyaf benywaidd erioed. Dwi yn y canol. Dwi'n gweld Zac Ephron yn cael sylw mewn cylchgronau ac ar y teledu, a dwi'n dweud, 'Edrychwch ar Vanessa Hudgens.' Doedden nhw byth yn sôn am ochr y ferch o bethau, ond roeddwn i.

Roedd fy rhieni bob amser yn dweud y bydden nhw'n gefnogol, waeth beth byddwn i'n ei wneud. Pan ddes i allan y llynedd, dywedon nhw eu bod nhw'n falch ohona i a'u bod nhw'n teimlo na fyddai pobl yn fy nhrin i'n wahanol. Roedd y teulu cyfan draw ar gyfer parti Nos Galan. Dyma fi'n trio troi'r sgwrs at y pwnc yn naturiol, a nhw'n ymateb drwy ddweud, 'O, iawn…' ac wedyn, 'Doedden ni ddim yn gwybod, ond mae hynny'n iawn.' Mae'r ymateb yn yr ysgol wedi bod yr un fath, fwy neu lai. Mae cymdeithas wedi symud ymlaen, er bod rhai pobl ragfarnllyd o gwmpas o hyd. Dwi wedi clywed rhai pethau negyddol, ond dydyn nhw ddim o reidrwydd wedi cael eu cyfeirio tuag ata i. Dwi'n reit lwcus.

Petawn i'n dangos unrhyw wendid, dwi'n gwybod y byddai pobl yn sylwi ar unwaith. Mae pa mor hawdd yw dod allan yn dibynnu'n llwyr ar lefel dy hyder, dy fywyd teuluol a lle rwyt ti yn y byd. Os wyt ti'n teimlo'n gyfforddus yn dy groen, does dim angen i ti boeni. Os wyt ti'n teimlo'n ddiogel, cer amdani.

Dwi'n aelod o'r Cadetiaid Môr ac roedd fy llun ar glawr eu cylchgrawn pan wnes i drafod dod allan â nhw. Dwi wedi gweld hyn fel cyfle i ddweud yn blaen na fyddai unrhyw ymatebion negyddol yn dderbyniol. Dwi'n cael cefnogaeth fawr yno. Mae'r Cadetiaid yn rhan fawr o fy mywyd i. A dweud y gwir, petawn i heb wneud beth wnes i, fyddwn i ddim yn fi fy hun. Byddwn i heb fod yn driw i fi fy hun. Mae llawer o bobl ifanc yn ein cymdeithas yn dal i gael trafferth bod yn nhw eu hunain. Mae pethau'n symud yn gyflym, ond maen nhw'n dal i gael trafferth. Dwi eisiau gwneud iddyn nhw deimlo y bydd y dyfodol yn iawn.

Os oes gan unrhyw un broblem â'r hyn dwi wedi'i wneud, dwi'n teimlo mai eu problem nhw yw honno, nid fy mhroblem i. Dwi'n gwybod bod fy nheulu'n gefn i fi, a phetai hynny'n broblem i unrhyw ffrind, doedd o ddim wir yn ffrind i fi yn y lle cyntaf.

Achos fy mod i 'allan' i'r fath raddau, mae pobl yn dod ata i ac yn gofyn fy marn i am beth dylen nhw ei wneud. Mae rhai'n hŷn, mae rhai'n iau, rhai yr un oed. Dwi wedi gwneud sawl ffrind ddim ond drwy fod yno ac ar gael i bobl. Os ydyn nhw'n wynebu gelyniaeth, dwi'n dweud wrthyn nhw bod hynny'n dod gan lond llaw o bobl mae angen iddyn nhw eu dysgu eu hunain i dderbyn pethau dydyn nhw ddim yn ystyried eu bod nhw'n normal, oherwydd mae hyn yn normal.

A bod yn onest, dwi'n meddwl bod rhan eithaf sylweddol o unrhyw negyddiaeth yn deillio o grefydd. Mae 'na anwybodaeth ac ymdeimlad bod pobl ddim eisiau gwybod am bethau dydyn nhw ddim yn eu gwybod yn barod.

Diolch i'r cyfryngau cymdeithasol, mae pobl nawr yn gwybod bod llawer o bobl flaenllaw iawn yn derbyn LHDT+. Dwi wedi gwirioni ar fand o'r enw Fifth Harmony. Daeth un o'r merched yn y band, Lauren, allan fel person deurywiol tua'r un adeg â fi. Roeddwn i wastad wedi'i hedmygu hi, ac mae hi bellach yn awdurdod pan mae'r pwnc yn cael ei drafod. Mae hi wedi helpu i ddangos bod pobl yn gallu gwneud beth maen nhw eisiau, a bod yn pwy bynnag maen nhw eisiau. Yn y gorffennol, y drefn oedd, 'Bydda'n driw i ti dy hun, ond gwna hynny'n dawel.'

Dydw i ddim yn meddwl fy mod i'n arbennig ond, hyd y gwela i, os dwyt ti ddim yn driw i ti dy hun, beth yw'r pwynt? Rwyt ti yma am y cyfnod rwyt ti yma. Waeth i ti fod yma mewn ffordd sy'n dy wneud ti'n hapus.

NIAMH

@tumblrdodie
@niamh.adamson

> "Achos fy mod i 'allan' i'r fath raddau, mae pobl yn dod ata i ac yn gofyn fy marn i am beth dylen nhw ei wneud."

HANNAH,

17, Arlington,

Virginia, UDA

"Rydyn ni'n dod â phobl ag anableddau i'r gymuned gyffredinol ac yn dysgu edrych ar fywyd o safbwynt gwahanol."

Yn yr ysgol, dwi'n rhan o Best Buddies, sefydliad sy'n paru unigolion ag anableddau ac unigolion heb anableddau i fod yn ffrindiau am gyfnod o flwyddyn. Ymunais i â'r clwb pan oeddwn i'n 16 oed. Dwi'n meddwl bod Best Buddies wedi fy ngwneud i'n berson gwell, a dwi wedi dysgu llawer amdana i fy hun. Y peth pwysicaf dwi wedi'i ddysgu yw bod pawb yn debyg iawn; hyd yn oed os yw rhai pobl yn edrych neu'n ymddwyn yn wahanol, mae pawb yr un fath y tu mewn. Dwi'n gobeithio bod cymryd rhan wedi fy ngwneud i'n berson llai hunanol, er fy mod i hefyd yn gobeithio nad oeddwn i'n rhy hunanol yn y lle cyntaf!

Mae'n wych i ni i gyd gael y profiad hwn: yn syth bìn, mae Best Buddies yn rhoi ffrind i fyfyriwr i wneud pâr. Mae parau yn mynd allan ac yn gwneud pethau gyda'i gilydd ychydig o weithiau bob mis. Y llynedd, byddai fy ffrind, James, a fi'n treulio amser yn ei dŷ, yn mynd ar ein beics, ac yn cerdded i dŷ bwyta lleol i gael cinio a milcshêc. Ar ôl hynny, byddai'n darllen i fi. Ar ddiwedd y flwyddyn, gwahoddais James i Prom y Best Buddies. O ganlyniad, cafodd brofiad go iawn o gymuned yr ysgol, a dydy hynny ddim bob amser yn wir i'r rhan fwyaf o bobl ag anableddau. Cawson ni amser anhygoel!

Mae rhai o'n ffrindiau mewn timau chwaraeon yn yr ysgol: pêl-fasged, pêl-droed a *cheerleading*. Mae'n cŵl eu gweld nhw'n cymryd rhan. Rydyn ni'n trio hybu ymwybyddiaeth yr ysgol gyfan o bobl ag anableddau. Mae gan ein hysgol ni raglen gyfan o'r enw MIPA – *Multi-Intervention Programme for Students with Autism*. Ar gyfer Wythnos Ryngwladol Ymwybyddiaeth Awtistiaeth, byddai pobl yn cario neu'n gwisgo gwahanol eitemau ar ddyddiau gwahanol i dynnu sylw at agweddau amrywiol ar awtistiaeth. Un diwrnod, roedd pawb yn gwisgo sbectol haul i helpu'r disgyblion a'r staff i ddeall sut beth yw byw gyda phroblemau synhwyraidd.

Os wyt ti'n dysgu sut mae rhywun arall yn byw, rwyt ti'n gweld bywyd o safbwynt gwahanol. Dwi'n cael cyfle i gymdeithasu â phobl yn unigol, a dysgu gwersi go iawn am y gwerthoedd sydd gan bawb i'w cynnig. Mae cwestiynau bob amser yn helpu unrhyw un i ddysgu mwy am unrhyw beth. Dwi wedi dysgu gofyn lot o gwestiynau a dwi'n hoffi gwrando ar straeon pobl eraill.

Mae trin pobl ag anableddau yn gyfartal yn hynod bwysig. Mae pobl yng nghangen Best Buddies Wakefield yn yr ysgol uwchradd, ac mae angen eu trin yn unol â hynny, felly. Pan mae pobl yn siarad yn nawddoglyd â'n ffrindiau neu yn eu trin fel babis, mae'n eu dad-ddyneiddio nhw ac yn awgrymu nad ydyn nhw ar yr un lefel â'r myfyrwyr eraill. Dydy hynny ddim yn wir, mae'n amlwg. Dwi'n byw ag anhwylder meinwe gyswllt sy'n effeithio ar fy nghymalau, syndrom gorsymudedd Ehlers-Danlos, ac mae'n rhaid i fi gael therapi corfforol unwaith neu ddwywaith yr wythnos. Mae fy nghyflwr i'n anweledig – dwyt ti ddim yn sylwi arno wrth edrych arna i. Y llynedd, ces i broblemau yn fy mhengliniau ac roeddwn i'n cael trafferth cerdded. Ond dwi'n gwybod bod llawer o bobl yn cael mwy o drafferth na fi, a gwnaeth hynny fy helpu i werthfawrogi popeth dwi *yn* gallu'i wneud.

Rôl Best Buddies yw dod â phobl ag anableddau yn rhan o'r gymuned gyffredinol. Yn hanesyddol, maen nhw wedi cael eu cadw ar wahân i raddau helaeth iawn. Mae rhai wedi wynebu bwlio: mae llawer o bobl yn ein hysgol yn gwneud hwyl am eu pennau. Dwi'n meddwl bod pobl yn ofni pethau sy'n anghyfarwydd iddyn nhw. Mae Best Buddies yn trio dod â'r stigma i ben. Dwi'n credu bod yr arddegau'n adeg dda i ddysgu'r gwersi hyn a magu dealltwriaeth. Bydd hynny'n agor dy feddwl a byddi di'n dysgu mwy amdanat ti dy hun ac am y byd o dy gwmpas. Byddi di'n creu arferion da a fydd gyda ti am weddill dy oes. Petai mwy o bobl ifanc yn rhan o'r sefydliad anhygoel hwn, dwi'n credu y byddai cymdeithas yn fwy goddefgar o lawer. Mae Best Buddies wedi fy ngwneud i'n fwy agored. Dwi wedi dysgu hyn: dydy peidio â gwybod beth sy'n digwydd ym mywydau pobl eraill ddim yn rhoi'r hawl i ti eu barnu nhw.

HANNAH

@omgits_hannahg

> "Y peth pwysicaf dwi wedi'i ddysgu yw bod pawb yn debyg iawn; hyd yn oed os yw rhai pobl yn edrych neu'n ymddwyn yn wahanol, mae pawb yr un fath y tu mewn."

MOLLIE,
20, Dover, Lloegr

"Dwi eisiau newid y meddylfryd bod rhywbeth o'i le ar yr olwg sydd ar rai pobl. Defnyddia beth sy'n wahanol amdanat ti o dy blaid di."

Yn y gymdeithas sydd ohoni, mae pobl yn rhy barod i farnu. Mae mathau a delweddau gwahanol yn cael eu portreadu mewn ffordd negyddol, a dydy hynny ddim yn iawn.

Pan oeddwn i'n 17 oed, gwnes i lansio ymgyrch i ddangos ei bod hi'n iawn i fod yn driw i ti dy hun.

Mae fy nelwedd corff wedi achosi trafferth i fi erioed. Mae'n gallu bod yn ofnadwy pan mae pobl yn rhagfarnllyd yn dy erbyn di. Roeddwn i'n meddwl y byddwn i'n dadlau drosta i fy hun, yn rhoi llais i fi fy hun, yn y gobaith y byddai hynny'n ysbrydoli pobl eraill.

Beth sy'n fy ysbrydoli yw'r agwedd ein bod ni i gyd yn gyfartal. Does dim byd i fod yn rhagfarnllyd yn ei gylch. Mae'n amhosib i neb, heblaw gefeilliaid, fod yr un peth yn union o ran genynnau, felly dydy disgwyl i ni fod yr un peth o safbwynt estheteg ddim yn gwneud synnwyr o gwbl.

Roeddwn i'n cael fy mwlio yn yr ysgol gynradd a hanner ffordd drwy'r ysgol uwchradd oherwydd fy mod i dros bwysau. Cafodd hyn effaith fawr arna i pan oeddwn i'n ferch ifanc. Doeddwn i ddim yn deall y rheswm am yr holl feirniadu. Roeddwn i'n ei ystyried yn ymosodiad ar fy mhersonoliaeth yn ogystal ag ymosodiad arna i'n bersonol.

Yn y pen draw, yn ystod fy arddegau, collais i'r pwysau, a gwnaeth hynny brofi i'r bobl oedd yn fy mwlio i doedd dim byd o'i le arna i. Roedden nhw'n gallu gweld fy mod i'n berson gwych, ddim ond fy mod i ychydig dros bwysau. Pan wyt ti'n 11 oed, dydy dioddef ymosodiad personol a theimlo'n ofnadwy amdanat ti dy hun ddim yn normal. Dwyt ti ddim am deimlo dim byd felly.

Dwi eisiau newid y meddylfryd bod rhywbeth o'i le ar yr olwg sydd ar rai pobl. Mae pobl yn gallu bod yn hiliol – mae llawer o fewnfudwyr yn Dover yn gallu wynebu camdriniaeth. Mae pobl ddigartref yn destun gelyniaeth. Dwi'n meddwl ein bod ni i gyd yn gyfartal. Ddylech chi ddim ymosod ar y bobl hyn. Dwi'n helpu gyda cheginau cawl, a dwi'n gwybod bod llawer o bobl yn meddwl bod pobl ddigartref yn feddw neu ar gyffuriau. Ond y gwir amdani yw bod ganddyn nhw lawer o broblemau gwahanol. Mae'r rhain yn cynnwys problemau teuluol neu broblemau ariannol. Rydyn ni'n rhy barod i farnu.

Pan ddechreuodd y cyfryngau cymdeithasol ddod i'r amlwg, dwi'n meddwl bod pawb yn teimlo'n gyffrous iawn am y peth. Roedd pobl yn teimlo'n gadarnhaol am gyfnod, ond wedyn dechreuodd hyd yn oed enwogion ddioddef bwlio a sylwadau negyddol. Dydy pobl ddim yn gwybod beth maen nhw'n ei ddweud hanner yr amser. Mae ganddyn nhw rywbeth yn eu pen ac maen nhw'n ei bostio heb feddwl. Dydy'r person ddim yn sefyll o'u blaenau. Dwi hefyd yn meddwl bod bai ar y wasg, cylchgronau, modelau, hysbysebion ar y teledu, sêr ffilm, a'r holl ddefnydd o Photoshop, golygu a cholur – hyd yn oed i fechgyn, sydd bellach yn gorfod cael cyrff cyhyrog. Mae angen i ni rannu'r neges y gelli di fod yn pwy wyt ti a dal i fod yn brydferth.

Dwi'n dod o deulu enfawr sy'n rhychwantu diwylliannau gwahanol o Awstralia i Gymru. Mae gennym ni lawer o agweddau gwahanol, ond mae'r teulu cyfan yn barod iawn i dderbyn sut mae pobl yn edrych.

Dwi'n defnyddio hyn fel ysgogiad. Pan gollais i bwysau, doeddwn i'n dal ddim yn hoffi sut roedd pobl yn sôn am bobl eraill a byddwn i'n dweud wrthyn nhw am roi'r gorau iddi. O fewn fy ngrŵp cymdeithasol i, gwnaethon ni gytuno i beidio â phigo ar neb.

Pan oedden ni yn y chweched dosbarth, gwnes i lansio ymgyrch ar ddelwedd corff a gwahodd pobl i weld beth roedden ni'n ei wneud. Roedden nhw wedi mwynhau ac aeth o nerth i nerth.

Trefnais i fod fy ffrindiau yn creu fflachdorf. Gwnaethon ni osod cynfas fawr â siapiau gwahanol arni i gynrychioli'r holl bobl o wahanol siâp a maint. Roedden ni'n trio lledaenu'r neges, yn yr isymwybod, ein bod ni i gyd yr un fath. Roedd pawb yn gwisgo crysau T yn ymwneud â delwedd corff. Daeth pobl draw i gymryd rhan, addurno'r gynfas â siapiau gwahanol a rhannu'r cyfan wedyn ar y cyfryngau cymdeithasol. Gwnaethon ni fideo am beth roedden ni wedi'i wneud gyda Fixers, y sefydliad sy'n helpu pobl ifanc i ymgyrchu dros faterion sy'n bwysig iddyn nhw. Un digwyddiad bach oedd hyn, ond y gobaith yw ein bod ni wedi gwneud i bobl feddwl. Byth ers hynny, dwi wedi bod yn rhannu'r un neges.

Yn ogystal â derbyn pawb, dwi'n credu y dylai pobl ifanc ddefnyddio'r hyn sy'n cael ei ystyried yn negyddol fel eu hysgogiad mwyaf i lwyddo. Defnyddia beth sy'n wahanol amdanat ti o dy blaid di. Mae rhyw chwiw gan bawb – mae'n rhaid i ni gofleidio'r pethau hyn sy'n rhan o bwy ydyn ni, y pethau a fydd yn dy helpu di i gyflawni dy hun a bod y person rwyt ti am fod.

MOLLIE

@molliegregory_

"Dwi'n credu y dylai pobl ifanc ddefnyddio'r hyn sy'n cael ei ystyried yn negyddol fel eu hysgogiad mwyaf i lwyddo."

5...
DARGANFOD FY ANGERDD

BETTY,

13, Utrecht,

Yr Iseldiroedd

"Gwnes i gais i fod yn Brif Swyddog Gweithredol Greenpeace International pan oeddwn i'n 11 oed. Roeddwn i eisiau iddyn nhw wybod bod barn gan bobl fy oed i hefyd."

Pan adawodd Kumi Naidoo ei swydd fel Prif Swyddog Gweithredol Greenpeace International, cyflwynodd araith ysbrydoledig iawn am broblemau'r byd a sut mae angen i ni weithio gyda'n gilydd i'w datrys. Roeddwn i wedi mynd i gynhadledd gyda fy nhad ac yn gwrando ar beth roedd yn ei ddweud, a chefais fy ysbrydoli'n llwyr. Dim ond 11 oed oeddwn i ar y pryd, ond penderfynais wneud cais am swydd Kumi. Roeddwn i'n gwybod na fyddwn i'n cael fy newis, oherwydd mae Greenpeace yn erbyn llafur plant! Ond roeddwn i eisiau iddyn nhw wybod bod barn gan bobl fy oed i hefyd, a'n bod ni'n gallu gweithio er mwyn cyflawni newid. A dweud y gwir, dwi'n credu bod gan bobl ifanc fantais – dydyn ni ddim yn gorfeddwl pethau fel mae oedolion yn gwneud.

Ces i ateb gwych gan Kumi a gan Greenpeace yn dweud eu bod nhw wedi hoffi fy llythyr yn fawr, ynghyd â fy llyfr – stori hyfryd iawn am sut mae pobl yn gallu newid y byd. Dywedon nhw, 'Pan fyddi di'n hŷn, bydd swydd yma ar dy gyfer di.'

Dwi'n meddwl y gallwn ni newid y byd. Dwi wedi bod i gynadleddau ac wedi clywed llawer iawn am helpu pobl a gofalu am yr amgylchedd. Mae dysgu am yr amgylchedd yn fy nghyffwrdd i'n fawr. Dwi'n casáu'r sefyllfa sydd ohoni: sut mae pobl yn trin anifeiliaid fel petaen nhw'n wahanol i ni a ddim mor bwysig â ni. Rydyn ni'n eu defnyddio nhw er eu bod nhw'n greaduriaid byw fel ni. Dwi hefyd yn poeni sut rydyn ni'n trin pobl o wahanol hil i ni ac unrhyw un sy'n wahanol i ni mewn unrhyw ffordd.

Dwi'n meddwl ei bod hi'n bwysig treulio peth o'n hamser yn brwydro dros beth sy'n iawn, nid dim ond yn gwneud pethau er mwyn ein pleser ein hun.

Dwi'n aelod o gyngor ieuenctid War Child yn yr Iseldiroedd, sefydliad sy'n helpu plant sy'n dioddef oherwydd gwrthdaro mewn gwahanol wledydd. Rydyn ni'n cyfarfod yn Amsterdam bob mis. Mi wnes i a dwy ferch arall o'r enw Rosa a Lynn benderfynu y dylen ni wneud ymdrech i sicrhau bod swyddfa War Child yn gyfeillgar i'r amgylchedd. Roedden nhw'n defnyddio coffi nad oedd yn goffi Masnach Deg; roedden nhw'n defnyddio llawer o blastig. Roedden ni'n dadlau y dylen nhw wneud newidiadau. Mae War Child yn barod i wrando.

Dwi'n figan. Dydy llawer o'r plant eraill ddim yn gwybod hyn, a phan maen nhw'n dod i wybod, yn aml iawn does ganddyn nhw ddim diddordeb neu maen nhw'n meddwl nad yw'n bwysig. Dydyn nhw ddim yn gweld pam dylen nhw fod yn figan, oherwydd dydy hynny ddim bob amser yn gyfleus; maen nhw'n gwybod y byddai'n gwneud pethau'n anoddach o lawer iddyn nhw. Dwi ddim yn hapus os yw fy ffrindiau'n dweud fy mod i fel tiwn gron yn sôn am y peth, ond dwi'n meddwl bod gen i ddyletswydd i sôn am beth dwi'n credu ynddo. Dwi'n trio peidio â sôn am y pwnc bob dydd.

Roeddwn i wedi bod yn llysieuwr am flwyddyn neu ddwy, oherwydd fy mod i'n casáu ecsbloetio anifeiliaid. Dwi'n gwybod bod ffermio ffatri yn cyfrannu'n sylweddol at newid hinsawdd. Dim ond bwyd figan neu lysieuol rydyn ni'n ei fwyta gartref, bron iawn.

Pan oeddwn i yn yr ysgol gynradd, bues i ar daith gerdded yn ystod y nos, o'r enw 'Noson y Ffoaduriaid'. Roedd y daith hyd marathon. Cerddon ni drwy'r nos a chodi ychydig filoedd o ewros i helpu ffoaduriaid. Gwnes i fwynhau oherwydd fy mod i'n gwybod ein bod ni'n cerdded er budd pobl eraill roedd angen ein help ni arnyn nhw. Sefydlwyd tudalen ar-lein lle roedd pobl yn gallu addo arian.

Roedd Mam yn meddwl y byddwn i'n tynnu'n ôl oherwydd mai fi oedd yr un ieuengaf ar y daith gerdded. Daeth heibio i fynd â fi adref pan oeddwn i wedi cael digon, ond gwnaethon ni orffen y daith. Oherwydd mai fi oedd yr ieuengaf, cefais gyfweliad ar y teledu am dri o'r gloch y bore. Roedd y daith yn anodd iawn, a dywedais i hynny wrthyn nhw. Dechreuon ni am hanner nos a buon ni'n cerdded tan 11 fore trannoeth. Wedyn roedd rhaid i fi fynd i'r ysgol y diwrnod wedyn...

Pan fydda i'n hŷn, dwi eisiau bod yn amgylcheddwr neu'n gyfreithiwr hawliau dynol. Rwyt ti'n brwydro dros rywbeth, yn gwneud rhywbeth buddiol ac yn dysgu, i gyd ar yr un pryd.

Dydy pobl ifanc ym mhobman ddim yn wan, hyd yn oed os ydyn nhw weithiau'n teimlo eu bod nhw'n methu newid dim byd. Os wyt ti'n daer ac yn gwneud dy orau, byddi di'n cyrraedd llefydd ac yn gwneud pethau yn dy fywyd.

Dwi'n meddwl bod modd i ni newid y byd a'i wneud yn lle gwell i bawb, yn well i anifeiliaid ac yn well i bobl. Dwi'n credu bod modd i ni wneud hyn yn heddychlon. Mae rhai pobl yn meddwl eu bod nhw'n methu newid pethau gan mai dim ond un person ydyn nhw, ond petai pawb yn meddwl felly, fyddai dim byd yn cael ei gyflawni. Petai pawb yn gwneud un peth bach, byddai newid enfawr yn digwydd. Mae mor syml â hynny.

BETTY

"Dwi'n credu bod gan bobl ifanc fantais – dydyn ni ddim yn gorfeddwl pethau fel mae oedolion yn gwneud."

JESSE,
15, Efrog Newydd, UDA

"Dwi'n cael sylwadau am fy nhaldra o leiaf chwe gwaith y dydd, ond dwi wrth fy modd yn bod yn dal. Dwi hyd yn oed yn lliwio fy ngwallt yn olau er mwyn bod yn fwy amlwg fyth."

Mewn llawer o ffyrdd, dwi'n berson ifanc cyffredin – dwi'n gwirioni ar gerddoriaeth a dwi'n chwarae gemau fideo. Rydw i'n wahanol oherwydd fy mod i'n un o tua 3,000 o bobl yn y byd sy'n saith troedfedd o daldra.

Dwi wastad wedi bod yn bositif iawn, iawn ynglŷn â fy nhaldra. Dwi wrth fy modd yn bod yn dal. Mae'n golygu fy mod i'n cael llawer o sylw, a dwi'n mwynhau sylw, ac mae wastad yn ffordd dda o ddechrau sgwrs. Mae bod mor dal â hyn yn teimlo'n unigryw. Heblaw am chwaraewyr pêl-fasged proffesiynol, dydw i erioed wedi cyfarfod â neb talach na fi. Does neb erioed wedi tynnu fy nghoes i am fy nhaldra, ond ar y llaw arall, rydw i ben ac ysgwydd yn dalach na'r rhan fwyaf o bobl. Dwi'n credu ei bod yn bwysig mynegi pwy wyt ti a dangos dy unigoliaeth: dwi hyd yn oed yn lliwio fy ngwallt yn olau er mwyn bod yn fwy amlwg fyth.

Oherwydd bod cymaint o bobl yn dod i siarad â fi, does gen i ddim dewis ond bod yn gymdeithasol, ond dwi'n mwynhau hynny. Mae fy rhieni yn bobl gymdeithasol iawn, felly dwi wedi dod i arfer â siarad â phobl wrth i fi dyfu i fyny.

Dwi'n cael sylwadau am fy nhaldra o leiaf chwe gwaith y dydd. Ble bynnag dwi'n mynd, mae pobl yn dweud, 'Mae'n debyg dy fod ti'n clywed hyn drwy'r amser…' Dwi'n mwynhau'r sylwadau, heblaw pan maen nhw'n dechrau dweud beth dylwn i ei wneud neu sut dylwn i fod. Gan fy mod i'n 7 troedfedd a dim ond yn 15 oed, yn eithaf tenau heb ormod o gyhyrau, mae rhai pobl yn gwneud sylw am hynny. Ond gyda phump neu chwe diwrnod yr wythnos o ymarfer corff, mae hynny'n dechrau newid. Mae ymateb pobl yn wahanol mewn gwledydd gwahanol. Pan oeddwn i ar wyliau yn

Ffrainc gyda fy nhad, roeddwn i'n gallu gweld pawb yn sibrwd yn slei bach ac yn pwyntio. Yn Sbaen, doedd neb yn cyffroi dim. Lloegr oedd y lle gwaethaf: daeth menyw ata i a dweud, 'Dylech chi gymryd hormonau gwrth-dwf; dydych chi ddim yn normal.' Y cyfan wnes i oedd chwerthin. Roedd yn ddoniol pa mor ddig roedd hi am y peth! Ers hynny, dwi a fy nhad wedi sefydlu gwefan 'Not Normal'. Dwi'n ystyried ei roi ar grys T: 'DDIM YN NORMAL'..

Dylen ni gofleidio ein gwahaniaethau. Cyn i fy nhaldra ddod yn rhan bwysig ohona i, doeddwn i erioed wedi ystyried fy hun yn berson chwaraeon. Yna meddyliais y gallai fod yn beth anhygoel. Dechreuais i chwarae pêl-fasged rai blynyddoedd yn ôl, a dwi wrth fy modd.

Roeddwn i un yn o wersylloedd pêl-fasged y New York Knicks pan ges i fy arwyddo gan y Riverside Hawks yn Manhattan, un o'r timau Amateur Athletic Union hynaf yn y wlad. Yn y sesiwn ymarfer gyntaf, roeddwn i'n bryderus iawn. Doeddwn i'n gwybod fawr ddim am bêl-fasged, dyna'r gwir amdani. Roeddwn i'n hynod nerfus. Doedd gen i ddim dillad pêl-fasged, felly roeddwn i wedi cyrraedd yn fy nillad pêl-droed. Roedd hi'n anodd achos roedd pawb yn gwybod sut i ddriblo a saethu a gwneud symudiadau rhyfeddol – a doeddwn i prin yn gallu bownsio'r bêl.

Peth arall anodd oedd bod pawb yn disgwyl i fi chwarae'n dda, ddim ond oherwydd fy mod i'n dal. Ar ôl ychydig, dechreuais i ddysgu'r pethau sylfaenol. Daeth popeth yn fwy o hwyl wrth i bobl ddechrau ymddiried ynof i. Mae'n gêm i dimau, ac mae ffydd yn dy gyd-chwaraewyr yn hollbwysig. Dwi'n credu mai'r peth pwysicaf i fi oedd ymroddiad, ac mae hynny'n dal i fod yn wir. Dwi wedi dal ati ers tua thair blynedd, ac er nad yw'r gamp o reidrwydd wedi dod yn haws, dwi wedi gwella ac wedi magu hyder. Mae'r gêm wedi arafu i fi: pan wyt ti mewn gêm gystadleuol, mae'n gallu symud mor gyflym fel nad wyt ti wir yn gwybod beth sy'n digwydd, ond erbyn hyn, dwi'n gallu gweld. Mae hefyd wedi dod yn fwy o hwyl.

Dwi wedi gwella wrth i fi gryfhau a dod yn fwy ffit. Dwi wedi dysgu llawer o sgiliau. Yn fy nhymor llawn cyntaf, ces i fy nhaflu i ganol tymor 75 gêm yn un o'r timau mwyaf llwyddiannus yn y ddinas. Doeddwn i erioed wedi chwarae mewn tîm o'r blaen ac roedd yn frawychus, ond gwnaethon nhw fy nghefnogi i. Roedden nhw eisiau i fi wella, ac yn raddol dwi wedi teimlo'n rhan o'r tîm yn fwy a mwy. Y prif beth o ran Riverside oedd bod y rhan fwyaf o'r garfan wedi bod yn chwarae ers bron deng mlynedd, a rhai wedi bod yn chwarae gyda'i gilydd ers pedair neu bum mlynedd. Ond dwi'n teimlo bod gan bawb rôl, a des i o hyd i fy rôl o fewn y tîm. Fi yw'r dyn mawr, wrth gwrs, sy'n ymwneud â chael gafael ar bêl sy'n adlamu, rhwystro gwrthwynebwyr, sgorio rhai pwyntiau gobeithio a bygwth yn gyffredinol. Dwi wedi gorfod dysgu bod yn ymosodol dydy hyn ddim yn dod yn naturiol i fi.

Wrth edrych yn ôl, dydw i ddim yn meddwl ei bod hi'n bosib bod yn wych o'r dechrau'n deg. Yn y pen draw, mae'n fater o ymroddiad a gwaith caled.

Yn yr hydref, dwi'n symud i ysgol newydd lle mae chwaraeon yn bwysig iawn. Dwi'n mynd yno i chwarae pêl-fasged yn benodol, ond dwi hefyd yn gobeithio y bydd yn help i fi ennill lle mewn coleg Adran 1. Fydda i ddim yn 'nabod neb yna. Weithiau, dwi'n poeni beth byddan nhw'n ei feddwl ohona i, ond yna dwi'n sylweddoli does dim ots mewn gwirionedd – alla i ddim cuddio, hyd yn oed pe bawn i eisiau. Os wyt ti'n gyfforddus â dy gorff a phwy wyt ti, does dim ots beth yw barn pawb arall. Os wyt ti wedi gwneud popeth o fewn dy allu i fynegi pwy wyt ti a beth rwyt ti'n ei feddwl ac os dydy pobl ddim yn hoffi hynny, mae'n debyg ddylet ti ddim treulio amser yn eu cwmni nhw.

Dwi'n teimlo'n wirioneddol lwcus i fyw yn Ninas Efrog Newydd, lle mae pawb yn wahanol iawn yn ei ffordd ei hun. Dydy hi ddim yn ddinas i gydymffurfio ynddi. Mae byw yma, a chwarae pêl-fasged, yn bendant wedi fy ngwneud i'n berson cryfach. Pan wnes i ddechrau gyda phêl-fasged, doeddwn i'n gwybod dim nac yn 'nabod neb. Ond os wyt ti'n teimlo'n gyfforddus, mae'n dod yn haws, ac wrth i ti fagu hyder, rwyt ti'n dod yn chwaraewr gwell. O ganlyniad i'r profiadau hyn, dydw i ddim yn ofni pethau newydd cymaint.

Mae Dad yn chwe throedfedd tair modfedd a Mam yn chwe throedfedd, felly roeddwn i'n siŵr o fod yn dal. Dydw i byth, wrth reddf, yn teimlo'r angen i gydymffurfio. Roedd gen i ffrind oedd yn gwneud dim byd ond cydymffurfio – wastad eisiau dilyn ffasiynau newydd ar yr adeg iawn. Os wyt ti'n byw felly, nid ti sydd berchen ar dy fywyd, mewn gwirionedd. Mae'n weddol os wyt ti wir yn hoffi'r ffasiynau newydd, wrth gwrs. Ond os nad wyt ti'n hapus â phwy wyt ti, dydw i ddim yn credu y dylet ti dy orfodi dy hun i fod yn berffaith a chydymffurfio â'r disgwyliadau hynny.

Yn fy mhrofiad i, mae'n beth gwych i bobl ifanc drio pethau newydd. Os wyt ti'n eu mwynhau nhw, hyd yn oed os dwyt ti ddim yn eu gwneud nhw'n dda iawn, byddi di'n dod yn fwy hyderus wrth eu gwneud nhw. O ganlyniad, byddi di'n teimlo'n fwy a mwy cyfforddus. A phaid ag ofni methu. Pan ddechreuais i chwarae pêl-fasged, roedd gen i ofn methu, wrth gwrs. Os oeddwn i'n chwarae'n ofnadwy, byddwn i'n teimlo'n isel wrth feddwl am y peth. Ond yn y pen draw, dwi wedi sylweddoli mai dim ond gêm yw hi. Gwna i ddal ati i chwarae, dal ati i wella. Dwi'n bendant eisiau chwarae pêl-fasged yn y coleg. Dydw i ddim yn siŵr eto a ydw i eisiau bod yn chwaraewr pêl-fasged proffesiynol, ond cawn ni weld. Y peth pwysicaf un yw fy mod i eisiau bod mewn lle da. Mae bod yn iach ac yn hapus yn uchelgais ynddi'i hun.

JESSE

@jesseskyhigh
Tîm yr ysgol uwchradd:
@polybluedevils
Tîm yr AAU:
@riversidehawksnyc
www.notnormal.life

"Os wyt ti'n gyfforddus â dy gorff a phwy wyt ti, does dim ots beth yw barn pawb arall."

Llun o Jesse gan Martin Crook

BILLY,
18, Los Angeles, UDA

"Roeddwn i'n gwisgo colur llawn i'r ysgol uwchradd bob dydd. Byddai pobl yn dod ata i ac yn canmol fy aeliau."

Yn ystod yr ysgol uwchradd, roedd gen i acne drwg iawn ac roedd yn dal i waethygu. Dechreuodd pan oeddwn i'n 16 oed a pharhau am ddwy flynedd. Roeddwn i'n gwisgo colur sylfaen i'w orchuddio, ac roedd hynny'n gweithio'n dda iawn.

Wrth i fi wneud hynny, sylweddolais i fy mod i mewn gwirionedd yn caru colur a beth mae'n gallu'i wneud. Roeddwn i'n gwisgo colur llawn i'r ysgol uwchradd bob dydd. Byddwn i'n treulio awr a hanner yn gwneud fy wyneb bob bore. Dechreuais i ymarfer ar bobl yn yr ysgol a sylweddoli fy mod i'n dda iawn am goluro. Dyma benderfynu mynd i faes coluro fel gyrfa.

Mae bachgen sy'n defnyddio colur yn wahanol i ferch sy'n defnyddio colur. Roeddwn i'n ffodus nad oedd neb yn fy ysgol i'n malio, ac roedd pawb yn fy nerbyn i.

Nes i fi gael acne, doedd gen i ddim syniad o gwbl beth roeddwn i eisiau ei wneud ar ôl gadael yr ysgol. Fel pob person ifanc, roeddwn i'n meddwl mynd i'r coleg, ond unwaith roeddwn i wedi dechrau coluro, ces i fy synnu pa mor gyflym gwnes i ddysgu. Roeddwn i'n ymarfer arna i fy hun yn bennaf, ond gofynnodd pobl eraill i fi wneud eu colur ar gyfer noson cyn-ddisgyblion, ac roeddwn i wrth fy modd â hynny.

Ces i amser hawdd yn yr ysgol; a dweud y gwir, mae llawer o'r ysgolion lleol yn agored iawn ac yn wleidyddol gywir. Byddai pobl yn dweud yn ddidaro, 'O, waw, mae Billy'n gwisgo colur!' Roedd yn bwnc trafod – hyd yn oed ym mhapur newydd yr ysgol. Byddai pobl yn dod ata i ac yn canmol fy aeliau. Roeddwn i'n hoffi bod pobl yn sôn amdana i, ac mewn ffordd dda. Roeddwn i eisiau gwneud rhywbeth gwahanol a bod yn destun sgwrs. Dwi wastad wedi bod eisiau i bobl werthfawrogi'r hyn dwi'n ei wneud. Dwi wedi teimlo'n hyderus erioed, ac arweiniodd hynny at wisgo colur.

Ddes i ddim allan fel person hoyw nes 'mod i'n 16 oed. Doedd dim angen i fi oherwydd roedd pawb yn gwybod, a ches i erioed fy mwlio. Fel dywedais i, ces i amser hawdd. Roeddwn i wrth fy modd yn cymryd rhan mewn *cheerleading*; roeddwn i'n casáu chwaraeon felly roedd hyn yn ymarfer corff i fi. Dysgais i 'mod i mor hoff o *cheerleading* oherwydd 'mod i'n gwirioni ar berfformio. Doedd llwybr actio ddim yn apelio ata i, ond roeddwn i wrth fy modd yn cael sylw.

Heb yr acne, byddai fy hoffter i o golur wedi dod i'r amlwg gryn dipyn yn arafach. Roedd yn bendant yn hwb i fi sylweddoli fy mod i'n gallu gwneud beth fynnwn i. Yng nghefn fy meddwl, dwi *yn* poeni beth mae pobl yn ei feddwl am yr olwg sydd arna i, ond dwi'n gwybod mai fy mywyd i ydy o.

Pan oeddwn i'n tyfu i fyny, roedd 'na lot o ddrama yn y teulu. Mae ysgariad ac anawsterau eraill yn ystod fy mhlentyndod wedi fy ngwneud i'n berson annibynnol a chryf iawn. Yn 18 oed, dwi eisoes yn byw ac yn gweithio ar fy mhen fy hun.

Mae fy rhieni yn derbyn popeth dwi'n ei wneud. Dwi'n ffodus iawn yn hynny o beth. Heb hynny, fyddwn i ddim wedi gallu cyflawni cymaint â dwi wedi'i wneud yn fy ngyrfa goluro. Mae'n debyg y byddwn i'n gwneud dylunio mewnol, ac er fy mod i'n hoff iawn o wneud hynny, mae'n llai personol i fi.

Gadawais i'r ysgol uwchradd yn gynnar oherwydd bod Dad wedi symud i LA. Roeddwn i'n gwybod mai dyna lle roedd rhaid i fi fod, er mwyn gwireddu fy uchelgais o ran gyrfa. Des i yma i fyw ar fy mhen fy hun a dwi wrth fy modd mewn fflat yn Hollywood. Gorffennais fy addysg ar-lein. Dwi'n teimlo'n lwcus iawn achos mae llawer o bobl ifanc yn ansicr iawn o ran beth maen nhw eisiau ei wneud, ond dwi'n angerddol ynghylch beth sydd eisiau arna i. Dwi'n 18 oed ac yn ennill arian wrth wneud rhywbeth dwi'n ei hoffi'n fawr. Mae'n beth mor anhygoel.

Dwi wedi penderfynu 'mod i ddim am fynd i'r coleg. Does dim angen i fi fynd. Mae dylanwadwyr ar YouTube ac Instagram sydd â 500,000 i 5 miliwn o ddilynwyr eisoes yn gleientiaid. Mae gen i fy hun 120,000 o ddilynwyr ar draws pob platfform. Mae fy steil i'n eithaf naturiol ond yn gyfareddol. Mae'r farchnad yn orlawn, felly mae'n rhaid i fi fod yn amlwg iawn i gael sylw. Yn ddiweddar, dwi wedi penderfynu sefydlu fy mrand colur fy hun. Dwi eisiau iddo gael ei wneud yn America, nid Tsieina, er bod hynny'n bendant yn ddrutach. Mae gen i ben busnes.

Dim ond unwaith dwi wedi wynebu unrhyw gam-drin, ac yn LA roedd hynny. Weithiau mae pobl ar-lein yn dweud wrtha i, 'Merch neu fachgen wyt ti?' Mae llawer o bobl yn ddryslyd. gallai llawer o bobl fod yn sensitif iawn ynglŷn â hyn, ond dydy o'n ddim byd i fi. Dwi'n gwybod pwy ydw i.

Yr arddegau yw'r adeg bwysicaf i ti newid, yn fy marn i. Dwi ddim yn credu bod pobl yn sylweddoli bod angen iddyn nhw garu eu hunain am bwy ydyn nhw pan maen nhw'r oed yma. Mae'n rhaid i ti dderbyn dy hun yn llwyr, ac mae'r broses honno'n bwysig iawn i berson ifanc yn ei arddegau. Mae'n adeg trio pethau newydd. Os dwyt ti ddim yn eu hoffi nhw, paid â'u gwneud nhw. Os dwyt ti ddim hoffi rhywun arall yn eu gwneud nhw, ddylai hynny ddim bod o bwys i ti oherwydd nid dy fywyd di ydy o.

Dwi'n gwybod fy mod i'n mynd i ddiwydiant cystadleuol, ond fy syniad i yw dal ati, dal i weithio ar fy niddordeb pennaf. Dydy'r ffaith bod pobl eraill yn ei wneud ddim yn golygu na ddylwn i ei wneud.

Mae plant a phobl ifanc yn eu harddegau yn cael eu dylanwadu cymaint gan yr holl bethau maen nhw'n eu gweld ar-lein. Mae'r cyfryngau cymdeithasol yn orlawn o bobl sy'n trio edrych yn berffaith drwy'r amser. Dwi'n trio gwthio delwedd ar y cyfryngau cymdeithasol sydd ddim yn berffaith. Mae'r syniad yma bod popeth yn berffaith yn niweidiol iawn i bobl ifanc – yn niweidiol ac yn dorcalonnus, yn enwedig i ferched ifanc.

Mae'r hyn dwi'n ei wneud wedi fy helpu i sylweddoli pa mor ffug yw'r cyfryngau cymdeithasol. Mae rhai pobl yn agored iawn am eu profiadau, ac mae hynny'n helpu pobl eraill hefyd. Dwi'n cynnwys sgyrsiau ysgogol ar fy stori Instagram, ac mae llawer o bobl eraill yn sôn am eu gorffennol hefyd, i helpu pobl ifanc a'u hatal nhw rhag gwneud yr un camgymeriadau.

BILLY

@Bly_Blu
@boujeebilly

"Roeddwn i'n hoffi bod pobl yn sôn amdana i, ac mewn ffordd dda. Roeddwn i eisiau gwneud rhywbeth gwahanol a bod yn destun sgwrs."

NATALIA,

17, Arlington, Virginia, UDA

"Rydyn ni'n gweithredu gyda'n gilydd: er mwyn yr amgylchedd, er mwyn ein cymunedau, er mwyn ein diogelwch. Rydyn ni'n dysgu ac yn gwneud camgymeriadau ac yn creu hanes, i gyd ar yr un pryd."

Fel pobl ifanc, nawr yw'r adeg i benderfynu beth sy'n wironeddol bwysig i ni a beth sy'n tanio ein hangerdd.
Dydyn ni ddim yn geidwadol ein ffyrdd. Rydyn ni'n gweld bod ein gweithredoedd personol ni'n gallu gwneud gwahaniaeth. Dwi'n credu bod hyn yn gyffredin i bobl ifanc ym mhobman.

Dwi'n angerddol dros gadwraeth amgylcheddol, sydd wedi'i sbarduno gan oes o fynd ar dripiau heicio, caiacio a gwersylla. Dwi'n gwerthfawrogi ac yn caru byd natur yn fawr iawn. Rwy wedi treulio tair wythnos yn gweithio gyda chriw cadwraeth mewn tair coedwig genedlaethol yn Oregon. Gyda saith o bobl ifanc eraill, gwnes i helpu i agor llwybrau heicio drwy godi planhigion ymledol, symud coed oedd wedi disgyn ac adeiladu ffosydd dŵr ffo fel na fyddai'r llwybrau'n erydu gydag amser.

Y tair wythnos hynny o waith oedd tair wythnos gorau fy mywyd. Mae gwaith cadwraeth yn ffordd i fi roi rhywbeth yn ôl i'r llefydd sydd wedi rhoi cymaint i fi, a chael mwynhau'r harddwch naturiol ar yr un pryd. Fel disgybl iau, treuliais chwe mis fel intern â'r Gymdeithas Cadwraeth Myfyrwyr, yr un sefydliad a oedd yn arwain y criw cadwraeth yn Oregon. Rhoddodd hyn gyfle i fi weld sut beth yw gweithio mewn maes amgylcheddol, ochr yn ochr â gweithwyr proffesiynol sydd yr un mor angerddol dros gadwraeth â fi. Dydyn ni ddim o reidrwydd yn gweld ei effeithiau o ddydd i ddydd, ond mae newid hinsawdd yn fater enfawr y dylai pawb fod yn ei frwydro. Mae fy nghyfnod i ym myd natur wedi dangos hyn i fi, ac mae nawr yn fater i fy nghenhedlaeth i a'r cenedlaethau nesaf ddal ati i ymladd dros ddyfodol ein planed. Waeth beth dwi'n ei wneud yn y coleg, na pha yrfa bynnag y bydda i'n ei dilyn, bydd angerdd am gadwraeth amgylcheddol yn cael y flaenoriaeth bob amser.

Nid fi yw'r unig un. Mae fy ffrindiau a'r bobl dwi'n treulio amser yn eu cwmni yn ymwybodol o'r byd rydyn ni'n byw ynddo. Mae llawer ohonyn nhw'n ymwneud â grwpiau ieuenctid ac yn gwneud gwasanaeth cymunedol a phrosiectau gweithredu cymdeithasol yn eu sgil. Mae pawb yn gwneud daioni yn y byd yn eu ffordd eu hunain.

Dwi'n ffodus i fyw bywyd digon cyfforddus a bodlon, a beth sy'n fy ysgogi i yw gwybod fy mod yn helpu pobl eraill i gael yr un cyfleoedd a phrofiadau. Yr ymdrech yma i roi'r cyfleoedd hynny i eraill yw'r rheswm dwi eisiau bod yn weithiwr cymdeithasol. Mae fy ffrindiau'n dod ata i am help a dwi wrth fy modd yn eu cefnogi a'u harwain nhw. Dwi hapusaf pan dwi'n helpu eraill, yn enwedig pobl ifanc eraill, a dyna pam dwi eisiau gweithio gyda'r arddegau pan dwi'n hŷn. Pobl ifanc yw dyfodol pob cenhedlaeth, ac maen nhw'n profi cymaint o straen a chaledi sydd ddim yn cael ei weld o'r tu allan. Mae pobl yn tueddu i anghofio hynny unwaith maen nhw'n oedolion. Hyd yn oed pan na fydda i yn fy arddegau, dwi'n gwybod mai â phobl ifanc bydda i'n teimlo'r cyswllt cryfaf.

Mae'n gyfnod anodd i fod yn dy arddegau, ond mae cymaint o gyfleoedd i ni fanteisio arnyn nhw – cyfleoedd na fyddai wedi bod ar gael ddeng mlynedd yn ôl. Mae cymaint o ffyrdd ar gael i ni ddod o hyd i bethau sy'n sbarduno angerdd a bod yn rhan o'r byd. Rhaid i ni fanteisio ar y cyfleoedd yma a'u perchnogi nhw. Gan fod y cyfryngau cymdeithasol wedi creu llawer mwy o gysylltiadau, rydyn ni'n gallu gweld pethau'n gyflymach o lawer ond mae'r effaith arnon ni'n fwy dwys. Dyna pam, er enghraifft, bues i'n protestio ar ôl i saethwr ladd ac anafu cymaint yn Ysgol Uwchradd Marjory Stoneman Douglas yn Parkland, Florida.

Dwi'n cofio 'mod i heb sylweddoli'n iawn beth oedd wedi digwydd pan glywais i am y saethu am y tro cyntaf. Roeddwn i eisiau teimlo poen hyd at fêr fy esgyrn, ond wnes i ddim. Rydyn ni wedi clywed cymaint ar y newyddion am saethu ar draws y wlad, doeddwn i'n teimlo dim byd.

Pan ddechreuais i ddarllen hanes unigol y rhai a gafodd eu lladd, sylweddolais i fod y myfyrwyr hynny yn union fel y myfyrwyr dwi'n cerdded heibio iddyn nhw bob dydd yng nghoridorau fy ysgol i. Gallai hynny fod wedi digwydd i fi a fy ffrindiau. Gallai'r gymuned honno wedi bod yn fy nghymuned i.

Dwi'n rhan o sefydliad ieuenctid Iddewig rhyngwladol o'r enw BBYO sy'n annog pobl ifanc Iddewig i barhau i ymwneud â'u crefydd ar ôl eu defodau b'nai mitzvah. Oherwydd BBYO, dwi'n treulio fy mhenwythnosau yn cysylltu â phobl ifanc Iddewig eraill ac yn gwneud prosiectau gwasanaeth cymunedol yn fy ardal. Dwi hefyd yn swyddog etholedig yn fy nghymuned BBYO, ac mae hynny wedi rhoi'r cyfle i fi ddatblygu fel arweinydd, arwain eraill a dysgu sut i weithio ochr yn ochr â fy nghyfoedion. Mae bod yn aelod ac yn arweinydd yn BBYO wedi fy arwain drwy'r ysgol uwchradd; mae wedi fy nghyflwyno i i grŵp o bobl sy'n fy nghefnogi i ac mae wedi dangos i fi fy mod i wrth fy modd yn gwneud gwahaniaeth ym mywydau pobl eraill.

Digwyddodd y saethu y diwrnod cyn Confensiwn Rhyngwladol y BBYO yn Orlando, Florida. Mae'r confensiwn yn denu dros 3,000 o bobl ifanc o bob rhan o'r wlad a'r byd. Roedd myfyrwyr o Parkland yno, a chafwyd cyfnod o dawelwch i gofio am y rhai fu farw. Yn ystod y tawelwch, roeddwn i'n gallu gweld pobl ifanc ym mhob cwr o'r neuadd yn cofleidio ac yn gafael yn nwylo'i gilydd.

Roedd y saethu wedi digwydd mewn ysgol uwchradd 1,000 o filltiroedd o fy nghartref, ac eto roedd myfyrwyr Parkland yn rhan o un o'r cymunedau mwyaf clòs dwi'n rhan ohoni. Roedd hynny'n fy nghlwyfo i i'r byw.

Y gwanwyn diwethaf, cymerais i ran yn y brotest March for Our Lives yn Washington. Rhan helaeth o'r brotest oedd gwrando ar bobl ifanc yn eu harddegau yn siarad, yn adrodd eu straeon, yn darllen cerddi ac yn canu. Roedd gwylio pobl ifanc fy oed i yn mynnu sylw y National Mall i gyd yn Washington, DC yn anhygoel. Ysgogodd hyn cymaint o ysfa ac angerdd mewn pobl ifanc ledled y wlad. Dyna wnaeth i'r orymdaith fod yn wahanol i unrhyw un arall. Roedd dieithriaid yn siarad â'i gilydd, yn crio gyda'i gilydd ac yn canmol arwyddion protest creadigol ei gilydd.

Dwi mor ddiolchgar fy mod i wedi cael bod yn rhan o rywbeth mor fythgofiadwy, ac roedd hynny'n amlygu faint yn union mae pobl ifanc yn gallu ei gyflawni. Gwelais mai'r ffordd orau o ysgogi pobl ifanc yw bod yng nghwmni pobl ifanc eraill. Dwi'n meddwl mai'r hyn ysgogodd y myfyrwyr fwyaf oedd gwybod bod cymryd rhan yng ngorymdaith March for Our Lives nid yn unig o fudd i achos agos at eu calon, ond achos oedd ag ystyr bersonol i gyfoedion a phobl ifanc yn union fel nhw.

Nid rhywbeth haniaethol yw cyflafan saethu mewn ysgol, gallai rhywbeth tebyg ddigwydd unrhyw ddydd mewn unrhyw ysgol yn ein gwlad. Mae pawb yn gwybod hynny. Mae myfyrwyr ysgol uwchradd ar draws yr Unol Daleithiau yn rhannu profiad cyffredin: rydyn ni i gyd yn treulio saith awr y diwrnod, pum diwrnod yr wythnos yn yr ysgol – ysgolion lle mae trasiedi yr un mor debygol o daro.

Dwi'n credu bod yr ymateb yn dilyn Parkland – ymateb a oedd yn amlwg cymaint yn gryfach nag unrhyw ymateb arall gan wrthwynebwyr trais gynnau – wedi gwneud synnwyr llwyr. Does dim un profiad cyffredin yn cysylltu dioddefwyr saethu mewn mannau cyhoeddus. Mae ganddyn nhw i gyd hunaniaethau gwahanol, bywydau gwahanol, ac maen nhw'n galaru mewn mannau ar wahân gyda'u teuluoedd a'u ffrindiau eu hunain.

Mae dioddefwyr saethu mewn ysgolion cynradd yn dal i fod yn ifanc, a does ganddyn nhw mo'r platfform na'r gallu i gyflawni newid ar raddfa fawr. Mae ysgol uwchradd, ar y llaw arall, yn gymuned glòs, gref, sy'n llawn meddyliau disglair ac arweinwyr y dyfodol. Maen nhw'n poeni am y bobl sydd o'u cwmpas nhw, y bobl sy'n eu cefnogi mewn dosbarthiadau ac ar dimau ac mae ganddyn nhw rwydwaith o gefnogaeth sy'n rhychwantu'r wlad gyfan.

Mae'n hawdd i oedolion dybio bod pobl ifanc yn methu gweld y darlun ehangach, gan feddwl ein bod ni ynghlwm wrth fanylion lleiaf ein cenhedlaeth ni. Ambell dro, gallai hon fod yn agwedd ddilys, ond mae'r rhan fwyaf o bobl ifanc yn cael effaith mewn ffyrdd mae oedolion yn methu eu gweld. Rydyn ni'n gweithredu gyda'n gilydd: er mwyn yr amgylchedd, er mwyn ein cymunedau, er mwyn ein diogelwch. Rydyn ni'n dysgu ac yn gwneud camgymeriadau ac yn creu hanes, i gyd ar yr un pryd, wrth baratoi ar gyfer yr adeg pan fyddwn ni'n hunain yn arwain y byd.

NATALIA

"Mae'n hawdd i oedolion dybio bod pobl ifanc yn methu gweld y darlun ehangach. Mae pobl ifanc yn cael effaith mewn ffyrdd mae oedolion yn methu eu gweld."

TOLMEIA

(TOLLY DOLLY POSH),

18, Swydd Gaerloyw,

Lloegr

"Penderfynais i fod moeseg yn bwysicach na dim byd arall ym myd ffasiwn a bod rhaid i fi wneud rhywbeth yn ei gylch."

Tua chwe blynedd yn ôl, dechreuais ysgrifennu blog ffasiwn. Roedd yn rhywbeth i'w wneud am hwyl. Roedd gen i ddiddordeb mewn gwefannau ac eisiau cael ymdeimlad o'u defnyddio nhw fy hun wrth ganolbwyntio ar bwnc roeddwn i'n angerddol iawn yn ei gylch.

I ddechrau roeddwn i'n canolbwyntio ar ffasiwn gyflym a steil enwogion. Roedd yn ymwneud â lliw a hudoliaeth a chyffro. Dyna oedd yn gyfarwydd i fi, dyna roeddwn i'n ymwybodol ohono. Doeddwn i ddim erioed wedi cael fy nysgu am gynaliadwyedd.

Ar hap a damwain, gwyliais i raglen ddogfen o'r enw *The True Cost*. Roedd yn ymwneud â phwy sy'n talu'r pris go iawn am y dillad rhad rydyn ni'n eu prynu: y gost i'r amgylchedd, i'r ffermwyr ac i'r gweithwyr ffatri sy'n cael eu hecsbloetio. Cafodd y rhaglen ddogfen ei chreu ar ôl i ffatri ddillad ym Mangladesh ddymchwel, gan ladd dros 1,000 o weithwyr. Roedd gwylio'r rhaglen yn agoriad llygad go iawn. Penderfynais i fod moeseg yn bwysicach na dim byd arall o ran ffasiwn a bod rhaid i fi wneud rhywbeth yn ei gylch.

Roedd y ffaith 'mod i yn fy arddegau wedi chwarae rhan fawr yn fy mhenderfyniad. Roeddwn i'n gwybod bod cenedlaethau blaenorol wedi gwneud llanast o bethau, felly roedd angen i fy nghenhedlaeth i ddelio â'r llanast.

Mae dillad yn ffordd o fynegi ein hunain. Dyna reswm mawr dros fy niddordeb ynddyn nhw. Mae dillad mor bwysig i ni. Dwi wrth fy modd yn dewis beth i'w wisgo. Mae'n gwneud i fi deimlo'n fwy hyderus. Mae dillad yn gallu codi calon unrhyw un sy'n cael diwrnod gwael. Pan wyt ti'n deall darlun ehangach y diwydiant dillad, rwyt ti'n sylweddoli bod sut mae dy ddillad yn cael eu gwneud yn effeithio ar weddill y byd. Mae'n rhaid cydbwyso'r ddau: y llawenydd sy'n dod o ddillad rwyt ti'n eu hoffi a moeseg y diwydiant.

Dwi'n gweithio'n galed ar y blog, ac mae'n cymryd mwy fyth o amser pan mae diben dyfnach wrth wraidd y gwaith. Unwaith rwyt ti wedi meithrin cynulleidfa ac wedi ennyn ei diddordeb, mae'n rhaid i ti sylweddoli faint yw dy ddylanwad di ar bobl. Mae defnyddio'r cyfryngau cymdeithasol yn bwysig i fi, oherwydd maen nhw'n gallu bod mor bwerus. Mae wedi cymryd mwy na chwe blynedd i fi gyrraedd lle rydw i. Mae fy nilyniant wedi cynyddu'n raddol. Mae'n bwysig bod pobl sydd eisiau dechrau blogio yn gwybod ei fod yn llyncu amser.

Mae 'na lot o bwysau ar bobl ifanc i fod â rhyw olwg benodol. Cyn i fi ddod i wybod beth dwi'n ei wybod bellach, byddwn i'n siopa mewn siopau ffasiwn gyflym. Es i drwy gyfnod o garu ASOS. Roeddwn i wrth fy modd â'r dosbarthu am ddim a'i bod hi mor hawdd prynu rhywbeth newydd a chyffrous i'w wisgo. Yn fy arddegau oeddwn i, felly roedd arian yn dynn, a byddwn i'n archebu'r stwff rhataf oherwydd y wefr a oedd yn rhan o'r prynu. Nawr fy mod i'n gwybod y canlyniadau, mae'n anoddach i mi dderbyn pobl sy'n dal i wneud hynny – rhywun sy'n dweud, 'Dim ond pethau newydd dwi eisiau.' Y dilledyn diwethaf i fi ei brynu oedd blows o siop elusen, a dwi wrth fy modd â hi.

Dwi'n gwybod yn fy nghalon fy mod i'n gwneud y peth iawn. Dwi'n gwybod nad oes gen i lwyth o esgidiau na'r eitemau diweddaraf fel bron pawb arall, ond dwi hefyd yn gwybod na fyddwn i'n newid.

Hyd yn oed ar ôl addysgu fy hun am y diwydiant a'i agweddau tywyll, dwi'n dal eisiau mynd i fyd dylunio yn y pen draw. Dwi'n breuddwydio am fod yn rhan o'r diwydiant a sicrhau bod cyn lleied o ganlyniadau negyddol i'r amgylchedd ac i bobl â phosib.

Yn amlwg, mae'r rhan fwyaf o bobl ifanc yn teimlo'r angen i gydymffurfio â phawb arall, ond unwaith rwyt ti'n goresgyn y rhwystr hwnnw, rwyt ti'n rhydd. Gelli di chwarae o gwmpas â'r hyn rwyt ti'n ei wisgo er mwyn mynegi dy hun. Mae'n adnodd gwych. Mae'n rhoi meddylfryd gwahanol i ti am y dillad.

Mae'r sylwadau ar y blog yn rhoi cymaint o anogaeth i fi a fy nilynwyr yn swnio mor ddiffuant. Maen nhw'n dweud eu bod nhw wedi rhoi'r gorau i brynu brand penodol a'u bod nhw'n trio meddwl mewn ffordd fwy ymwybodol. Pan dwi'n ysgrifennu am fod yn hunanhyderus a bod yn fi fy hun, mae pobl yn dweud wrtha i eu bod nhw'n gallu uniaethu â hynny a theimlo'r cysylltiad.

Yn bersonol, dwi'n teimlo ar fy mwyaf hyderus pan dwi'n gwisgo sodlau solet a bag ar fy nghefn. Dim ond yn ddiweddar dwi wedi sylweddoli hynny. Dwi'n teimlo'n mor gryf. Mae fel arfwisg o ryw fath. Mae'r pethau yma'n wahanol i bawb. Efallai dy fod yn byw gydag iselder, a dillad lliwgar yw'r peth sy'n dy helpu. Mae pobl eraill angen deimlo'n gyfforddus, a dyna sy'n gwneud iddyn nhw deimlo'n well. Er nad ydw i'n hyrwyddo siopa, dwi'n gwybod ei fod yn gallu rhoi hwb i dy hwyliau. Roeddwn i'n gwrando ar bodlediad Guilty Feminist un tro pan ddywedodd un fenyw ar y panel ei bod hi'n byw gydag iselder. Dywedodd nad oedd hi wedi bod yn teimlo'n dda, felly prynodd hi bâr o glustdlysau, a bod hynny'n ddigon i'w chael hi i fynd i'r recordiad.

Mae crysau T slogan yn ffordd arall o fynegi ein hunain a'n credoau, ond mae'n bwysig nad ydyn nhw'n rhagrithiol – er enghraifft, ddylen ni ddim hyrwyddo sloganau ffeministaidd os yw'r dilledyn wedi'i gynhyrchu mewn ffordd anfoesol.

Pan oeddwn i'n iau, byddwn i'n mynd i siopa gyda fy chwaer. Mae gen i atgofion gwych o hynny a'r hwyl roedden ni'n ei gael. Ond rwyt ti'n dal i allu cael yr un teimlad pan wyt ti'n siopa mewn ffordd amgen. Mae stigma o gwmpas siopau elusen, ond dwi'n meddwl eu bod nhw'n hwyl.

Does gan neb yr hawl i ddweud 'Ddylet ti ddim gwisgo hynny' neu 'Ddylet ti ddim gwneud hynny.' Mae gan bawb y dewis i wneud beth maen nhw eisiau ei wneud, a dyna fel y dylai fod, ond mae'r cyfryngau'n chwarae rhan fawr yn y ffordd rydyn ni'n cael ein portreadu. Mae 'na bwysau ar ferched ifanc i fod â rhyw olwg benodol. Mae gen i safbwynt breintiedig ar hynny achos dwi'n denau iawn, diolch i fy ngenynnau. I'r rhan fwyaf o bobl, fi yw'r ddelfryd, felly mae'n rhaid i fi gofio hynny pan dwi'n trafod y materion hyn. Mae'n bwysig gwneud lle i bobl sy'n teimlo'u bod nhw'n cael eu heithrio gan y cyfryngau er mwyn iddyn nhw sôn am y pethau hyn.

Diolch byth bod fy nghenhedlaeth i yn fwy agored ein meddwl, ond dydy hynny ddim yn golygu bod digon o bobl yn rhoi syniadau ar waith. Mae'n gofyn llawer i godi llais a dweud, 'Dwi'n mynd i weithio ar hyn.' Ar y llaw arall, cefais i neges Instagram ddoe gan rywun oedd yn yr ysgol gyda fi, yn gofyn, 'Wyt ti'n gallu argymell ambell frand moesegol i fi?' Roeddwn i mor falch. Dwi'n meddwl bod ein cenhedlaeth ni yn meddwl mwy a mwy am hyn. Rydyn ni'n fwy ymwybodol bod cymaint y gallwn ni ei ddysgu a chymaint y mae'n rhaid i ni ei wneud. Mae gennym ni leisiau, ond mae angen i ti wrando.

TOLMEIA

@tollydollyposh

www.tollydollyposhfashion.com

> "Pan wyt ti'n deall darlun ehangach y diwydiant dillad, rwyt ti'n sylweddoli bod sut mae dy ddillad yn cael eu gwneud yn effeithio ar weddill y byd. Mae'n gofyn llawer i godi llais a dweud, 'Dwi'n mynd i weithio ar hyn.'"

ANAHIT,
16, Kapan, Armenia

"Roedd pawb yn meddwl mai dim ond oedolyn allai fod yn athro Saesneg. Dwi mor hapus fy mod i wedi gallu eu helpu nhw i ddysgu."

Dwi wedi dangos cariad a diddordeb arbennig tuag at yr iaith Saesneg ers i fi fod yn ferch fach. Hwn oedd fy hoff bwnc erioed, ac roeddwn i'n breuddwydio am fod yn athrawes Saesneg. Wn i ddim pam roeddwn i mor hoff o'r iaith, ac es ati i'w dysgu ag angerdd. Yn fy nhref enedigol, roedd myfyrwyr eraill yn llwyddo yn yr arholiad Saesneg yn yr ysgol, ond doedd ganddyn nhw ddim cymaint o ddiddordeb â fi.

Er i fi drio fy ngorau, doeddwn i ddim yn gallu deall fy nghariad at y Saesneg. Doedd neb yn fy nheulu'n mwynhau siarad yr iaith fel roeddwn i hyd yn oed. Treuliais i fy mlynyddoedd cynnar yn trio dod o hyd i bobl i ymarfer sgwrsio yn Saesneg. Weithiau, byddai twristiaid yn dod i fy nhref fechan i: mae byd natur gwych o'n cwmpas ni sy'n denu ymwelwyr. Pan oeddwn i'n ddim ond 11 oed, byddwn i'n deffro'n gynnar ac yn mynd i'r hoff gyrchfannau twristaidd ac aros amdanyn nhw yno. Petai unrhyw un yn cyrraedd, roeddwn i'n dechrau sgwrsio, siarad â nhw am eu gwledydd, dweud wrthyn nhw am fy ngwlad a fy nhref, a dangos y llefydd gorau iddyn nhw ymweld â nhw. Byddai'r twristiaid yn dweud, 'Mae dy Saesneg di mor dda, dal ati i ymarfer,' ac roedd hynny'n fy annog i'n fawr.

Gyda'r blynyddoedd, wnes i ddim colli fy nheyrngarwch i'r iaith. Roeddwn i'n gwybod bod cornel Americanaidd yn fy nhref lle byddai gwirfoddolwyr Americanaidd yn ymgynnull ac yn trafod yn Saesneg. Yn bennaf, roedden nhw'n sôn am ddiwylliant a hanes America. Dechreuais i fynychu pob cyfarfod a oedd yn cael ei gynnal yno. Byddwn i'n dysgu geiriau newydd, yn gwella fy ynganu, yn astudio'r diwylliant ac yn teimlo ychydig yn agosach at yr iaith. Roeddwn i'n mynychu seminarau, gwersi a chyfarfodydd yn y gornel

Americanaidd am fwy na phum mlynedd. Gofynnais iddyn nhw ddarparu gwersi a chyrsiau i blant fy oed i, a gwnaethon nhw hynny.

Ar ôl gweithio'n galed ac ymarfer llawer, sylweddolais i y gallwn i ychwanegu elfen arall at fy nghariad at Saesneg: gwirfoddoli.

Meddyliais am y syniad o greu fy nghlwb Saesneg fy hun i blant. Roeddwn i'n gwybod bod dysgu Saesneg yn gallu creu dyfodol mwy disglair i lawer yn Armenia. Mae Armeniaid yn dweud, 'Gelli di fod yn gymaint o bobl â nifer yr ieithoedd rwyt ti'n eu siarad.'

Roeddwn i'n 14 ac yn cofio mor anodd roedd hi i fi gael cyfle i ymarfer a gwella fy Saesneg. Nawr, roeddwn i wedi helpu creu pont i gysylltu rhai o'r plant lleol â'r iaith. Agorais i fy nghlwb fy hun a'i alw'n 'Let's Speak English'. Ar y diwrnod cyntaf, doeddwn i ddim yn gwybod a fyddai unrhyw un yn dod. Roeddwn i'n poeni fyddai neb yn dod. Allwn i ddim credu'r peth pan ddechreuodd llawer o blant ddod i'r gwersi. Roedd deg myfyriwr yn fy ngwers gyntaf. Bob dydd, roedd y niferoedd yn cynyddu, ac roeddwn i wedi cyffroi'n lân wrth eu gweld nhw. Roedd y rhan fwyaf ohonyn nhw'n astudio yn 12–13 oed – blwyddyn neu ddwy yn iau na fi. Roedden nhw ar dân eisiau dysgu.

Doedd neb erioed wedi gweld merch 14 oed yn dysgu Saesneg i blant eraill. Roedd pawb yn meddwl mai dim ond oedolyn allai fod yn athro Saesneg, rhywun ag addysg uwch a phrofiad gwaith, ond roeddwn i'n gwybod y byddwn i'n gallu eu helpu i ddysgu. Dwi mor hapus fy mod i wedi gallu chwalu'r ystrydeb hwnnw. Doedden i ddim eisiau bod fel athrawes, ond fel hen ffrind a fyddai'n gallu cywiro eu camgymeriadau, nid â beiro goch ond ag ambell i sylw caredig. Roedd wedi bod yn gymaint o frwydr i fi gael mwy o addysg Saesneg, a dyna pam roeddwn i mor daer dros helpu'r holl blant yma.

Menyw 58 oed oedd un o'r gwirfoddolwyr Americanaidd yn Armenia. Roedd hi'n arfer dweud wrtha i, 'Ferch, mae gen ti lawer i'w gyflawni. Dal ati i drio.' Hi oedd y wirfoddolwraig orau welais i erioed. Gwnaeth hi fy ysbrydoli'n fawr.

Dair blynedd yn ddiweddarach, dwi'n dal i wirfoddoli ac yn dysgu Saesneg i blant. Cafodd fy mreuddwyd ei gwireddu yn gynt na wnes i erioed ddychmygu. Bob tro roedd y plant yn dod ata i ar ôl gwers a dweud, 'Diolch, rydyn ni eisiau dweud ein bod ni'n dy garu di'n fawr iawn,' roedd yn teimlo fel fy mod i'n cael fy nhalu mewn darnau o aur. Y myfyrwyr hyn oedd fy llwyddiannau mwyaf i.

Dwi'n berson cadarnhaol; dwi'n ddiolchgar am y byd. Dwi'n gweld sut mae'r haul yn tywynnu, sut mae'r eira'n disgyn, a dwi'n teimlo'n rhan o'r blaned. Mae gwneud rhywbeth da i'r byd, fel gwirfoddoli, yn gwneud i fi wenu; mae'n gwneud i fi deimlo'n dda ac yn hapus. Pan fydda i'n methu, mae fy methiannau yn troi'n rheswm dros wella fy hun. Mae hyn yn caniatáu i ti deimlo'n falch o dy fethiannau oherwydd bod modd eu troi nhw'n llwyddiannau.

Yr arddegau yw'r cyfnod gorau ar gyfer tyfu fel hyn. Pobl ifanc yw hoelion wyth y byd, a dydw i ddim yn dweud hyn oherwydd fy mod i yn fy arddegau; bydda i'n dal i ddweud hynny pan fydd gen i wyrion ac wyresau. Allwch chi byth fod mor greadigol a chyfareddol â phobl ifanc. Allwch chi byth garu a chasáu bywyd ar yr un pryd mor frwd â ni. All pobl eraill byth ddeall pam rydyn ni eisiau crio a gwenu, sut gallwn ni fod yn hapus ac yn drist, i gyd o fewn munud. Rydyn ni'n oriog, ond fel person ifanc, mae'n rhaid i fi ddweud mai cylch bywyd yw hynny. Mae'n digwydd oherwydd ein bod ni'n gwerthfawrogi popeth mewn ffordd wahanol. Rydyn ni'n gweithio arnon ni'n hunain ac ar greu ein natur unigol. Rydyn ni'n creu ein hobïau a'n diddordebau; rydyn ni'n meithrin profiad o wahanol sefyllfaoedd; rydyn ni'n dod i 'nabod ffrindiau newydd. Yr holl gamau hyn sy'n ein creu ni fel unigolion. Allwn ni ddim gwneud y newidiadau yma pan ydyn ni'n hen iawn neu'n ifanc iawn. Rydyn ni'n creu ein personoliaeth â'n gwerthoedd ni ein hunain. Gallwn ddatblygu i fod y person rydyn ni eisiau ei weld pan fyddwn ni'n 60 oed.

ANAHIT

https://www.youtube.com/channel/UCpisLVIiFU66RlhdwGbYuDQ/featured?view_as=subscriber

"Mae fy methiannau yn troi'n rheswm dros wella fy hun. Mae hyn yn caniatáu i ti deimlo'n falch o dy fethiannau oherwydd bod modd eu troi nhw'n llwyddiannau."

LILY,

14, Huddersfield,

Lloegr

"Dwi eisiau astudio roboteg ar ôl gadael yr ysgol. Dwi'n mynd i greu robotiaid sy'n siarad ar ran pobl awtistig a'u helpu gyda sefyllfaoedd cymdeithasol. Gallwn i gael un ar fy ysgwydd yr eiliad hon yn dweud, 'Dydw i ddim am siarad ar hyn o bryd.'"

Doedd siarad â phobl yr un oed â fi byth yn hawdd i fi. Roeddwn i'n meddwl mai nhw oedd y broblem. Fy athrawes ddywedodd ei bod hi'n meddwl bod gen i syndrom Asperger pan oeddwn i ym Mlwyddyn 4 ac yn 8 oed.

Weithiau, os oeddwn i mewn llefydd swnllyd, byddwn i'n rhedeg i ffwrdd. Roedd y sŵn yn fy ngwneud i'n ddryslyd ac yn brifo fy nghlustiau. Roeddwn i'n cael trafferth gwneud ffrindiau. Parhaodd hynny wrth i fi fynd yn hŷn, ac mae'n dal i fod yn wir hyd heddiw. Roeddwn i'n teimlo'n wahanol i bawb arall. Weithiau, roedd pobl eraill yn gwirioni am rywbeth oedd yn boblogaidd, ond doedd hynny'n poeni dim arna i. Dwi yn poeni am rai pethau go iawn, fel cerddoriaeth bop sy'n swnio fel rhywun yn tynnu'u hewinedd ar hyd bwrdd du.

Dros y blynyddoedd, dwi wedi gorfod dysgu does gan bobl eraill ddim diddordeb yn y pethau sy'n fy niddori i. Mae hi'n wers galed i'w dysgu.

Yn yr ysgol gynradd, roeddwn i'n gwneud lot o synau anifeiliaid. Roeddwn i'n trio esgus fy mod i ddim yn od, ond mae trio bod yn rhywbeth dwyt ti ddim, yn gwneud bywyd yn anoddach. Byddai'r plant eraill yn cilio neu'n gwneud sŵn anifail yn ôl, ac wedyn yn cilio. Roedd pobl wastad yn cilio.

Byddai rhai ysgolion yn gwrthod cydnabod fy mod i'n 'wahanol' (eu disgrifiad nhw, nid fy un i) mewn unrhyw ffordd. Roedden nhw'n meddwl fy mod i'n ymddwyn fel person awtistig ar bwrpas, ddim ond er mwyn cythruddo pobl. Mewn gwersi mathemateg, byddwn i'n cyfeirio at ffordd wahanol o wneud y symiau, ond roedden nhw'n ystyried hynny'n ymddygiad amharchus. Roedden nhw'n meddwl fy mod i'n gwneud hwyl am ben yr athro. Y cyfan roeddwn i'n ei ddweud oedd bod angen ysgrifennu popeth lawr wrth ddefnyddio'u dull nhw; yn fy null i, roeddet ti'n gwneud y cyfan yn dy ben.

Es i i ysgol gynradd arall ac roedd honno'n well o lawer. A dweud y gwir, roedd hi'n anhygoel! Roedd y gefnogaeth yn anhygoel, a'r athrawon yn wirionach na'r plant (ond mewn ffordd dda). Roedd yn lle hyfryd, ac roedden ni'n dysgu lot fawr. Wedi hynny, es i i ysgol newydd arall a doedden nhw ddim chwarter cystal am ddelio â fy awtistiaeth. Pan oedd yr athrawes yn dweud wrtha i fy mod i'n awtistig, roeddwn i'n cael yr argraff mai'r hyn roedd hi'n ei olygu go iawn oedd 'mod i'n dwp. Roedden nhw'n siarad mewn ffordd nawddoglyd iawn.

Un tro, dwi'n cofio plentyn yn dechrau gwneud hwyl ar fy mhen i. Gweiddais i arno am wneud hyn, a dyma'r athrawes yn dweud wrtho i ymddiheuro 'oherwydd dydy Lily ddim bob amser yn deall rhyngweithio cymdeithasol'. Fel roeddwn i'n ei ddweud – nawddoglyd.

Mae gen i ambell ffrind, pobl sy'n gallu ymdopi â fi am gyfnodau hir. Mae angen ffrind ar bawb, rhywun maen nhw'n teimlo'n gyfforddus yn siarad â nhw. Rwyt ti'n fwy diogel yng nghanol pobl. Mae bwlio'n digwydd ym mhob ysgol dwi wedi bod iddi bron, sy'n dipyn o ysgolion. Ond gan amlaf, does dim byd yn digwydd ar ôl i ti ddweud wrth rywun ei fod yn digwydd. Does dim pwrpas i hyn, yn fy marn i.

Mae rhai pethau am yr ysgol yn iawn. Dwi'n dda iawn mewn mathemateg, dwi ddim cystal mewn ffiseg ond dwi'n eithaf da mewn gwyddoniaeth. Dwi'n iawn mewn rhai agweddau ar Saesneg. Dwi'n gallu ysgrifennu straeon ond dwi ddim cystal am ysgrifennu llythyrau. Mae'n rhaid i fi feddwl pam mae'r awdur wedi gwneud un peth yn lle rhywbeth arall, a dydw i ddim yn dda am ddeall cymhelliant. Mewn dawns ysgol un noson, dechreuais i grynu, a gafael yn dynn yn fy ffrind fel petai fy mywyd yn dibynnu ar hynny. Roedd llawer o'r bobl yn y ddawns yn bod yn gas, a'r gerddoriaeth ofnadwy o uchel achosodd i fi fod felly. Mae hynny'n aml yn wir am orlwytho synhwyraidd oherwydd gormod o sŵn, a doeddwn i ddim chwaith yn deall beth roedd disgwyl i fi ei wneud yn yr amgylchiadau hynny. Dywedodd yr athrawon wrtha i am beidio â chynhyrfu.

Yn aml iawn, dwi wedi bod angen ychydig bach o dawelwch, amser i fi fy hun, a phan mae pobl wedi trio gwneud i fi deimlo'n well, dwi'n gweiddi arnyn nhw mewn ffordd gas. Dwi'n gweld nawr 'mod i'n anghwrtais iawn wrthyn nhw, ond roeddwn i'n rhy ypsét i feddwl am y peth ar y pryd. Erbyn hyn, dwi'n gwisgo amddiffynwyr clust fel 'mod

i ddim yn cynhyrfu, ac i leddfu'r sŵn a lleihau lefel gyffredinol y mewnbwn synhwyraidd. Mae'r ysgol yn gadael i fi eu gwisgo nhw; fel arall, byddwn i'n eistedd mewn cornel, yn siglo'n ôl ac ymlaen, â fy nwylo dros fy nghlustiau.

Dwi'n hoffi awtomeiddio a pheiriannau. Y system archebu awtomataidd newydd yn McDonalds: mae Mam yn ei chasáu hi a dwi wrth fy modd â hi. Dydy peiriannau ddim yn dy farnu di. Dwi'n mynd i glwb rhaglennu robotiaid ac weithiau maen nhw'n gadael i ni adeiladu robotiaid. Dwi eisiau astudio roboteg ar ôl gadael yr ysgol. Dyma sut dwi'n mynd i reoli'r byd. Dyna fy nghynllun i – goruchafiaeth fyd-eang! Henffych, yr Ymerodres Lily Hollalluog! Dwi'n mynd i greu robotiaid sy'n siarad ar ran pobl awtistig a'u helpu gyda sefyllfaoedd cymdeithasol. Gallwn i gael un ar fy ysgwydd yr eiliad hon yn dweud, 'Dydw i ddim am siarad ar hyn o bryd.' Byddai hynny'n fy arbed i rhag gorfod siarad â phobl dydw i ddim yn eu 'nabod, neu ddim eisiau siarad â nhw, neu yn rhwystro pobl rhag trio siarad â fi pan fydd angen llonydd arna i, fel nad ydyn nhw'n gorfod fy nioddef i'n gweiddi arnyn nhw.

Mae llawer o bobl yn byw ag anableddau ar eu lleferydd: nam dwys ar y lleferydd neu gecian sy'n gwneud bywyd yn anodd iawn iddyn nhw. Gallai fy robot i eu helpu nhw hefyd. Mae rhai pobl sy'n methu siarad o gwbl yn gorfod cario dyfais trosi testun i lais gyda nhw i bobman, ond mae dyfeisiau o'r fath yn fawr. Bydd fy robot i yn fach ac yn dwt.

Dwi eisiau dylanwadu ar gymdeithas. Mae cymdeithas yn hoffi twyllo'i hun i feddwl ei bod hi'n derbyn pawb yr un fath, ond dydy hynny ddim yn wir. Dwi'n rhoi fy nhroed i lawr. Dyma pwy ydw i. Mae gan un o fy ffrindiau ffordd arall o wneud hyn. Mae ganddi hi gadair olwyn â pheiriant, ac os dydy hi ddim yn dy hoffi di, bydd hi'n gyrru dros dy droed. Mae hi'n rhoi ei throed i lawr drwy ddefnyddio'i throed hi i redeg dros dy droed di. I fi, mae hynny'n ddoniol.

LILY

> "Mae cymdeithas yn hoffi twyllo'i hun i feddwl ei bod hi'n derbyn pawb yr un fath, ond dydy hynny ddim yn wir. Dwi'n rhoi fy nhroed i lawr. Dyma pwy ydw i."

6...
ER GWAETHAF PAWB A PHOPETH

JENIFFER,

21, Mangochi, Malawi

"Ces i fy nhwyllo i briodi yn 14 oed a gorfod rhoi'r gorau i'r ysgol. Es i 'nôl a dweud wrth bawb mai addysg yw ein dyfodol ni."

Pan oeddwn i'n 14 oed, cytunais i briodi dyn hŷn, dyn busnes. Roedd o'n 30, felly dipyn yn hŷn na fi, ond roeddwn i'n hapus iawn â'r penderfyniad. Dwi'n dod o deulu tlawd ac roeddwn i'n meddwl mai gydag o y byddai fy nyfodol.

Pwysau gan gyfoedion, fy ffrindiau ysgol, wnaeth fy argyhoeddi i briodi. Pan oeddwn i yn fy arddegau cynnar, roedd y rhan fwyaf o fy ffrindiau eisoes yn briod. Roedd partneriaid rhywiol yn barod gan y rhai oedd heb briodi. Nid dyma roeddwn i wedi bod ei eisiau a threuliodd Mam amser yn fy nghynghori i beidio â phriodi, ond dewisais ei hanwybyddu ar ôl gwrando ar fy ffrindiau.

Gadawais i'r ysgol a chynllunio'r briodas fy hun. Roedd hi'n hyfryd. Roedd fy mherthnasau i a pherthnasau fy ngŵr i gyd yno. Rhoddodd fy ngŵr anrhegion i fi a fy ngalw i'n enwau rhamantus, ac roeddwn i wrth fy modd.

Dau ddiwrnod cyn y briodas, roedd fy ngŵr wedi dweud wrtha i fod ganddo wraig a phlentyn yn barod. Derbyniais i hyn oherwydd ei fod wedi addo y byddai'n ysgaru ei wraig gyntaf. Oherwydd fy mod i mor ifanc, roeddwn i'n credu y byddwn i'n gallu cystadlu â'r wraig gyntaf. Cafodd hi dipyn o sioc pan glywodd hi amdana i, achos roedd hi'n disgwyl ei hail blentyn.

Roeddwn i'n gwybod fy mod i'n edrych yn dlws ac yn ddeniadol i fy ngŵr. Roeddwn i'n meddwl bod hyn yn golygu y byddai fy ngŵr yn dyner ac y byddai'n gofalu amdana i drwy'r amser. I fi, roedden ni'n siwtio ein gilydd ac roeddwn i'n fodlon. Roeddwn i'n teimlo fy mod i wedi gwneud penderfyniad da yn gadael yr ysgol, gan y byddai fy nyfodol yn ddiogel.

Ond methodd fy ngŵr â fy nghynnal i fel yr oedd wedi cytuno. Methodd ysgaru ei wraig gyntaf hefyd. Roedd honno'n fy ngham-drin i ar lafar, gan fy ngalw i'n butain, yn ferch dafarn ac enwau cas eraill er mwyn gwneud i fi deimlo'n wael am ddwyn ei gŵr. Roeddwn i'n teimlo'n flin ac yn anghyfforddus. I ddechrau, roedd fy ngŵr yn fy amddiffyn i, ond wnaeth hynny ddim para'n hir. Yn fuan, roedd o'n defnyddio'i nerth i fy ngorfodi i i gael rhyw gydag o. Roedd o'n anffyddlon i fi, a dim ond am ddwy noson yr wythnos y byddai'n cysgu yn ein tŷ ni.

Yn ffodus, wnes i ddim beichiogi, ond roeddwn i mewn sefyllfa hunllefus a doeddwn i ddim yn gwybod beth i'w wneud. Roeddwn i'n teimlo wedi fy mradychu ac ar goll. A minnau'n meddwl bod gen i bopeth roeddwn i wedi'i obeithio amdano mewn bywyd. Bellach, roeddwn i'n gwybod bod rhaid i fi ddianc.

Yn 16 oed, mewn diwrnod agored yn yr ardal, clywais am ymgyrch gan swyddogion Cymdeithas Geidiaid Malawi. Roedd y cynllun yn rhoi ail gyfle i ferched a oedd wedi rhoi'r gorau i'r ysgol i fynd yn ôl. Pan glywais i am hyn, penderfynais fynd yn ôl i'r ysgol. Roedd yn foment bwerus i fi. Roedd Mam yn gefn i fi. Gwnaeth hi fy helpu i fwrw 'mlaen a pheidio â newid fy meddwl. Roedd fy ngŵr yn gwybod beth roeddwn i'n ei wneud a wnaeth o ddim trio fy rhwystro i.

Roedd y diwrnod y cerddais i 'nôl i mewn i'r ysgol yn ddiwrnod hapus. O'r diwrnod hwnnw ymlaen, canolbwyntiais ar fy astudiaethau er mwyn cyrraedd y nod o gael bywyd gwell. Roedd gen i un broblem arall, sef taith beryglus o ddwy awr yn cerdded i'r ysgol. Ond diolch i'r Geidiaid, ces i a'r merched eraill a oedd yn dychwelyd i'r ysgol feic yr un. Talodd Cronfa Boblogaeth y Cenhedloedd Unedig a rhaglen i ferched yn eu glasoed am y beics, gan leihau'r broblem. Rhyddhad enfawr.

Roeddwn i wedi treulio blwyddyn i ffwrdd o'r ysgol ac yn teimlo'n swil wrth ddychwelyd am fod y lleill yn galw enwau cas arna i. Gydag amser, llwyddais i ymdopi. Des i o hyd i fy llais a sefyll i fyny drosta i fy hun. Dechreuais rannu fy stori er mwyn i ferched eraill ei chlywed.

Ces i gyfle wedyn i fynd i ddigwyddiad arbennig yn Washington, DC – Uwchgynhadledd Arweinyddiaeth Girl Up. Roedd wedi'i hwyluso gan Gronfa Boblogaeth y Cenhedloedd Unedig, â'r bwriad o gadw merched yn yr ysgol. Dyma fy nghyfle i rannu fy stori hefo mwy o bobl. Roeddwn i'n teimlo'n bwerus yn teithio dramor. Ces fy ysgogi. Roedd yn fraint go iawn. Doeddwn i ddim eisiau i ferched eraill gael eu camarwain i wneud penderfyniadau gwael a gwrando ar straeon celwyddog, ac roeddwn i'n gwybod y gallwn i helpu. Yn Washington, siaradais â thua 250 o ferched mewn ysgol a 50 allan o'r ysgol. Fy ysgogiad oedd eu cadw nhw draw o'r sefyllfa roeddwn i wedi bod ynddi, felly cafodd hynny wared ar fy ofn o siarad yn gyhoeddus.

Roedd hi'n boenus clywed am brofiadau merched eraill, ond roedd hyn yn ei gwneud hi'n fwy amlwg fyth fy mod i'n gwneud y peth iawn. Roeddwn i'n galw ar ferched i beidio â chael rhyw yn ystod blynyddoedd yr ysgol. Roeddwn i'n dangos i'r merched bod cyfleoedd eraill ar gael iddyn nhw. Roeddwn i eisiau atal priodasau anhapus i ferched ifanc a beichiogrwydd yn ystod yr arddegau.

Trwy beidio â chael rhyw, gallwn ni atal clefydau fel HIV ac AIDS, a heintiau eraill a drosglwyddir drwy ryw, yn ogystal â beichiogrwydd. Mae hyn yn gallu helpu merched i gyrraedd eu nod mewn bywyd. Dwi'n teimlo fy mod i'n fentor da i ferched. Dwi'n defnyddio sgiliau gwahanol fel caneuon, chwarae rôl a thrafodaethau panel, yn ogystal â sôn am brofiadau personol. Os yw merched yn cael rhyw, dwi hefyd yn eu hannog i ddefnyddio gwasanaethau iechyd a chondomau.

Mae o leiaf wyth o ferched wedi troi cefn ar eu priodasau ar ôl gwrando arna i. Daeth un ferch yn feichiog yn ystod ei harddegau cynnar, a gadawodd ei gŵr hi heb unrhyw help o gwbl. Ar ôl iddi eni ei phlentyn, aeth yn ôl i'r ysgol ac mae hi wedi sefyll ei harholiadau eleni. Cafodd merched eraill eu twyllo i briodi; doedd eu gwŷr ddim yn eu cynnal nhw ac yn eu trin yn wael, er bod ganddyn nhw blant. Fel fi, wnaethon nhw ddim rhoi'r ffidil yn y to.

Pan dwi'n gadael yr ysgol, dwi eisiau bod yn nyrs neu'n filwr. Mae mor bwysig i bobl ifanc wneud beth sy'n teimlo'n iawn iddyn nhw, a pheidio ag ildio i ddisgwyliadau pobl eraill. Y ffordd orau o wneud hyn yw canolbwyntio ar ein cryfderau, a bydd hynny yn ein helpu ni i ffynnu. Mae'n rhaid i ni roi'r gorau i edrych lawr arnon ni ein hunain.

Ym Malawi, mae bywyd yn haws i ddynion nag i fenywod. Yn amlach na pheidio, mae dynion yn siomi menywod. Mae angen i fenywod frwydro dros beth sy'n deg iddyn nhw.

Fy nghyngor i ferched yw gosod nodau a gwneud popeth o fewn eu gallu i ganolbwyntio ar eu cyflawni. Addysg yw'r gyfrinach i wella ein bywyd yn y dyfodol.

JENIFFER

- Malawi Girl Guides Association (MAGGA)
- @GirlGuidesMw
- www.magga.org

Llun o Jeniffer gan Sefydliad y Cenhedloedd Unedig

"Roedd y diwrnod y cerddais i 'nôl i mewn i'r ysgol yn ddiwrnod hapus. Des i o hyd i fy llais a sefyll i fyny drosta i fy hun. Dechreuais i rannu fy stori er mwyn i ferched eraill ei chlywed."

AMARNI,
17, Llundain, Lloegr

"Penderfynais droi cefn ar drwbl. Un o fy amcanion yw helpu pobl yn fy sefyllfa i sy'n teimlo ar goll. Dwi eisiau i bobl gael sylw am y pethau cadarnhaol maen nhw'n eu gwneud."

Mae pobl hŷn yn dweud pethau dydy pobl ifanc ddim yn cytuno â nhw. Weithiau, dydyn ni ddim yn cael y cyfle i gael ein llais ein hunain. Ar y newyddion, maen nhw wedi dweud mai cerddoriaeth trap yw un o brif achosion troseddau cyllyll. Dydw i ddim yn cytuno â hynny, er bod y geiriau'n sôn am ladd pobl.

Petai gorsaf podledio ar gael i ni, bydden ni'n gallu ymateb a chyflwyno ein safbwynt ni. Byddai cael dweud ein dweud yn gallu gwneud gwahaniaeth i ni. Weithiau, mae cerddoriaeth yn dy arwain di ar gyfeiliorn, ond weithiau, yn hytrach na chyfeirio rhywun at drais, mae'r gerddoriaeth yn ffordd o ddweud, 'Dyma sut dwi'n teimlo.' Rydyn ni'n gallu uniaethu â'r geiriau ac mae yn ein lleddfu ni.

Dwi'n arwain yr adran gerddoriaeth yma ym Mhrosiect Ieuenctid Copenhagen. Dwi'n gofalu bod y stiwdio'n cael ei chadw'n lân ac yn daclus, ond mae gen i gynlluniau i wella'r lle. Dwi eisiau iddi edrych yn gyffrous ac yn hamddenol ar yr un pryd. Fy syniad i yw cael gafael ar frwshys a phaent a gwneud y gwaith ein hunain.

Dwi'n gwneud yn siŵr bod gan y bobl ifanc yn y prosiect le diogel i greu'r gerddoriaeth o'u dewis. Rydyn ni'n gallu eu helpu gyda rap y Deyrnas Unedig ac *Afrobeats*. Fy nod yn y pen draw yw creu sioe radio yma, cael gafael ar gamerâu, trefnu'r adnoddau i gyd a gwahodd enwogion draw. Hoffwn i gael sylw ar y newyddion fel bod mwy a mwy o bobl yn clywed am ein gwaith ni.

Hoffwn i gael y cyfle i sôn am ddiwylliant ieuenctid a thrafod materion ieuenctid. Pan mae'r lle'n llawn o bobl, mae'r awyrgylch yma'n wych. Rydyn ni eisiau rhannu ein cerddoriaeth a'n lleisiau hefyd.

Mae cerddoriaeth yn ganolog i bwy ydw i. Ces i fy nrymiau cyntaf pan oeddwn i'n 9 neu 10: hanner set ddrymiau Yamaha, ar ôl fy nghefnder. Roedd yn golygu llawer i fi; gwnaeth fy helpu i ddelio â llawer o rwystredigaeth a dicter, ac roeddwn i'n chwarae i leddfu'r straen.

Y llall a wnaeth fy helpu oedd pennaeth fy ysgol gynradd. Helpodd fi i sicrhau ysgoloriaeth am bum mlynedd gyda Gwasanaethau Cerdd Lewisham a chafodd y cyfnod ei ymestyn am ddwy flynedd arall. Gwnaeth hyn gryn dipyn o wahaniaeth, o ran beth ges i o'i gymharu â'r hyn a gafodd eraill. Dydy fy ffrindiau ers dyddiau'r ysgol gynradd ddim yn gwneud dim byd erbyn hyn. Pan dwi'n cerdded heibio nhw, dwi'n dweud, 'Dwi'n gweithio.' Dwi'n dweud wrthyn nhw beth dwi'n ei wneud, ac maen nhw'n dweud, 'Dwi'n dal i fod ar y stryd.' Pan oeddwn i'n iau, roedd y math hwnnw o fywyd yn cŵl, ond bellach, dwi wedi gweld beth mae'n ei wneud i bobl sy'n byw y tu allan i'r gyfraith: nid dim ond y plant ond hefyd y mamau, y tadau, y chwiorydd a'r brodyr. Dydy o ddim yn dda. Dwyt ti ddim eisiau bod yn y sefyllfa honno. Mae'r hyn wnaeth pennaeth yr ysgol wedi newid fy mywyd i, ac mae'n bechod na fyddai wedi gallu gwneud hynny i fwy o bobl.

Roedd llawer o bobl yn fy erbyn i. Doedd rhai athrawon ddim yn fy hoffi i. Roeddwn i'n fachgen digywilydd. Roedden nhw eisiau gwneud pethau'n waeth, gwneud yn siŵr fy mod i'n mynd i helynt, ond roedd rhai athrawon yn dweud, 'Dydyn ni ddim yn mynd i dynnu sylw at yr ymddygiad hwnnw. Rwyt ti'n dda mewn cerddoriaeth: mi wnawn ni dynnu sylw at hynny.'

Yn yr ysgol uwchradd, dechreuais i dreulio amser yng nghwmni'r criw anghywir. Roedd archfarchnad Sainsbury's wrth ymyl ein hysgol ni. Roedden ni'n arfer dwyn oddi yno a gwneud pethau dwl. Yr enw ar griwiau o'r fath yn Lewisham yw *batches*. Os oeddet ti'n aelod o griw a oedd cael ei dargedu gan griw arall, bydden nhw eisiau ymladd â ti neu ddwyn oddi arnat ti.

Roeddwn i gyda thri aelod arall o fy *batch* i pan ddywedodd hogyn o Eltham wrtha i, 'Os dwi byth yn dy ddal di, dwi'n mynd i dy drywanu di.' Galwais i ar un neu ddau o ffrindiau hŷn i gadw cwmni i fi, ond wnaeth o ddim dangos ei wyneb. Roeddwn i'n dal i'w ddisgwyl, felly hanner ffordd drwy Flwyddyn 9, des i â chyllell i'r ysgol. Roedd sawl rheswm am hynny – ofn yr hogyn, ofn na fyddwn i'n cael fy mharchu petawn i'n colli, ond yn bennaf, ofn a dim byd arall.

Cuddiais y gyllell yn y to, gan feddwl fy mod i'n glyfar. Ces i fy ngalw allan o'r dosbarth a fy chwilio, a dywedais, 'Does gen i ddim byd yn fy mag,' ond gwelson nhw beth roeddwn i wedi'i wneud ar deledu cylch cyfyng. Gwnaethon nhw fy niarddel i, gan ddweud wrtha' i bod angen i fi wneud yn siŵr 'mod i'n dod o hyd i ysgol arall yn gyntaf. Symudais i ogledd Llundain a dod o hyd i goleg ger cartref fy nain.

Yn fy hen ysgol, roeddwn i'n un o'r bechgyn blaenllaw. Doeddwn i ddim yn arwain gang, ond roedd pobl hŷn na fi yn fy mharchu i. Roedd yn deimlad cŵl a aeth hynny i fy mhen i, ond wedyn, sylweddolais i faint o drafferth oedd yn dod yn ei sgil. Os wyt ti'n mynd i helynt, dau ben draw sydd – carchar neu farwolaeth. Wnes i ddim marw, cymaint o weithiau. Yn ôl Mam, mae'r angylion yn fy ngwarchod i.

Pan es i i'r coleg, roedd pobl yn aros y tu allan â chyllyll bob dydd. Erbyn hynny, roeddwn i'n gwybod fy mod i eisiau osgoi helynt. Roeddwn i'n aros yn hwyr yn yr adran gerddoriaeth. Yn y coleg, roedden nhw'n meddwl fy mod i'n mynd i fod yn berson drwg. Ond y gwrthwyneb ddigwyddodd, a gweithiais i'n galed. Gwnaethon nhw fy helpu i symud i le oedd yn teimlo'n fwy diogel. Unwaith eto, roedd yr athrawon wedi fy marnu i ymlaen llaw. Roedden nhw'n disgwyl i fi fod yn drafferthus, wastad yn ymladd. Roedd rhai o fy ffrindiau yno'n treulio amser gyda phobl ddrwg. Gwnaeth un hogyn a'i frawd ddechrau treulio amser mewn gang a gofyn i fi ddod gyda nhw. Aeth yr athrawon â fi o'r neilltu a dweud nad oedd bod yn eu cwmni yn syniad da, a gwnes i eu hosgoi nhw cymaint ag y gallwn i.

Yna, gwthiodd un hogyn yn yr ysgol fi i lawr y grisiau. Dywedais i wrtho, 'Dydw i ddim yn mynd i ymladd â ti.' Roedd o'n dal, a dwi'n eitha' byr. Daeth o ata i eto yn y coridor a dechrau pigo ar fy ffrindiau. Gwnes i ei wthio a gofyn iddo beth oedd yn bod. Dywedais i, 'Beth am siarad?' Dwi'n credu bod clywed hynny wedi'i synnu – gwnes i fy synnu fy hun.

Doedd rhai athrawon ddim yn meddwl fy mod i cynddrwg â'r lleill; roedd athrawon eraill yn dweud fy mod i'n mynd i fod yn un drwg pan fyddwn i'n hŷn. Roeddwn i'n cael fy nhynnu allan o wersi am wneud pethau gwirion. Gwnes i drio mor galed; es i i ddosbarthiadau arbennig er mwyn i'r athrawon weld fy mod i'n wahanol i'r bachgen roedden nhw'n feddwl roeddwn i. Chwarae teg i'r ysgol, roedd y polisi ymddygiad yn llym iawn.

Trwy lwc, dwi wedi byw trwy fy mhrofiadau anodd ac wedi goroesi. Does dim rhaid i ti ymddwyn yn berffaith er mwyn goroesi, ond os yw dy ffrindiau'n mynd i wylio ffeit a thithau'n gwybod bod cyllell gan rywun yno, mae'n well i ti fynd adref. Gallai'r penderfyniad hwnnw achub dy fywyd di. Neu achub bywyd rhywun arall. Chwilia am gyfeiriad arall.

Erbyn hyn, mae cymaint o bobl yn dod ata i yng ngogledd Llundain â chyllyll ac yn gofyn, 'O ble wyt ti'n dod?' Dwi'n esgus fy mod i'n ymwelydd. Dwi'n dweud, 'Dwi ddim o'r ardal; dwi yma fel ffrind,' a maen nhw'n dweud, 'Cŵl.'

Dwi wedi gweld fy nain yn ofni am ei bywyd pan fyddai fy ewythr allan a heb ddod yn ôl am ddeuddydd. Byddai pobl yn dod i mewn i'r tŷ i chwilio amdano, i ble roedd hi'n cysgu, a doedd hi ddim yn gwybod lle'r oedd o. Dylai hynny wneud i ti feddwl, 'Ydy o werth o?' Mae o wedi gwneud y penderfyniad call i symud i ffwrdd a dechrau bywyd o'r newydd.

Mae gweithio yma wedi helpu llawer iawn arna i. Un o fy amcanion yw helpu pobl yn fy sefyllfa i sy'n teimlo ar goll. Mae gen i ffrind a oedd yn bêl-droediwr da. Roedd pobl yn dweud wrtho. 'Gwna hyn gyda phêl-droed, gwna'r llall gyda phêl-droed,' ond wnaeth o ddim. Aethon ni i gampfa crefft ymladd yn Llundain gyda'n gilydd. Roedd y ddau ohonon ni'n wych, a chawson ni wahoddiad i ymuno er mwyn datblygu ein sgiliau, ond ddangosodd o mo'i wyneb. Mae'r ddau ohonon ni'n 17 erbyn hyn. Gofynnais i iddo, 'Beth rwyt ti'n ei wneud?' ac yntau'n ateb, 'Dw i ddim yn gwybod.'

Ces i swydd iddo yn yr archfarchnad lle dwi'n gweithio. Doedd y rheolwr ddim yn hapus ei fod wedi cymryd pum diwrnod i lenwi'r ffurflen gais. Pan gyrhaeddodd o, doedd o ddim yn dangos ymdrech o gwbl. Dywedais i wrtho, 'Dy fywyd di ydy o,' ond dwyt ti ddim yn gallu gorfodi rhywun. Dwyt ti ddim yn gallu gwthio rhywun. Mae'n swnio'n galed, ond weithiau mae'n rhaid i ti ddysgu a phrofi rhywbeth cyn i hynny dy helpu di i fyw dy fywyd.

Mae Canolfan Ieuenctid Copenhagen wedi rhoi cymaint o fanteision i bobl, cymaint o gyfleoedd, gan gynnwys fi. Daeth un hogyn yma i chwarae pêl-droed; erbyn hyn, mae'n actor llwyddiannus. Dwi wedi cael y cyfle, y rhyddid, i wneud beth dwi eisiau ei wneud. Mae'n gwneud i fi ddysgu. Mae'r lle fel peiriant. Rwyt ti'n dod i mewn ac maen nhw'n chwilio am ffordd i dy helpu di. Os nad yw rhywbeth yn gweithio, rwyt ti'n dechrau eto. Rwyt ti'n dod o hyd i ffordd.

Mae lawer o bobl ddim yn hoffi gwrando; dydw i ddim chwaith, ond dwi wedi gweithio ar hynny. Wrth fy ngwaith fan hyn, dwi eisiau i bobl gael sylw am y pethau cadarnhaol maen nhw'n eu gwneud. Yn ogystal â dweud 'Mae pedwar o bobl wedi marw,' byddai'n wych petai'r newyddion yn dweud, 'Ac mae un person wedi cael cytundeb recordio.' 'Mae hwn wedi marw, cafodd hon ei thrywanu, ond mae'r boi yma wedi creu trac ac mae o wedi mynd yn feiral.' Mae'n anodd achos mae 'na rwystrau di-ri i lwyddiant yn y busnes hwn, ond mae 'na lawer o gyfleoedd hefyd.

AMARNI

"Gwthiodd un hogyn yn yr ysgol fi i lawr y grisiau. Dywedais i wrtho, 'Dydw i ddim yn mynd i ymladd â ti.' Dywedais i, 'Beth am siarad?' Dwi'n credu bod clywed hynny wedi'i synnu – gwnes i fy synnu fy hun."

HAPPY D,

19, Glasgow, Yr Alban

"Roeddwn i'n meddwl na fyddwn i byth yn dysgu darllen. Roeddwn i'n meddwl bod gen i ymennydd gwael. Erbyn hyn, dwi'n darllen llyfrau yn araf."

Yn yr ysgol gynradd, doedd yr athrawon ddim yn sylweddoli fy mod i'n methu darllen. Pan oeddwn i'n trio, roedd y llythrennau'n aneglur ac yn symud ar y dudalen. Pan oeddwn i'n 9 oed, gwelodd un ohonyn nhw fy mod i ddim yn ymdopi a dywedodd fod rhywbeth o'i le ar fy llygaid. Es i am brawf llygaid a rhoddon nhw sbectol gwydr lliw i fi. Roeddwn i'n dyslecsig, a sylweddolon nhw fy mod i'n methu ymdopi ag edrych ar bethau mewn du a gwyn.

Ond pan es i i'r ysgol uwchradd, doedden nhw ddim yn gwybod beth i'w wneud â fi. Doedden nhw ddim yn trafferthu gyda fi. Roedden nhw'n gofyn i fi ddanfon negeseuon neu ddweud wrtha i am eistedd ar fy mhen fy hun a thynnu llun.

Roeddwn i'n cael fy mwlio, a phan ddywedais i wrth yr athrawon, y cyfan wnaethon nhw oedd dweud, 'Paid â gadael iddyn nhw dy fwlio di.' Roedd gen i un ffrind yno, ond dywedodd yr athrawon wrthi am beidio â threulio amser yn fy nghwmni i achos bod pobl yn fy mwlio i. Felly roeddwn i'n gyfan gwbl ar fy mhen fy hun. Byddai'r lleill yn dweud pethau fel 'Ha ha, mae ganddo fo sbectol las.' Roedden nhw'n galw enwau arna i ac yn fy ngwthio i. Y peth gwaethaf oedd, pan wnaethon nhw hyrddio yn fy erbyn i ar y ffordd i gael cinio, syrthiais i a brifo fy mhen-glin. Dyma nhw'n chwerthin, a dweud fy mod i wedi cwympo oherwydd 'mod i'n ddall.

Roeddwn i'n teimlo'n gyfan gwbl ar fy mhen fy hun. Doeddwn i ddim yn gwybod beth i'w wneud. Roedd gen i ofn dweud wrth Mam rhag ofn y byddai hynny'n gwneud pethau'n waeth. Dyma adeg waethaf fy mywyd i.

Gwnes i drio'n galed iawn i ddarllen, ond roedden nhw'n mynd â'r llyfrau oddi arna i cyn i fi ddod i ben. Roeddwn i'n meddwl na fyddwn i byth yn dysgu darllen, bod rhywbeth o'i le ar fy llygaid i o bosib, neu fod gen i ymennydd gwael. Pan oeddwn i ar fy mhen fy hun heb neb i siarad â nhw, roeddwn i'n teimlo fel esgymun.

Yn y pen draw, dywedais i wrth Mam beth oedd yn digwydd, a brwydrodd hi er mwyn i fi gael mynd i ysgol lle'r oedd cymorth ychwanegol ar gael. Roedd hyn yn help mawr i fi. Roedd yr athrawon yno'n well o lawer; roedden nhw'n fwy gofalus ohona i a'r plant eraill o lawer. Roedd hi hefyd yn haws cael ffrindiau yno.

Dechreuodd fy niddordeb mewn drama. Roeddwn i wrth fy modd, gan fy mod i'n hoffi perfformio a gwneud i bobl chwerthin. Helpodd un athro yn arbennig gan fy nhywys i drwy fy emosiynau a fy annog i ddefnyddio drama fel platfform i fynegi fy hun. Pan oeddwn i'n darllen yn fwy hyderus, rhoddon nhw ran i fi yn y ddrama *Aladdin*. Es i â'r sgript adref, yn methu credu fy mod i'n mynd i chwarae'r *genie*. Rhan fawr. Roedd o fel bod mewn byd gwahanol. Gwnes i ymgolli yn y cymeriad a pheidio â chymryd fy hun ormod o ddifri. Roedd hi'n wych gweld pobl yn chwerthin gyda fi ac nid ar fy mhen i. Rhoddodd ryw fath o obaith mewnol i fi.

Yn yr ysgol hon hefyd, roedd teclyn darllen o'r enw Toe by Toe. Gwnaeth hwnnw fy helpu i ddarllen yn well yn raddol bach. Doeddwn i ddim yn gwneud dim cynnydd i ddechrau, ond pan oeddwn i'n canolbwyntio a'r athrawon yn canolbwyntio hefyd, gan esbonio popeth yn araf, roedd yn help mawr.

Digwyddodd y newid yn raddol, ond roedd yr ysgol newydd yn ffactor allweddol. Roedd y diwylliant o annog heb farnu yn gwneud i fi deimlo'n gartrefol. Sylweddolais i hefyd fod hiwmor yn gallu bod yn arf gwych i wneud ffrindiau, ac roeddwn i'n gwybod fy mod i'n un da am wneud i bobl chwerthin. Ces i help gan un o'r athrawon,

Mr Ray, i fagu fy hyder. Soniais i wrtho am beth oedd wedi digwydd yn fy ysgol ddiwethaf, a dyma fo'n dweud, 'Edrych arnat ti nawr. Edrycha pa mor bell rwyt ti wedi dod.'

Yn yr ysgol newydd roedd gen i ffrindiau. Os oeddwn i'n cael trafferth, byddwn i'n gofyn am help. Doedd dim rhaid i fi eistedd ar fy mhen fy hun. Erbyn roeddwn i'n 13 neu 14, roeddwn i wedi dechrau darllen. Doeddwn i ddim yn dda iawn, ond roeddwn i'n dechrau dysgu a mynegi fy hun. Roedd yr athrawon yn help mawr i fi.

Erbyn hyn, dwi'n darllen llyfrau yn araf. Byddwn i'n dweud wrth unrhyw un sydd â dyslecsia y bydd pethau'n dod yn raddol, ac os wyt ti'n cael trafferth, mae 'na bobl a fydd yn dy helpu di bob amser.

Petaet ti'n fy 'nabod i ar y pryd ac yn fy ngweld i nawr, byddet ti'n cael trafferth fy 'nabod i erbyn hyn. Wrth sylweddoli pwy oeddwn i, byddet ti'n dweud, 'Waw'. Yn y gorffennol, byddwn i wedi cadw'n dawel a gobeithio na fyddai neb yn fy mwlio; roedd gen i ofn y byddwn i'n gwneud rhywbeth o'i le ac y bydden nhw'n dweud fy mod i'n dwp. Erbyn hyn, bydda ar y llwyfan hwnnw, yn perfformio. Mae fy mywyd i wedi'i drawsnewid.

Dwi wedi sylweddoli dy fod ti'n dechrau darganfod dy ddoniau wrth i ti fynd yn hŷn. Rwyt ti'n dod yn well am ddal dy dir. Dwi'n gallu dal fy mhen yn uchel a bod yn falch o bwy ydw i. Dwi wedi dysgu fy mod i'n gallu gwneud ffrindiau, dwi'n gallu eu gwneud nhw'n hapus a gwneud fy hun yn hapus. Mae Mam yn dweud doeddwn i byth yn siarad, byth byth yn siarad, ond nawr, dwi ddim yn cau fy ngheg!

Bues i hefyd yn gweithio gyda mentor o'r sefydliad Move On, a gwnaeth hyn fy helpu i roi cynnig ar bethau newydd. Dysgon ni sut i chwarae'r gitâr gyda'n gilydd ac roedd yn mynd â fi i chwarae pŵl, i'r sinema ac am bryd o fwyd. Buon ni hefyd i le o'r enw Megabytes, lle'r oedd modd cyfarfod â phobl ifanc eraill a chwarae gemau cyfrifiadurol. Roedd fy mentor fel seinfwrdd i fi. Roeddwn i'n gallu dweud unrhyw beth wrtho ac roedd o'n gwrando. Erbyn hyn, dwi yn y coleg ac mae bywyd mor dda.

Dwi'n credu bod yr arddegau yn gallu bod yn gyfnod anodd oherwydd bod pob math o newidiadau'n digwydd, mewn hormonau ac mewn emosiynau. Ar y llaw arall, mae'n adeg dda i sylwi ar sgiliau a galluoedd eraill – fel actio, yn fy achos i.

Dwi ddim yn siŵr a ydw i'n gallu ysgogi eraill, ond dwi'n meddwl bod pethau drwg yn gallu esgor ar bethau da. Oherwydd fy mhrofiadau fy hun, dwi'n tueddu i beidio â barnu, a dwi'n aml yn sylwi pan dydy pobl eraill ddim yn teimlo'n da. Ddylai pobl ifanc byth roi'r ffidil yn y to. Canolbwyntia ar y bobl gadarnhaol yn dy fywyd, dy deulu neu bobl yn yr ysgol. Dyma'r bobl wnaeth fy helpu i a fy annog i wthio fy hun a mentro y tu allan i fy nghylch cysur. Nhw ysbrydolodd fi i roi cynnig arni. Edrycha ar agweddau ar dy fywyd y gelli di eu newid a chreda ynot ti dy hun.

HAPPY D

 @moveonscotland

"Mae'r arddegau yn adeg dda i sylwi ar sgiliau a galluoedd eraill – fel actio, yn fy achos i."

MOHAMMED,[1]

18, Llundain, Lloegr

"Gwnes i droi fy nghefn ar fy nghrefydd a cholli cysylltiad â fy nheulu ond dwi wedi dod o hyd i fywyd newydd, yn ymgyrchu yn erbyn radicaleiddio a phriodasau dan orfod."

---

[1] Yr enw wedi'i newid.

Er i fi gael fy ngeni i gefndir Mwslimaidd, penderfynais pan oeddwn i'n 16 oed doeddwn i ddim am fod yn rhan o'r grefydd. Roedden ni'n dysgu am wahanol bynciau crefyddol yn yr ysgol, a ddechreuais i gwestiynu pethau. Mae'n debyg y gallech chi ei alw'n argyfwng hunaniaeth. Yn y pen draw, sylweddolais i fy mod i erioed yn fy mywyd wedi gofyn y cwestiynau roeddwn i wedi bod eisiau eu gofyn. Gwnaeth hynny i fi feddwl fy mod i erioed wedi cael dewis.

Ers hynny, yn ystod y ddwy flynedd ddiwethaf, dwi wedi cael trafferth. Dwi wedi esgus bod yn rhywun dydw i ddim. Mae wedi bod yn dreth arna i. Dwi'n teimlo fy mod i wedi colli'r cysylltiad â fy nheulu, gan fod fy rhieni o genhedlaeth wahanol. Dwi'n dal i orfod mynd adref a bod yn rhywle sy'n teimlo'n ddieithr, ond pan dwi ddim yno, dwi'n meithrin bywyd newydd, bywyd gwahanol.

Yn y coleg, dwi wedi dod o hyd i bobl i rannu fy maich i, ac maen nhw wedi bod yn trio fy helpu i ymdopi â fy argyfwng hunaniaeth. Am gyfnod, roeddwn i'n teimlo'n isel a ddim yn gwneud dim byd â fy mywyd, ond nawr dwi wedi dechrau gwneud gwaith allgymorth i elusen, ac mae hyn wedi fy newid i. Dwi'n mynd i ysgolion i siarad ag athrawon, gweithwyr proffesiynol a phlant yno am ymddygiad eithafol: am anffurfio organau cenhedlu benywod – FGM: *female genital mutilation*; am feithrin bechgyn a merched i'w radicaleiddio; trais ar sail anrhydedd; a phriodas dan orfod. Dydy'r rhain ddim yn faterion cyffredin, ond dwi yn eu herbyn nhw i gyd. Dwi eisiau helpu i wneud yn siŵr dydy'r pethau yma ddim yn digwydd. Pan fydda i'n ystyried y materion hyn, dwi'n meddwl, 'Gallai hyn effeithio ar ffrind, cefnder neu gyfnither i fi.'

Dyma pam dwi eisiau gwneud cymaint ag y galla i. Dwi eisiau i bobl dda beidio â dioddef.

Petai fy rhieni'n gwybod beth dwi'n ei wneud, byddai'n effeithio ar enw da'r teulu. Byddai'n warth. Ond does dim ots gen i. Dwi'n mynd i adael cyn gynted ag sy'n bosib. Ond bydden nhw'n teimlo cywilydd. I fi, mae'r hyn dwi'n ei wneud mor bwysig. Dwi'n mynd i'r afael ag eithafion crefydd, traddodiadau a diwylliant. I lawer o bobl, byddai sôn am FGM yn destun gwarth, ond mae angen i fwy o bobl wybod am y pwnc. Mae angen i gymaint o bobl ifanc â phosib feithrin a chodi llais dros beth rydyn ni'n ei gredu sy'n iawn. Yn sgil gweithio i'r elusen, dwi'n cael llwyfan i ymladd yn erbyn difrifoldeb beth sydd wedi bod yn digwydd.

Mae fy ngwaith gwirfoddol yn fy helpu i archwilio fy mywyd newydd. Trwyddo dwi'n cael gweld sut mae pobl ifanc yn gallu clywed y neges a'i rhannu. Dwi wedi cael meddwl drosta i fy hun. Mae'n fy helpu i greu fy mywyd fy hun a fy nhaith fy hun. Wna i ddim gadael i neb arall wneud y dewisiadau hynny drosta i.

MOHAMMED

"Mae angen i gymaint o bobl ifanc â phosib feithrin a chodi llais dros beth rydyn ni'n ei gredu sy'n iawn."

CORIE,

14, Merthyr Tudful, Cymru

"Roeddwn i'n cael fy mwlio yn yr ysgol gynradd. Doedd neb yn meddwl 'mod i'n ffrind addas. Ar fy niwrnod cyntaf yn yr ysgol uwchradd, sylweddolais i fod gen i lechen lân. Gwnes i addo y byddai fy mywyd yn wahanol."

Roeddwn i'n cael fy mwlio yn yr ysgol gynradd. Doeddwn i byth yn cael y cyfle i wneud ffrindiau. Doedd neb eisiau siarad â fi. Doedd neb yn meddwl 'mod i'n ffrind addas. Roedd 'na gymaint o ragdybiaethau amdana i a sut un oeddwn i. Byddwn i'n gwylltio ac yn cicio yn erbyn y tresi, ond doedd neb eisiau siarad â fi o hyd. Roeddwn i'n cael mwy a mwy o enw drwg.

Wrth edrych yn ôl, dwi'n meddwl mai'r rheswm pennaf am hyn oedd oherwydd fy niddordebau (dwi'n hoff iawn o drenau) a fy awtistiaeth. Dwi'n credu eu bod nhw wedi camdybio – fy mod i'n blentynnaidd ac nad oedd angen fy nghymryd i o ddifri.

Roedden nhw'n dod o hyd i rywbeth a fyddai'n fy nghythruddo i ac yn dal ati i'w wneud o. Yn gyson. Bob tro roedden nhw'n gwneud hyn, roeddwn i'n teimlo fy mod i'n cael fy ecsbloetio. Roeddwn i'n unig iawn. Unwaith, bues i'n gwrando ar grŵp oedd flwyddyn yn iau na fi yn sgwrsio, a dwi'n meddwl eu bod nhw wedi dweud fy mod i'n wan.

Pan oeddwn i'n 11 ac yn dechrau'r ysgol uwchradd, roedd y plant eraill o fy hen ysgol gynradd oedd yn dechrau'r un pryd â fi heb fod yn fy mhlagio i. Mae llawer o bobl yn teimlo bod yr ysgol uwchradd yn anoddach na'r ysgol gynradd, ond, yn rhyfedd iawn, ces i fy ffrind cyntaf ar fy niwrnod cyntaf yn yr ysgol newydd hon. Roeddwn i'n sefyll mewn ciw, ac wrth edrych y tu ôl i fi, dyma fi'n meddwl, 'Hoffwn i fod yn ffrind i'r plentyn yna.' Roeddwn i eisiau i 'mywyd i yn yr ysgol hon fod yn wahanol. Cawson ni'n tywys o gwmpas yr ysgol, ac yn y pen draw siaradais i ag e. Roeddwn i'n meddwl ei fod yn wahanol i'r lleill. Y canlyniad oedd i ni ddod yn ffrindiau.

Gwnaeth cael fy ffrind cyntaf roi hwb i fy hyder i, yn bendant. Nawr, bob tro dwi'n cael ffrind newydd, dwi'n rhedeg adref ac yn dweud wrth Mam fy mod wedi cael ffrind a beth yw ei enw.

Pan gerddais i drwy gatiau'r ysgol newydd am y tro cyntaf, sylweddolais i doedd neb yn fy 'nabod i. Roedd hynny'n golygu eu bod nhw'n methu gwneud unrhyw benderfyniad amdana i ymlaen llaw. Roedd gen i lechen lân. Dydw i ddim yn wych am greu argraffiadau da ar yr olwg gyntaf, ond llwyddais i y tro hwn. Sylweddolais i fod pobl yn gallu bod mor wahanol ac mor debyg ar yr un pryd. Mae pobl yn gallu bod yn gas, ac mae pobl yn gallu bod yn ffein. Yn yr ysgol uwchradd, roeddwn i'n gallu gweld hyn.

Pan wyt ti'n cael dy fwlio a does dim ffrindiau 'da ti, mae pobl wastad yn dweud y bydd pethau'n gwella. Wel, galla i gadarnhau bod hynny'n wir. Ar ben hynny, galla i hefyd ddweud y bydd dy orffennol yn dy wneud di'n gryfach. Gwelais i hynny, oherwydd roedd fy mhrofiadau i'n golygu fy mod i wedi datblygu croen trwchus yn erbyn geiriau cas. Dwi'n meddwl fy mod i wedi clywed cymaint o eiriau cas, doedden nhw ddim yn cael effaith arna i rhagor. Hyd yn oed nawr, os yw rhywun yn bod yn gas, mae fy ffrindiau'n gwylltio ar fy rhan i, ond dwi'n trin y sarhad fel jôc neu hyd yn oed fel canmoliaeth – eu bod nhw wedi sylwi arna i ac yn gwneud sylw amdana i. Dydw i ddim yn poeni bellach. Dim ond ambell beth mae pobl yn ei ddweud sy'n fy nghorddi i – os ydyn nhw'n dweud rhywbeth am bethau dwi'n angerddol amdanyn nhw. Yn bennaf, dwi'n corddi pan maen nhw'n sôn am awtistiaeth ac yn dweud rhywbeth maen nhw'n meddwl sy'n wir. Dwi eisiau dweud wrthyn nhw eu bod nhw'n anghywir, ond oherwydd eu bod nhw'n anghywir, dwi hefyd yn gwybod bod beth maen nhw'n ei ddweud ddim yn berthnasol i fi. Felly dyw e ddim yn effeithio arna i go iawn.

Mae cael ffrindiau wedi gwneud bywyd yn haws. Yn bendant. Un o'r rhesymau dwi wedi datblygu'r nerth mewnol hwn yw oherwydd bod gen i fwy o gefnogaeth.

Oherwydd fy mhrofiadau i, dwi wedi datblygu llawer o syniadau ynglŷn â sut i redeg ysgolion mewn ffordd well. Byddai rhaglenni addysg penodol 'da fi i bob myfyriwr, yn enwedig i'r rhai sy'n camymddwyn. Os ydyn nhw'n cael gwybodaeth yn y ffordd anghywir, dyw'r myfyrwyr hynny ddim yn gweld bod eisiau gwrando. Wedyn maen nhw'n cario pobl eraill sydd ddim eisiau dysgu gyda nhw.

Byddwn i hefyd yn cynnig gwers bob dydd neu bob wythnos i ddisgyblion gael gwneud dim byd ond siarad ag athro neu athrawes, a chreu perthynas â nhw. Gallai'r athro wrando a helpu, a byddai hyn yn lleddfu rhai o dy deimladau di.

Hefyd, er mwyn helpu i leddfu straen myfyrwyr, byddwn i'n cael gwared ar brofion a'r pryder sy'n dod gyda nhw. Gyda phrofion, os wyt ti'n cael nifer penodol o atebion yn anghywir ac yn gorfod sefyll yr holl brawf eto, dyna sydd yng nghefn dy feddwl di pan wyt ti'n gwneud y

prawf nesaf. Mae hyn yn dy rwystro di rhag cael y marciau y gallet ti eu cael.

Yn yr ysgol gynradd, roeddwn i'n teimlo bod 'da fi ddim gymaint â hynny i'w gyfrannu. Roedd yn well 'da fi weithio ar fy mhen fy hun oherwydd doedd dim pwynt i fi fod mewn grŵp. Yma, mae 'na bwynt bod mewn grŵp achos mae ffrindiau 'da fi. Mae hyder 'da fi o wybod y bydd rhywun yn gwrando arna i ac y bydda i'n gallu cyfrannu, felly dwi'n meddwl am syniadau sy'n gallu gwneud gwahaniaeth.

Mae'r rhan fwyaf o bobl yn meddwl bod creu syniadau i wneud newidiadau yn beth od i'w wneud. Dydyn nhw ddim yn sylweddoli bod gwneud pethau mewn ffordd wahanol yn gallu ysbrydoli pobl. Mae'r ysgol yn wych ar gyfer pobl allblyg, ond y bobl sydd wir angen help yw'r rhai mewnblyg. Does dim ar gael i ni. Mae popeth yn ymwneud â chymdeithasu, sgwrsio a chael hwyl. Dwi'n falch o fod yn berson mewnblyg. Dwi'n gwybod, hyd yn oed os dwyt ti ddim yn cymdeithasu, dy fod ti'n gallu bod yn berson da. Gelli di ddysgu. Gelli di wneud ffrindiau. Gelli di wneud pethau fel rwyt ti'n eu gwneud nhw. Gelli di achosi newid.

CORIE

"Dwi'n falch o fod yn berson mewnblyg. Dwi'n gwybod, hyd yn oed os dwyt ti ddim yn cymdeithasu, dy fod ti'n gallu bod yn berson da. Gelli di wneud ffrindiau."

NINA,

22, Sheffield, Lloegr

"Bu Mam farw pan oeddwn i'n 14 oed. Roeddwn i'n cael trafferth ag anorecsia ond hyd yn oed ar yr adegau tywyllaf, roeddwn i'n dal i deimlo'i chariad yn ddwfn y tu mewn i fi."

Doedd Mam byth eisiau i fi gael fy mrifo, felly gwnaeth hi fy amddiffyn i rhag beth a oedd yn digwydd yn ystod ei brwydr â chanser. Fyddwn i ddim yn ymweld â hi yn yr ysbyty oherwydd fy mod i'n gwrthod derbyn ei bod hi'n sâl, a wnaeth hi ddim fy ngorfodi i. Dim ond pedwar diwrnod cyn iddi farw y gwnes i ddarganfod bod ei salwch yn derfynol. Dim ond 14 oed oeddwn i.

Mae rhai ohonon ni'n cael ein magu i gredu bod plant yn fregus ac yn wan, a bod oedolion yn gwybod y cyfan. Y gwir amdani yw bod plant yn gwybod ac yn deall llawer mwy nag y mae pobl yn aml yn ei dybio. Rydyn ni hefyd yn cario bregusrwydd plentyn yn ein calonnau, os ydyn ni'n 8 oed neu'n 80 oed.

Wrth edrych yn ôl, roeddwn i'n gwrthod derbyn y peth ac yn claddu fy emosiynau yn ystod salwch Mam. Roeddwn i'n mynegi hynny drwy hunanddistryw a dicter. Dwi'n cofio Mam yn dod adre o'r ysbyty unwaith. Roedd ei gweld hi'n wirioneddol sâl yn anodd iawn, a doeddwn i ddim yn gwybod sut i brosesu'r holl emosiynau amrywiol roedd ei salwch yn ei achosi i fi. Dwi'n cofio gweiddi arni hi am ryw byjamas. Wrth gwrs, nid y pyjamas oedd y rheswm go iawn.

Dyma hi'n dweud wrtha i, 'Dwi'n gwybod dy fod ti'n flin.' Gwnes i wadu hynny, ond roeddwn i'n gwybod fy mod i'n flin. Wrth feddwl am hynny nawr, dwi'n credu fy mod i dan straen fawr wrth feddwl beth fyddai'n digwydd i fi yn emosiynol ac yn ymarferol petai fy ffrind gorau a fy holl fyd yn marw. Ar yr un pryd doeddwn i ddim am dderbyn bod hynny'n bosib.

Y tro olaf i fi weld Mam, roedd hi'n gwingo mewn poen. Bu farw drannoeth, a chefais fy rhoi mewn gofal maeth dair wythnos yn ddiweddarach.

Dechreuodd fy anorecsia tra oedd Mam yn sâl, pan oeddwn i tua 12 oed. Roedd cyfyngu ar beth roeddwn i'n ei fwyta rywsut yn gwneud i mi deimlo fy mod i'n rheoli salwch Mam. Am rai blynyddoedd, roeddwn i'n llwyddo i ymdopi â fy salwch ac ar fy ffordd i wella, er i fi lithro'n ôl pan oeddwn i'n 16 oed, a chael fy anfon i ysbyty meddwl.

Wrth edrych yn ôl, mae'n amlwg nad y bwyd oedd wrth wraidd fy anorecsia. Roedd yn symptom o fy iselder, a minnau'n defnyddio bwyd i gael ymdeimlad o reolaeth dros beth oedd yn digwydd yn fy mywyd, a beth roeddwn i wedi'i golli. I fi, roedd anorecsia yn salwch emosiynol.

Yn ystod fy nghyfnod yn yr ysbyty, dechreuais i reoli fy salwch yn ddigon da i gael treulio pythefnos mewn encil Bwdhaidd. Tra oeddwn i yno, ces i agoriad llygad go iawn, a sylweddoli fy mod i eisiau gwella er mwyn i fi gael gadael yr ysbyty. Sylweddolais i nad oedd cyfyngu ar fwyd yn mynd i wneud i fi deimlo'n well, ond y byddai cael trefn ar fy mywyd o'r newydd yn gwneud. Pan gyrhaeddais i'n ôl o'r ysbyty, gwnes i ryddhau fy hun a dechreuais i mewn coleg chweched dosbarth dair wythnos yn ddiweddarach.

Drwy brofi cymaint o drawma a cholled mor gynnar yn fy mywyd, ces i fy nhynnu allan o unrhyw fath o swigen o gysur y gallwn i fod wedi byw ynddi. Helpodd hyn fi i ddeall yn sydyn iawn bod y byd yn gallu bod yn lle hynod o brydferth, ond ei fod yn llawn poen a thrafferthion hefyd, a bod angen gwneud llawer o waith i helpu eraill. Dwi wedi dysgu malio go iawn oherwydd dwi'n gwybod y gall unrhyw beth effeithio ar unrhyw un, waeth o ble rwyt ti'n dod, a bod cyfrifoldeb ar bobl i ofalu am ein gilydd hyd yn oed os na fydd trafferthion y person arall byth yn effeithio arnon ni'n bersonol.

Roeddwn i'n arfer bod yn berson popeth neu ddim. Roeddwn i'n berson oedd yn ysu i blesio pobl drwy'r amser, yn berson a oedd eisiau achub pawb. Erbyn hyn, dwi ar gael i bobl mewn ffordd sydd ddim yn gwneud niwed i fi fy hun. Mae fy mhrofiadau yn golygu fy mod i'n defnyddio'r boen dwi wedi'i phrofi i drio gwneud gwaith a fydd yn gwneud pethau'n haws i eraill. Dwi wedi gweithio i elusen sy'n gwella gofal i blant mewn ysbytai; dwi wedi mynd ati'n annibynnol i drefnu tair cynhadledd iechyd meddwl ar bynciau sy'n ymwneud ag iechyd meddwl plant, ac wedi cyflwyno sgyrsiau ar y radio, mewn clinigau ysbytai ac mewn digwyddiadau iechyd meddwl. Yn y dyfodol, dwi wir eisiau mabwysiadu plant. Mae cymaint o blant angen cariad ac mae gen i gymaint o gariad i'w roi. Dwi hefyd yn gwybod mai'r rhai anoddaf i'w caru yw'r rhai mae angen cariad arnyn nhw yn fwy na neb. Ar hyn o bryd, dwi'n gweithio fel swyddog cymorth codi arian i elusen sy'n darparu dŵr glân, glanweithdra a hyfforddiant hylendid yng nghefn gwlad Kenya.

Dringais i wersyll cyntaf Everest a darganfod bod gen i ddiddordeb mewn mynydda. Pan dwi'n dringo, dwi'n teimlo'n agos at Mam. Er nad ydw i'n credu yn y cysyniad o bobl farw yn eistedd yn y nefoedd ar gymylau, mae rhywbeth am fod yn agos at gymylau, neu'n uwch na nhw, yn gwneud i fi deimlo'n agos ati.

Dwi'n cofio Mam bob dydd, ac un o'r ffyrdd dwi'n gwneud hyn yw trwy bwyso ar y nerth a roddodd hi i fi. Dwi'n ffodus bod fy llinach i'n llawn o fenywod cryf, ac mae llawer o fenywod cryf o fy nghwmpas i heddiw. Flwyddyn cyn i Mam farw, dywedodd hi wrtha i, 'Dwyt ti byth yn mynd i fod ar dy ben dy hun. Bydda i yma bob amser, yn dy galon,' a dwi'n gwybod bod hynny'n wir. Dwi'n cofio pan fuodd hi farw, wnaeth y fflam oedd gen i y tu mewn i fi ddim diffodd, a hyd yn oed yn ystod yr adegau mwyaf anobeithiol, roeddwn i'n dal i deimlo'i chariad yn ddwfn y tu mewn i fi.

Mae trafferthion fy arddegau wedi fy nysgu cymaint o werth sydd mewn bregusrwydd, cyfaddef na elli di wneud mwy na hyn a hyn a bod yn driw i ti dy hun. Os wyt ti'n cael trafferth, chwilia am bobl rwyt ti'n ymddiried ynddyn nhw a plis, plis paid â bod ofn codi dy lais. Bodau dynol ydyn ni, nid robotiaid, a dydy cael trafferth ddim yn gyfystyr â gwendid. Gall bod yn fregus a chyfaddef nad yw pethau'n iawn fod y nerth mwyaf y gallwn ei ddangos.

NINA

> "Dwi'n defnyddio fy mhrofiad i o boen i drio gwneud gwaith sy'n mynd i hwyluso pethau i bobl eraill. Mae trafferthion fy arddegau wedi fy nysgu cymaint o werth sydd mewn bregusrwydd a bod yn driw i ti dy hun."

KAYDEN,

19, Glasgow, Yr Alban

"Es i i ofal preswyl yn 14 oed. Erbyn hyn, dwi'n gwirfoddoli ym maes gwaith ieuenctid. Dwi'n gwybod bod gen i'r nerth mewnol i newid bywydau pobl ifanc."

Rhwng 14 ac 17 oed, roeddwn i mewn gofal preswyl. Yr adeg honno yn fy mywyd, mae'n debyg mai gofal preswyl oedd y peth gorau a allai fod wedi digwydd i fi. Rhoddodd gyfleoedd newydd i fi, a 'ngwneud i'n berson mwy gofalgar. Roedd symud i gartref grŵp yn anodd ar y dechrau, oherwydd roedd pobl eisoes wedi creu criwiau o ffrindiau, ond daeth hyn yn haws wrth i amser fynd yn ei flaen.

Ces i drafferth gyda bwlio yn yr ysgol, a phobl yn meddwl ei bod hi'n od fy mod i mewn gofal. Roedden nhw'n meddwl fy mod i'n blentyn treisgar neu'n blentyn drwg, mae'n rhaid, ond doeddwn i ddim a dydw i ddim. Es i i'r system ofal oherwydd doeddwn i ddim yn mwynhau bod adre. Doedd Mam ddim yn ymdopi, ac roedd fy mrawd bach wastad yn gwylltio ac yn dyrnu pethau yn y tŷ. Trwy fynd i ofal, roedden ni'n gallu treulio amser ar wahân.

Mewn gofal, dechreuais i fwrw 'mlaen â fy mywyd a dysgu pethau newydd. Cael ffrindiau newydd, treulio amser gyda phobl eraill, mynd allan ar dripiau, ac roedd cymorth un i un ar gael drwy'r amser. Roeddwn i wastad yn cadw fy hun yn brysur, felly doedd dim angen i fi feddwl am yr holl adegau gwael. Roedd bywyd yn fwy cadarnhaol. Pan es i adref ar ôl fy nghyfnod mewn gofal, roedden ni i gyd yn gyrru 'mlaen yn well o lawer gyda'n gilydd.

Oherwydd y bwlio, gadawais i'r ysgol yn 14 oed a mynd i goleg i wneud cyrsiau gofal plant. Dyna'r peth gorau allai fod wedi digwydd i fi. Dwi eisiau bod yn weithiwr ieuenctid a helpu pobl eraill. Bob tro roeddwn i'n cael help, roeddwn i'n gwylio'r bobl a oedd wedi fy helpu i a sylwi ar eu ffyrdd gwahanol o wneud hynny.

Peth arall ddigwyddodd pan es i i'r coleg oedd fy mod i wedi dangos fy ngherddoriaeth i weithwraig ieuenctid. Dywedodd hi fod y gerddoriaeth yn dda ac y dylwn i ddechrau perfformio a recordio ambell gân. Dwi'n rapio am fod mewn gofal, fy mhrofiadau personol a beth sydd wedi digwydd i fi yn fy mywyd. Dwi'n gwneud hyn er mwyn i fi allu helpu pobl ifanc eraill sydd yn yr un sefyllfa ag yr oeddwn i ynddi bryd hynny. Dwi'n gwirfoddoli gyda grwpiau cerddoriaeth, sy'n rhoi cyfle i fi helpu pobl ifanc i gymryd rhan mewn ysgrifennu cadarnhaol, a dwi'n eu helpu i greu eu rapiau a'u *beats* eu hunain. Heb y weithwraig ieuenctid honno, mae'n debyg na fyddwn i wedi credu bod gen i'r gallu i wneud beth dwi'n ei wneud nawr. Ysgrifennu cerddoriaeth yw un o'r prif bethau sydd wedi fy helpu i – gallu mynegi fy hun a'i rannu â phobl o fy nghwmpas i.

Dwi'n gwybod bod gen i'r nerth mewnol i newid bywydau pobl ifanc, yn enwedig pobl ifanc sy'n wynebu sefyllfaoedd anodd: bod mewn gofal, gadael gofal, hunan-niweidio, camddefnyddio alcohol a chyffuriau. Dwi'n mwynhau cael y cyfle i gysylltu â phobl ifanc a darganfod beth galla i ei wneud i helpu eu sefyllfaoedd. Dwi'n gwirfoddoli ym maes gwaith ieuenctid ar hyn o bryd, a dwi'n gwybod fy mod i'n helpu i newid agwedd y bobl ifanc ar fywyd.

Os ydyn ni'n gwneud y newidiadau yn ystod ein harddegau, mae'n golygu y bydd pethau'n haws pan fyddwn ni'n oedolion. Os na fyddwn ni'n trio newid nawr, fydd gennym ni mo'r amser pan fyddwn ni'n oedolion, a bydd ein bywydau'r un fath am byth. Dwi'n credu y dylai pob person ifanc gael y cyfle i fod y person maen nhw'n dymuno bod, ac os yw hynny'n golygu newid bywyd nawr, dyna beth dylen nhw ei wneud.

Mae wastad amser ar gael i newid. Gwna beth sy'n teimlo'n iawn i ti. Dwi wedi bod lle'r wyt ti nawr, a dwi wedi dod allan y pen arall, felly gelli di wneud hynny hefyd. Tria weld ochr gadarnhaol yn y pethau negyddol. Bydd hyn yn gwneud dy fywyd di'n haws o lawer.

KAYDEN

@moveonscotland

> "Dwi eisiau bod yn weithiwr ieuenctid a helpu pobl eraill. Bob tro roeddwn i'n cael help, roeddwn i'n gwylio'r bobl a oedd wedi fy helpu i a sylwi ar eu ffyrdd gwahanol o wneud hynny."

BEN,

23, Llundain, Lloegr

> "Ar hyd fy oes, roedd pobl wedi dweud mai tomboi oeddwn i, ond roeddwn i'n gwybod fy mod i'n fwy na hynny. Roedd gen i deimladau dyfnach."

Pan oeddwn i'n 2 oed, dwi'n cofio trio mynd i'r tŷ bach yn sefyll. Yn 5 oed, roedd gorfod gwisgo ffrogiau a cholur yn fy nrysu i: roeddwn i gymaint hapusach yn gwisgo tracwisg. Beth roeddwn i wir eisiau gallu ei wneud oedd tynnu fy nghrys pryd bynnag oeddwn i eisiau, fel y bechgyn. Dwi'n credu fy mod i wastad wedi teimlo fy mod i yn y corff anghywir, ond wnes i ddim dweud hynny.

Cafodd fy mrawd a fi ein gwahanu oddi wrth ein rhieni yn ifanc iawn, a ches i fy magu yn y system ofal. I ddechrau, roedden ni mewn cartrefi gofal. Pan oeddwn i'n 4 oed, aethon ni i aros gyda fy modryb a'i phlant.

Roedd gan fy modryb bedwar o blant, a chawson ni i gyd ein magu gyda'n gilydd. Tomboi oeddwn i, ac eisiau bod fel fy mrawd mawr a'i ffrindiau. Roeddwn i eisiau gwisgo dillad bechgyn a doedd dim ots gen i faeddu mewn mwd. Roedd fy nghyfnither yr un fath ond wedyn, yn 10 neu 11 oed, dechreuodd hi fynnu edrych yn fwy merchetaidd, ond wnes i ddim.

Ar hyd fy oes, roedd pobl wedi dweud, 'Tomboi wyt ti,' ond roeddwn i'n gwybod fy mod i'n fwy na hynny. Roedd gen i deimladau dyfnach.

Dyma benderfynu dechrau darllen am sut beth oedd bod yn gaeth mewn corff gwahanol ac, yn 9 oed, gwnes i fagu'r dewrder i drafod sut roeddwn i'n teimlo â fy mrawd. Dyna'r sgwrs anoddaf i fi ei chael erioed. Roedden ni wedi bod gyda'n gilydd drwy gydol ein hoes, ac roeddwn i'n meddwl y gallwn i ddweud wrtho. Ar ôl anadl ddofn, daeth y cyfan allan yn un llif, a minnau'n dweud fy mod i eisiau bod yn frawd bach iddo, nid yn chwaer fach.

Yn anffodus, wnaeth o ddim derbyn beth roeddwn i'n ei ddweud. Roedd o eisiau fy 'nhrwsio' i. Roedd hyn yn torri fy nghalon. Doedd o ddim yn gallu derbyn pwy oeddwn i.

Ar ôl hyn, roeddwn i'n teimlo y dylwn i beidio â dweud dim byd. Roeddwn i'n gwybod nad oedd y rhagenw 'hi' yn iawn i fi, ond roeddwn i'n meddwl ei bod hi'n fwy diogel encilio unwaith eto.

Yn 11 oed, dechreuais i fynd i un o ysgolion uwchradd Eglwys Loegr. Erbyn hyn roedd gen i fwy o hyder, a gofynnais i'r athrawon fy ngalw i'n 'fo' a defnyddio'r enw 'Ben', ond doedd dim llawer o groeso i fod yn hoyw ac yn draws. Ces i fy mwlio am fod yn wahanol i'r merched eraill – doeddwn i ddim yn cydymffurfio â'u byd nhw – ond gwnaeth y myfyrwyr ddygymod yn well â'r sefyllfa na'r athrawon. Roeddwn i'n cael fy nhrin yn wahanol i bawb achos fy mod i eisiau bod yn fi fy hun. Ces i dorri fy ngwallt yn fyr, a ches i fy nghadw yn y dosbarth ar ôl oriau ysgol oherwydd hyn. Dywedodd un athro hyd yn oed, 'Wyt ti'n siŵr nad dim ond tomboi wyt ti? Roedd gen ti fachgen yn gariad.' Achosodd hyn gymaint o rwystredigaeth a dicter. Es i drwy gyfnodau o hunan-niweidio, yn torri fy hun, pan oeddwn i'n meddwl ei bod hi'n well i fi frifo fy hun gan fod pawb arall yn fy mrifo i. Roeddwn i'n gaeth i hyn am rai blynyddoedd, a dyna pryd dechreuodd yr hwyliau isel, yr iselder a'r gorbryder.

Roedd un o'r athrawon yn brwydro o 'mhlaid i a gwnaeth hyn bethau cymaint yn well. Roedd yn dweud wrth ei gyd-weithwyr, 'Os mai dyma mae o eisiau, dylen ni drio'i wneud o'n hapus. Pan mae o yn y dosbarth, pam na allwn ni gyfeirio ato fo fel Ben?' Roedd gwybod bod gen i un person yn gefn i fi yn gwneud cymaint o wahaniaeth. Dwi'n dal i gadw mewn cysylltiad â'r athro hwnnw hyd heddiw. Ces i help ganddo fo hyd yn oed i ddweud wrth fy modryb, gan ei ffonio hi un noson i drafod beth oedd yn digwydd. Dangosodd erthygl i fi yn y papur newydd am ddau ffrind a oedd wedi mynd i ysgolion uwchradd gwahanol. Pan oedden nhw'n hŷn, roedden nhw wedi cyfarfod eto, ac roedd un wedi trawsnewid. Dyna beth oedd athro yn mynd yr ail filltir.

Dwi'n cofio'r union adeg pan atebodd fy modryb ei alwad ffôn. Roeddwn i'n meddwl, 'Mae 'na glamp o ffrae ar y ffordd,' ond ddigwyddodd hynny ddim. Soniodd wrtha i wedyn ei bod hi wedi ystyried a oedd mwy i fy sefyllfa i na'r awydd i wisgo dillad bechgyn, ond ei bod hi ddim eisiau rhoi syniadau yn fy mhen.

Dwi'n agos iawn at fy nain, ond roedd hi yn ei 70au ar y pryd. I'r genhedlaeth honno, roedd hyn yn rhywbeth doedd ddim yn cael ei drafod. Roedd hi'n anodd iddi hi ddeall, yn sicr.

Pan ddes i ar draws yr elusen Gender Intelligence, gwnaeth hynny fy annog i ddod allan yn llwyr yn 13 oed. Gwnaethon nhw fy nghefnogi i pan oedd pobl eraill wedi troi eu cefnau arna i. Roedd yn rhaid i fi guddio llythyrau gan y clinig rhywedd roeddwn i'n ei fynychu, a doeddwn i ddim yn gallu cymryd meddyginiaeth rhwystro'r glasoed gan na fyddai fy modryb yn cytuno i hyn, ac roedd angen caniatâd arna i gan fy ngwarcheidwad. Petai hi wedi cytuno, byddai bywyd wedi bod yn haws o lawer. Fyddwn i byth wedi gorfod profi'r mislif, fyddai fy mronnau i ddim wedi tyfu a fyddwn i ddim wedi bod angen llawdriniaeth.

O'r diwedd, pan oeddwn i'n 19 oed ac yn oedolyn, roeddwn i'n cael gwneud fy mhenderfyniadau fy hun. Roedd hi'n rhy hwyr i flocio fy hormonau benywaidd, ond dechreuais i gymryd yr hormon gwrywaidd testosteron. O'r pwynt hwnnw ymlaen, roeddwn i'n teimlo fy mod i'n gallu bod yn fi fy hun. Ces i fy nerbyn fel bachgen yn y coleg. Dechreuodd blew dyfu ar fy wyneb, aeth fy llais yn ddyfnach, ac yn 21 oed, ces i'r llawdriniaeth roeddwn i wedi bod yn disgwyl amdani ers talwm.

Fel person, dwi wastad wedi bod â'r meddylfryd, 'Galla i fod yn debycach i fi. Galla i fod yn hapusach.' Pan giliodd y dysfforia rhywedd, newidiodd fy mywyd. Roeddwn i'n teimlo'r ffordd y dylwn i deimlo; roedd gen i fy hunaniaeth; roeddwn i y fi go iawn. Roeddwn i wedi bod trwy gymaint ac mae hynny wedi caniatáu i fi helpu eraill i gael trefn ar eu bywydau nhw. Gobeithio na fyddan nhw'n wynebu cymaint o heriau ag y gwnes i.

Byddai ymyrraeth gyflymach a dealltwriaeth well yn golygu gallu byw heb y pryder sy'n dod yn sgil dysfforia rhywedd.

Erbyn heddiw, mae pobl yn dod allan pan maen nhw gryn dipyn yn iau. Pan ddes i allan, roeddwn i'n meddwl mai fi oedd yr unig un. Mae mwy o fodelau rôl nawr. Mae mwy o sôn am y pwnc ar y cyfryngau. Yn y gorffennol, roedden ni'n dal yn ôl am wahanol resymau. Weithiau, roedden ni'n ofni tynnu'n groes i'n teuluoedd, neu i'n crefydd. Beth sydd bwysicaf – hynny neu ein hapusrwydd? Mae'n dipyn o benbleth.

Dwi'n benderfynol. Os ydw i wedi penderfynu gwneud rhywbeth, dyna ni. Dydw i ddim yn un sy'n dilyn ôl troed pobl eraill.

Mae fy modryb wedi meddalu gryn dipyn ers iddi weld y newidiadau a chymaint hapusach ydw i. Wnes i erioed ei cholli hi, ac mae hynny'n bwysig i fi. Mae fy nain yn fy ngalw i'n Ben ac yn dweud 'fo'. Mae hi heb dderbyn y peth yn llwyr eto, ond dydy hi ddim yn bell ohoni. Mae hi'n gwybod na fyddwn i mor fodlon fy myd petawn i heb drawsnewid.

Mae gen i fywyd da. Rwyt ti'n colli pobl ar y ffordd, ond rwyt ti'n cael gafael ar bobl eraill hefyd.

Am gyfnod hir, roeddwn i'n poeni y byddwn i ar fy mhen fy hun. Nawr, mae gen i bartner gwych a swydd wych fel arweinydd gweithgareddau. Un o'r pethau pwysicaf dwi'n ei wneud yw cyflwyno sgyrsiau mewn ysgolion. Y sgyrsiau y byddwn i wedi hoffi eu clywed pan oeddwn i'n ifanc. Dwi wastad yn dweud, 'Cymer gamau bach. Paid â rhuthro. Mae bod ag un neu ddau o bobl rwyt ti'n gallu siarad â nhw ac ymddiried ynddyn nhw yn beth gwych. Dywed wrthyn nhw sut rwyt ti'n teimlo, aros i weld sut maen nhw'n ymateb, a dos o fanno.'

'Paid â rhoi'r gorau iddi. Dwi'n gwybod ei bod hi'n anodd ond bydd yn gryf.'

Yn y byd traws, bydd rhwystrau bob amser. Y peth pwysig yw cael y cymorth mae ei angen arnat ti. Mae teuluoedd yn derbyn pethau yn y pen draw; ond mae'n cymryd amser. Mae newid rhywedd yn effeithio ar bawb, ond os wyt ti'n gwneud dim byd ond poeni am farn pobl eraill, rwyt ti'n anghofio canolbwyntio ar dy hapusrwydd dy hun. Os ydyn nhw'n dy garu di, bydd pobl eisiau i ti fod yn hapus. Gelli di wneud penderfyniadau sy'n creu bylchau, ond yn y dyfodol, bydd yr un penderfyniadau'n gallu cau'r bylchau eto.

Dwi'n gwybod y byddai bywyd wedi bod cymaint yn haws petawn i wedi cael fy ngeni'n fachgen, ond byddwn i heb gael yr un profiadau. Fyddwn i ddim yn gallu dylanwadu ar genhedlaeth heddiw. Mae popeth dwi wedi bod trwyddo wedi golygu fy mod i wedi cyfarfod â fy mhartner, ac wedi cyfarfod â'r ffrindiau sydd gen i nawr. Dwi'r un rydw i heddiw diolch i'r heriau dwi'u eu profi.

BEN

@thisguystransition_8
self_made_boy_8

"Dwi'n cyflwyno sgyrsiau mewn ysgolion – y sgyrsiau y byddwn i wedi hoffi eu clywed pan oeddwn i'n ifanc."

7... HELPU ERAILL

WILL,

15, Llundain, Lloegr

"Roeddwn i'n gwybod cymaint am ganser y prostad ac yn gwybod petaen ni ddim ond yn gallu darbwyllo hyd yn oed un dyn i gael prawf ac achub dim ond un bywyd, y bydden ni wedi gwneud ein gwaith."

Roedd pawb yn dathlu ar ddiwrnod agoriadol Gemau Olympaidd Llundain 2012, ar wahân i fy nheulu i. Dyma'r diwrnod y cafodd fy nhad ddiagnosis o ganser y prostad.

Roedd Dad yn gymharol ifanc; roedd yn ei bedwardegau hwyr, felly'n iau na'r oedran sy'n dioddef fel rheol. Roedd yn gwneud gwaith corfforol, felly petai'n dioddef poen, byddai'n penderfynu mai ei waith oedd ar fai. Mewn ffordd, roedd bron iawn wedi rhoi diagnosis iddo fe'i hun. Os wyt ti'n dangos unrhyw symptomau, dwi'n gwybod erbyn hyn bod angen i ti wneud rhywbeth am y peth. Yr unig ffordd o ganfod canser yn gynnar yw trwy fynd at dy feddyg teulu.

Roedd y diagnosis a salwch Dad yn sioc enfawr i fy nheulu. Trodd ein bywydau ben i waered. Roedd yn gwbl annisgwyl. Roeddwn i'n 11 oed ac roeddwn i'n 'nabod fy nain a fy nhaid yn dda. Roeddwn i'n meddwl y byddai Mam a Dad byw tan eu 80au hwyr, yn union fel nhw. Pan sylweddolais i cymaint roedd y canser wedi datblygu, sylweddolais i na fyddwn i'n cael cwmni fy nhad am ran helaeth o fy mywyd. Alla i ddim disgrifio'r sioc.

Adeg y diagnosis, dwi ddim yn meddwl 'mod i wedi deall yn iawn pa mor gymhleth oedd y clefyd. Doeddwn i erioed wedi clywed amdano ac roeddwn i mor ifanc. Dwi'n caru fy nhad ac roedd yn arwr i fi. Roeddwn i'n methu credu bod hyn yn digwydd iddo fo. Roedd hi'n amhosib dychmygu bywyd hebddo fo.

Mae'r rhan fach o fy mywyd ges i gyda Dad yn rhywbeth bydda i wastad yn ei gofio. Mae hynny'n beth cadarnhaol iawn i fi. Treuliais i bron pob dydd o fy mywyd yn ei gwmni. Dad oedd y gofalwr yn fy ysgol i, felly roeddwn i'n mynd i'r gwaith yn ei gwmni hyd yn oed yn ystod y gwyliau. Yn ystod y tymor, roeddwn i'n mynd gydag o'n gynnar i'r ysgol, ac yn dod adre'n hwyr pan fyddai'n gorffen ei waith. Doedd hynny ddim fel petai'n bwysig iawn ar y pryd, ond mae'n rhywbeth dwi'n ei drysori erbyn hyn.

Roedd Dad yn arfer cario swp mawr o allweddi ar ei wregys. Pan oeddwn i'n eistedd yn y dosbarth, byddwn i'n clywed sŵn yr allweddi'n taro yn erbyn ei gilydd. Byddwn i'n gwybod bod

Dad newydd gerdded i fyny'r grisiau y tu allan i'r ystafell, ac yn edrych drwy'r ffenest yn y drws a'i weld yn cerdded heibio. Os oeddwn i eisiau siarad ag o unrhyw bryd yn ystod y dydd, roeddwn i'n gwybod ei fod yno a byddai'n gwneud amser ar fy nghyfer i. Roeddwn i wastad yn gallu dibynnu arno fo i ofalu amdana i.

Byddwn i'n dweud bod Dad yn ddyn 'macho'; roedd yn galed fel haearn. Byddai'n fy ngwarchod i rhag unrhyw beth drwg. Roedd o bob amser yn gadarnhaol, ac yn credu mewn helpu eraill.

Cafodd ei eni a'i fagu yn Llundain a'i hoff glwb pêl-droed oedd Millwall. Drwy gyd-ddigwyddiad, yn yr un flwyddyn ag y cafodd Dad ei ddiagnosis, dechreuodd clwb Millwall bartneriaeth gyda Prostate Cancer UK. Cysylltodd Mam a Dad â'r elusen a gwnaethon ni i gyd gymryd rhan, gan hybu ymwybyddiaeth a chodi arian ar gyfer canser y prostad. Roedd Millwall yn wych, yn help mawr, a gwnaethon nhw gyfrannu llawer at yr achos.

Dwi'n credu mai Millwall sbardunodd ymgyrch canser y prostad yn y byd pêl-droed. Mae un dyn du o bob pedwar ac un dyn gwyn o bob wyth yn cael eu heffeithio. Mae pêl-droed yn dal i allu bod yn gêm eithaf gwrywaidd, a phan wyt ti'n edrych o gwmpas y stadiwm ac yn gweld 10,000 o bobl yno, a'r rheini'n ddynion yn bennaf, rwyt ti'n meddwl, 'Beth yw'r tebygolrwydd bod y bobl yma'n marw o ganser y prostad?' Mae hynny'n dy wneud di'n ymwybodol o wir faint y broblem. Os wyt ti'n cael diagnosis ac yn gwybod amdano, mae gen ti gyfle. Yn anffodus, daeth y diagnosis yn rhy hwyr i ni.

Mae llawer o bobl yn dweud fy mod i'n debyg i Dad, bod ei nerth mewnol ynof i. Pan oeddet ti'n ei weld yn dechrau dirywio, yn dechrau defnyddio ffon, wedyn cadair olwyn, ac yna'n gaeth i'r gwely, yn methu teimlo'i goesau, roeddet ti'n dal i allu gweld ei rinweddau. Roedd yn barod i frwydro heb ildio byth. Gobeithio fy mod i wedi dysgu hynny ganddo.

Diolch i'n gwaith dros yr elusen, gwnaethon ni dreulio llawer o amser buddiol gyda'n gilydd ar ôl iddo roi'r gorau i'w gwaith. Roedd y teulu i gyd yn cymryd rhan.

Y flwyddyn honno, cafodd Dad wahoddiad gan Prostate Cancer UK a Sky Bet i fod yn westai anrhydeddus yng ngemau ail gyfle'r Bencampwriaeth, fel llysgennad i'r elusen ac i anrhydeddu'r hyn roedd wedi'i gyflawni. Rydyn ni'n dod o gefndir cyffredin iawn, a dyna lle'r oedden ni: yn gyntaf, Dad ar y cae, yn ysgwyd llaw â'r chwaraewyr i gyd, yna'n eistedd i wylio'r gêm o'r bocs brenhinol yn Wembley. Roedd Dad wedi bod ar y cae yn Millwall hefyd. Bob tro dwi'n mynd i gêm nawr, dwi'n meddwl, 'Mae Dad wedi cerdded ar y cae yna.' Dwi hefyd yn bwrw golwg ar y plac ar y wal ag enw Dad arno. Dwi wastad yn teimlo'i fod o gyda fi, ond yn fwy fyth felly pan dwi'n gweld y plac. Daeth staff ac uwch-swyddogion clwb Millwall a Prostate Cancer UK i'w angladd a sôn am Dad. Gwnaethon nhw ysbrydoli Dad. Fel ail ddos o ffisig.

Roeddwn i'n gwybod cymaint am ganser y prostad, ac yn gwybod petaen ni ddim ond yn gallu darbwyllo un dyn i gael prawf ac achub dim ond un bywyd, y bydden ni wedi gwneud ein gwaith. Dyna beth wnaeth fy ysbrydoli i barhau i ymgyrchu ac i godi arian dros yr elusen.

Y flwyddyn honno yn y Deyrnas Unedig, bu farw 10,000 o ddynion o ganser y prostad, ond mae'r nifer yn uwch erbyn hyn. Trefnodd yr elusen her 10,000. Roedd yn rhaid i chi gael eich noddi i wneud rhywbeth 10,000 o weithiau i godi arian. Casglais i 10,000 o geiniogau, a hynny ar ddau achlysur. Wrth i fi ddechrau ar y gwaith

o godi arian, £1,000 oedd fy nharged, ond aethon ni y tu hwnt i hynny yn hawdd.

Chwe mis oedd rhwng Dad yn gallu cerdded yn iawn ac wedyn yn methu defnyddio'i goesau. Roedd yn anodd gwylio hyn a'i weld yn gaeth i un ystafell. Roeddwn i eisiau treulio amser yn gwneud pethau yn ei gwmni, ond roedd o'n gaeth i'w wely. Doedden ni ddim yn gallu chwarae pêl-droed na mynd â'r ci am dro. Doedden ni ddim hyd yn oed yn gallu chwarae gwyddbwyll.

Tua'r diwedd, roedd yn teimlo fel petai o'n mynd i'r ysbyty am drallwysiad gwaed bob wythnos. Bu Dad mewn cymaint o ysbytai gwahanol a chael cymaint o driniaethau. Dwi'n meddwl fy mod i'n gwybod yng nghefn fy meddwl y byddai Dad yn marw. Doedd o ddim wastad ar fy meddwl i, ond pan oeddwn i'n gweld effeithiau'r driniaeth, y colli gwallt, roeddwn i'n gwybod ei fod mewn poen, er ei fod yn dweud ei fod yn iawn.

Yn ddiweddarach, ar ôl i Dad fethu defnyddio'i goesau, byddwn i'n helpu i'w godi i mewn ac allan o'r gwely. Doedd o ddim yn beth braf bod Dad yn methu gwneud hynny ei hun, ond y cyfan ro'n i'n gallu'i wneud oedd derbyn y sefyllfa.

Dwi'n meddwl bod mynd i'r ysgol yn cynnig seibiant i fi. Roedd yn golygu gweld rhywbeth gwahanol, gweld fy ffrindiau, anghofio am y gofid. Wrth fynd i'r ysgol, roeddwn i'n gwybod y byddwn i'n dod adref ar ddiwedd y dydd a gweld Dad. Unwaith, es i ar drip ysgol i Ffrainc am y diwrnod. Dirywiodd iechyd Dad yn ystod y dydd, ac roedd o i fod i gael ei ruthro i'r ysbyty, ond rhwystrodd Dad y parafeddygon rhag mynd â fo er mwyn i fi allu sôn wrtho am fy niwrnod cyn iddo adael.

Dwi'n meddwl bod salwch Dad wedi fy helpu i aeddfedu. Dwi wedi bod trwy gymaint fel plentyn ac wedi gorfod tyfu i fyny'n gyflym. Dwi'n meddwl fy mod i'n helpu mwy o gwmpas y tŷ ac wedi dod yn fwy cyfrifol.

Bu farw Dad yn 2015. Mae'r golled yn ofnadwy ond, fel dwi'n dweud, mae o gyda fi o hyd.

Mae fy ffrindiau wedi bod yno i fi erioed hefyd. Roeddwn i'n arfer gwerthu bathodynnau Prostate Cancer UK iddyn nhw ac maen nhw'n dal i'w gwisgo nhw ar eu cotiau ysgol hyd heddiw. Mae hynny'n fy atgoffa i eu bod nhw wedi bod yn gefn i fi drwy bopeth sydd wedi digwydd.

Yn sgil beth ddigwyddodd i Dad, dwi wedi dysgu byw yn yr ennyd, a gwneud y gorau o bob dydd. Weithiau, fydd dim yfory. Mae pob eiliad yn arbennig, felly treulia amser gyda dy deulu a cheisia greu atgofion. Dyna byddan nhw yn ei drysori, a byddi di yn eu trysori nhw hefyd.

Os yw rhywun yn dioddef, mae'n werth i ti gymryd amser allan o dy ddiwrnod er eu mwyn nhw. Trefnodd un o'r athrawon yn yr ysgol gystadleuaeth bêl-droed pump bob ochr i godi arian i'n cefnogi ni. Roedd Dad yn gwybod ein bod ni'n codi arian at yr achos a oedd yn mynd i'w ladd. Roedd hynny'n golygu llawer iddo.

Mae'n bosib y bydd rhai pobl yn gweld pethau'n wahanol, ond os wyt ti'n gweld rhywun annwyl yn dirywio, dwi'n credu ei bod hi'n anodd i ti ond yn anoddach fyth i'r un sy'n dioddef. Daw eto haul ar fryn.

Dwi'n dal i godi arian. Erbyn hyn, dwi'n agosáu at gyfanswm o £7,000. Daeth un o ffrindiau Dad yn yr ysgol draw i baentio'r nenfwd yn ein tŷ ni, a daeth â jar fawr o ddarnau 5c gydag o. Mae fy modryb ac ewythr yn berchen ar siopau gwerthu bara a brechdanau, ac maen nhw wedi casglu arian yno. Dwi wedi ysgrifennu blog, 'My Man of Men', am daith ein teulu ni er mwyn helpu pobl eraill i ddeall sut beth yw'r afiechyd a pham mae angen i ni ei drechu ar frys. Fel person ifanc, dwi'n llawn syniadau ac mae gen i dân yn fy mol i wneud i hyn ddigwydd. Dwi'n ysgrifennu am ganser y prostad o safbwynt rhywun yn ei arddegau. Yn ddiweddar, ysgrifennais i hyn: 'Dwi'n lwcus bod gen i rieni anhygoel sy'n fy ngharu i, er nad yw un ohonyn nhw yma gyda ni.'

Fwy a mwy fel cymdeithas, rydyn ni'n meddwl mai pobl ariannog neu enwog yw'r bobl ddylanwadol. I'r cyfryngau cymdeithasol mae'r diolch am hynny. Bydd y genhedlaeth newydd, y genhedlaeth iau, yn cael ei hanwybyddu weithiau, heb gydnabod bod ganddi ddylanwad. Ond mae gennym ni syniadau a allai fod yn fuddiol. Rydyn ni'n gweld y byd gyda llygaid gwahanol. Rydyn ni'n barod i dderbyn syniadau newydd. Ni yw'r dyfodol, y rhai fydd yn gwneud gwahaniaeth, felly beth am ddechrau gwrando arnon ni nawr, yn hytrach nag yn y dyfodol? Mae angen y platfform arnon ni i wneud hyn.

Byddwn i'n hoffi annog pobl ifanc, y genhedlaeth nesaf, i wneud gwahaniaeth. Mae 'na ddewis. Eistedd a chwarae ar dy Xbox a gwylio'r teledu neu fynd allan i'r byd a chreu newid. Dyna syniad dwi'n credu ynddo.

Dwi wedi bod yn dyst i'r fath haelioni a charedigrwydd o ran sut mae pobl, gan gynnwys pobl ifanc, wedi dangos eu teyrngarwch a'u cyfeillgarwch i fi. Mae hyn yn beth mor bwysig. Dwi'n gwybod eu bod nhw'n poeni amdana i, ac maen nhw'n dangos empathi. Efallai fod y genhedlaeth hŷn ychydig yn geidwadol ei ffordd, a does dim disgwyl i bobl hŷn ddeall syniadau a meddylfryd y genhedlaeth iau. Y cyfan y mae ei angen ar bobl ifanc yw'r hyder a'r cyfle i wyntyllu eu syniadau. Gallwn ni weithio gyda'n gilydd, ac os ydyn ni'n atal un person rhag marw, byddwn ni wedi cyflawni ein nod.

WILL

🐦 @ProstateUK
🌐 https://mymanofmen.wordpress.com/tag/william-kilgannon

> "Bydd y genhedlaeth newydd, y genhedlaeth iau, yn cael ei hanwybyddu weithiau, heb gydnabod bod ganddi ddylanwad. Ond mae gennym ni syniadau a allai fod yn fuddiol. Rydyn ni'n gweld y byd gyda llygaid gwahanol."

MARTIN,
16, Glasgow, Yr Alban

""Os wyt ti'n gweld rhywun yn cael ei fwlio neu'n dioddef, mae 'na ran naturiol ohonot ti sy'n meddwl, 'Dydy hyn ddim yn iawn. Dydy hyn ddim yn deg.' Dydy hi ddim yn teimlo'n iawn i beidio ag ymyrryd pan mae rhywbeth o'i le."

Mae gen i swydd ran-amser mewn fferyllfa ac mae un o'r fferyllwyr yno wedi dylanwadu'n fawr arna i o ran sut mae hi'n gwneud ei gwaith. Mae'n fwy na dim ond sut mae hi'n gwneud ei gwaith. Mae hi'n mynd allan o'i ffordd i helpu pobl. Nid dim ond yn argymell meddyginiaeth fuddiol; ond yn gwrando go iawn ar y cwsmer. Mae rhai'n dweud bod fferylliaeth yn fyd anhygoel o lwgr, a phobl yn dilyn gyrfa yn y maes er mwyn yr arian yn unig. Ond mae hi'n ei wneud oherwydd ei bod hi'n caru ei swydd.

Dwi'n hoffi'r syniad o newid y byd, ond dwi wastad wedi ffafrio'r syniad o wneud hynny o safbwynt meddygol. Gwnes i gofrestru gyda phrosiect Anthony Nolan i gyfrannu bôn-gelloedd, er fy mod i'n casáu nodwyddau. Dwi'n aros i glywed a yw fy nghelloedd i'n addas. Dwi wir yn gobeithio y bydda i'n gallu rhoi rhywbeth, er ei bod hi'n broses bedair awr fyddai'n gwneud i fi boeni'n ofnadwy. Petawn i'n fferyllydd, byddai hyn o fudd i bobl eraill oherwydd byddwn i'n helpu i wella'u hiechyd, a byddai'n fy helpu i oherwydd byddai gen i yrfa. Felly byddai pawb ar eu hennill.

Dwi'n credu mai help i wella'u hiechyd yw'r un o'r pethau sydd ei angen fwya ar bobl. Maen nhw'n smygu gormod, yn yfed gormod ac yn marw'n rhy ifanc. Cafodd fy nhad ddiagnosis o COPD, clefyd ar yr ysgyfaint, ond doedd o ddim eisiau gweld ei feddyg teulu. Roedd o'n meddwl y byddai'n creu gormod o drafferth. Dwi'n gwybod bod pobl yn dod i'r fferyllfa i drafod eu problemau iechyd. Dwi eisiau bod yno ar gyfer pobl, yn eu cynghori.

Dwi'n meddwl mai un o'r rhesymau y byddwn i'n dda yn helpu pobl yw oherwydd fy mod i wedi gorfod cael help fy hun. Pan oeddwn i yn fy ail flwyddyn yn yr ysgol uwchradd, ces i fy nghyfeirio i gael therapi ymddygiad gwybyddol (CBT) oherwydd fy mod i'n dioddef iselder. Roedd hwnnw'n gyfnod anodd. Cyfnod pan ddysgais i am ofalu amdana i fy hun. Dwi'n gwybod bod gormod o bobl yn rhy swil a'u bod nhw'n methu cyfaddef i'w meddyg teulu bod ganddyn nhw broblemau. Dydyn nhw ddim yn meddwl bod beth bynnag sydd o'i le yn ddigon difrifol. Ond os oes gen ti unrhyw broblem o gwbl, dwi'n dweud y dylet ti fynd i weld rhywun. Hyd yn oed os wyt ti ddim ond yn teimlo'n bryderus, cer i ofyn am gyngor.

Ymunais i â Move On, sefydliad sy'n cefnogi pobl ifanc yn eu harddegau, tua dwy flynedd yn ôl. Roeddwn i dan straen fawr ar ôl cael diagnosis o syndrom Asperger. Roeddwn i wedi dechrau cael cur pen gwael a theimlo'n anghyfforddus os oeddwn i'n treulio cyfnodau hir mewn mannau cymdeithasol. Mae'n beth iach gallu cyfaddef os wyt ti'n methu ymdopi â rhywbeth ar dy ben dy hun. Roeddwn i mewn lle cas. Os oeddwn i'n methu helpu fy hun, roeddwn i'n gwybod na fyddwn i'n gallu helpu neb arall yn y dyfodol.

Dwi'n perthyn i'r Grŵp Cydraddoldeb yn yr ysgol. Dwi'n trio cael gafael ar gymorth i bobl yn y gymuned LHDT+ a chymunedau sy'n cael eu heffeithio gan hiliaeth. Am gyfnod hir, doedd unman ar gael i bobl allu siarad, rhannu eu teimladau neu archwilio hyn mewn unrhyw ffordd.

Mae'r Grŵp Cydraddoldeb yn lle i bobl droi ato os oes angen iddyn nhw roi gwybod am ddigwyddiadau hiliol neu os ydyn nhw'n cael eu bwlio. Mae'n bosib bod pobl yn meddwl nad yw hiliaeth yn digwydd, ond mae ambell sylw yn ddigon. Rydyn ni wedyn yn gallu sôn wrth yr adran gofal bugeiliol a dweud, 'Dydych chi ddim yn delio â'r mater hwn.' Mae gennym ni lais a'r gallu i bwyso ar bobl i gael dylanwad cadarnhaol yn yr ysgol.

Dwi bellach yn aelod o Senedd y Disgyblion, yn un o swyddogion yr ysgol, a dwi'n gobeithio codi arian at elusen Malawi Youth Leaders of Learning.

Mae fy rhieni eisiau i fi ganolbwyntio ar waith ysgol a phrofiad gwaith, ond dydy hi ddim yn teimlo'n iawn peidio ag ymyrryd pan fydd rhywbeth o'i le. Os wyt ti'n gweld rhywun yn cael eu bwlio neu'n dioddef, mae 'na ran naturiol ohonot ti sy'n meddwl, 'Dydy hyn ddim yn iawn. Dydy hyn ddim yn deg.' Hyd yn oed o fewn fy nghylch ffrindiau agos, digon difater yw'r ymateb i'r hyn dwi'n ei wneud. Maen nhw'n gofyn, 'Pam wyt ti'n gwastraffu dy amser?' Dwi'n clywed hynny'n aml. Ond dyna pwy ydw i. Mae'n gwneud i fi fod eisiau helpu eraill yn fwy fyth.

Mae 'na neges gyffredinol mewn cymdeithas erbyn hyn: gelli di wneud unrhyw beth ddim ond i ti roi dy feddwl arno. Mae'r neges honno'n agos iawn at fy nghalon i. Os ydw i eisiau i bobl ein hysgol ac yn ein system addysg gael amser tecach a haws tra maen nhw yno, dwi'n mynd i'w helpu nhw i sicrhau hynny.

Mae gen i gred fewnol y galla i newid pethau er gwell, a gall pawb fod â'r gred honno. Y cyfan mae ei angen yw troi'r switsh golau yn dy ben a byddi di'n credu y gelli di hefyd wneud rhywbeth. Cama'n ôl a gofyn i ti dy hun, 'Sut mae cyrraedd yno?' Dyna'r cyfan mae'n ei gymryd. Dyna'r llwybr sy'n dy arwain di i lefydd.

MARTIN

@moveonscotland

> "Mae gen i gred fewnol y galla i newid pethau er gwell, a gall pawb fod â'r gred honno. Y cyfan mae ei angen yw troi'r switsh golau yn dy ben..."

MAYA,
13, Llundain, Lloegr

"Roeddwn i eisiau defnyddio fy bat mitzvah i godi arian a chyflawni rhywbeth eithaf sylweddol. Ces i fy synnu'n llwyr pan godais i £9,000."

Mae fy rhieni'n gweithio i'r gwasanaeth sifil a ches fy magu yn India ac Affrica. Mae hyn yn golygu fy mod i wedi byw mewn tai anhygoel, ond wedi bod yn dyst i lawer o bobl yn rhygnu byw. Mae'n teimlo'n iawn i fi roi rhywbeth yn ôl.

Mae'r bat mitzvah yn rhan o'r broses o ddod yn oedolyn Iddewig. Mae llawer o bobl yn cael anrhegion, ond roeddwn i eisiau defnyddio fy bat mitzvah i godi arian a chyflawni rhywbeth eithaf mawr. Roeddwn i'n gwybod doeddwn i ddim eisiau unrhyw anrhegion, felly cerddais i 10,000 o gamau bob dydd am wythnos – y rhif sy'n cael ei argymell er mwyn bod yn iach – a gofyn i bobl fy noddi. Roedden nhw'n gwneud hynny drwy wefan roeddwn i wedi'i chreu. Daeth y rhan fwyaf o'r cyfraniadau gan ffrindiau a pherthnasau, a ffrindiau i ffrindiau.

Ces i fy synnu'n llwyr pan godais i £9,000. Roedd y llywodraeth yn cyfrannu swm cyfartal, a chyfrannais i'r cyfan at elusen Care International.

Y prif ddylanwad arna i oedd pan welodd un o fy rhieni y ffilm ymgyrchu *Walk in Her Shoes*, sy'n dangos yr heriau mae llawer o fenywod a merched yn eu hwynebu bob dydd. Roedd hynny'n ddigon i fi fod eisiau cefnogi plant mewn gwledydd eraill. Roeddwn i eisiau hybu ymwybyddiaeth o'r materion hyn a pherswadio pobl yn fy ysgol i gymryd rhan.

Gwnes i fy ngorau glas i ysbrydoli pobl i godi arian. Peth gwych arall am fy nghasgliad at Care International oedd ei fod yn cyd-fynd â phriodas aur taid a nain. Gofynnon nhw i'w gwesteion gyfrannu at fy nghronfa i yn lle rhoi anrhegion iddyn nhw.

Un peth da arall am godi arian ar gyfer Care International oedd ei bod hi'n hawdd gwneud, ac yn hawdd cael pobl eraill i gymryd rhan. Roeddwn i'n gallu ei wneud fel rhan o'r diwrnod ysgol. Roedd y pennaeth yn frwdfrydig iawn. Gofynnodd hi i fyfyrwyr fy nghefnogi i drwy ddod i'r ysgol hanner awr yn gynnar a cherdded o gwmpas y cae Astroturf, gyda bwcedi ar eu pennau, i symboleiddio plant sy'n gorfod cario dŵr yn ôl ac ymlaen bob dydd i'w teuluoedd.

Roeddwn i mor falch o allu troi fy bat mitzvah yn rhywbeth i helpu eraill. Roeddwn i'n teimlo fy mod i'n gwneud rhywbeth oedd yn golygu rhywbeth dyfnach i fi. Mae popeth rydyn ni'n ei wneud fel pobl ifanc yn cael effaith ar rywun. Mae'n bwysig ein bod ni'n credu ynon ni ein hunain. Efallai ein bod ni'n teimlo'n oriog ac yn hormonaidd, ond rydyn ni'n lwcus, hyd yn oed os nad ydyn ni'n sylweddoli ein bod ni, a gallwn gael effaith gadarnhaol ar fywydau pobl eraill. Dangosodd fy ymgyrch codi arian fod modd cyflawni hyn, a gwneud rhywbeth dros blant llai ffodus na ni, dim ond drwy wneud rhywbeth bach bob dydd. Mae mor bwysig ein bod ni i gyd yn gwerthfawrogi beth sydd gennym ni.

MAYA

> "Rydyn ni'n lwcus, hyd yn oed os nad ydyn ni'n sylweddoli ein bod ni, a gallwn ni gael effaith gadarnhaol ar fywydau pobl eraill."

MARYAM A HADIQA,

17, Nelson,

Swydd Gaerhirfryn, Lloegr

"Rydyn ni wedi mynd i'r afael â chasineb ar-lein, wedi pwyso am ddeunydd Masnach Deg ac wedi gweithio yn ein cymunedau. Dydy pobl ifanc ddim yn sylweddoli cymaint o effaith maen nhw'n gallu ei chael."

Fel pobl ifanc yn ein harddegau, rydyn ni'n dioddef llawer ar y cyfryngau cymdeithasol. Mae 'na lawer o drolio. Llawer o ddadlau a ffraeo yn digwydd ar-lein, yn hytrach nag wyneb yn wyneb. Mae'r iaith sy'n cael ei defnyddio yn gallu achosi loes go iawn. Roedd un o'n criw ni'n gwybod bod rhywun wedi ysgrifennu rhywbeth amdani, ond gwnaethon nhw wadu eu bod nhw wedi gwneud hynny. Roedd y neges wedi cael ei dileu a doedd yr athrawon ddim yn gallu ymyrryd.

Rydyn ni'n perthyn i grŵp lleiafrifol, ac mae pobl yn gwneud sylwadau am hynny. Maen nhw'n cysylltu Mwslimiaid â grwpiau terfysgol. Maen nhw'n dweud ein bod ni wedi gwneud pethau. Maen nhw'n gweithredu'n fyrbwyll, yn y fan a'r lle. Maen nhw'n gwylltio, ac oherwydd bod y cyfan yn digwydd ar-lein, dydyn ni ddim yn gallu eu herio nhw. Mae pobl yn cuddio y tu ôl i fasg.

Rydyn ni'n rhan o grŵp o bobl ifanc o'r enw Positive Voices. Mae ein rhieni neu eu rhieni nhw'n dod o Bacistan, felly rydyn ni'n edrych ar ein hanes ac yn ystyried sut mae gwella'n cymuned a bywydau pobl ifanc.

Y peth gorau rydyn ni wedi'i wneud gyda Positive Voices yw bod yn rhan o hacathon cyfrifiadurol o'r enw Peacehack, gan helpu i greu ap i fynd i'r afael â throseddau casineb ar-lein ac i'n cadw ni'n ddiogel. Teithiodd grŵp ohonon ni lawr i Lundain i weithio gyda chriw o arbenigwyr cyfrifiadurol. Ni oedd y rhai ieuengaf yno, ac roedd rhaid i ni siarad yn agored o flaen llond ystafell o bobl ddieithr. Profiad brawychus iawn.

Un o'r tasgau cyn i ni fynd i Lundain oedd creu fideo am fwlio a'n profiadau ni o bobl yn ymddwyn yn annifyr tuag aton ni, er mwyn i'r arbenigwyr cyfrifiadurol gael sail i'w gwaith.

Roedd rhai ohonon ni ar y panel beirniadu gyda phobl o Google a Facebook, a Dr Sue Black, yr arbenigwr cyfrifiadurol a'r ymgyrchydd. Buon ni'n gwrando ar gyflwyniadau am yr holl apiau roedd criw Peacehack wedi'u creu. Penderfynodd y prif banel mai'r enillydd oedd grŵp oedd eisiau rhybuddio pobl eu bod nhw ar fin anfon neges a allai achosi gofid i rywun. Roedd ar ffurf neges naid i wneud i ti feddwl cyn ysgrifennu rhywbeth, ac yn holi, 'Wyt ti'n siŵr dy fod ti am ysgrifennu hwn? Gallai frifo rhywun.'

Roedd ein grŵp ni'n meddwl bod hwn yn syniad da, ond doedden ni ddim yn cytuno mai dyna oedd y syniad gorau. Roedden ni eisiau mynd i'r afael â'r broblem o rywun yn postio neges gas ar y cyfryngau cymdeithasol ac yna'n dweud wrth yr

athro, 'Nid fi wnaeth. Haciodd rhywun fy system.' Syniad un o'r hacwyr oedd cael ffordd o brofi doedd hyn ddim yn wir. Mae pobl yn bwlio pobl ac yna'n cuddio y tu ôl i dechnoleg drwy ddweud celwydd. Roedden ni'n meddwl mai ei syniad o fyddai'n ein helpu ni fwyaf, felly gwnaethon ni roi gwobr arbennig iddo.

Rydyn ni'n credu y byddai hwn yn ddatblygiad pwysig iawn i'n cenhedlaeth ni. Mae cymaint o bobl ar-lein sy'n teimlo eu bod nhw'n gallu datgan unrhyw farn. Maen nhw yn eu harddegau ac yn meddwl y gallan nhw ddweud beth bynnag maen nhw eisiau ei ddweud. Ac y gallan nhw wneud hyn heb ddatgelu pwy ydyn nhw. Seiberfwlio yw hyn.

Mae Positive Voices wedi rhoi llawer o hyder i'r ddwy ohonon ni. Os wyt ti'n dod o gymuned ddifreintiedig, yr ystrydeb yw fyddi di ddim yn llwyddo o gwbl. Mae'r ddwy ohonon ni eisiau llwyddo. Mae Maryam eisiau gweithio ym maes niwroseicoleg glinigol i blant a phobl ifanc. Mae hi'n byw gyda gorbryder, felly bydd hi'n gallu deall a chyfathrebu â nhw. Mae'n adeg bwysig i fynd i'r maes hwn – mae pawb yn trafod problemau iechyd meddwl ymhlith pobl ifanc. Mae Hadiqa eisiau bod yn fargyfreithwraig. Gweithio mewn cyfraith droseddol fydd ei ffordd hi o gael effaith ar y byd, drwy system a gafodd ei chreu i gynnal trefn a heddwch.

Rydyn ni'n teimlo bod gan lawer o bobl ifanc ddiddordeb mewn dillad a sut olwg sydd arnyn nhw, ond eu bod nhw heb edrych tu hwnt i hynny. Does dim o'i le ar blesio dy hun, ond mae'r olwg sydd arnat ti'n newid weithiau. Dydy'r Kardashians ddim yn mynd i edrych fel maen nhw am byth. Dydy pobl ifanc ddim yn sylweddoli cymaint o effaith maen nhw'n gallu ei chael. Cyn Peacehack, doedden ni ddim yn meddwl bod modd i ni newid pethau. Doedden ni ddim yn meddwl y bydden ni'n gallu siarad yn gyhoeddus. Ers hynny, rydyn ni wedi bod yn rhan o gynhadledd ar radicaleiddio gyda myfyrwyr prifysgol. Dyma lle'r oedden ni, pobl ifanc 15 ac 16 oed, yn siarad â myfyrwyr. Rydyn ni'n gweithio gyda'r cyngor tref lleol. Rydyn ni'n cefnogi Masnach Deg. Mae'n anhygoel beth medri di ei wneud pan fyddi di'n rhoi cynnig arni. Byddi di'n gallu ymuno â grwpiau, neu ddal ati i fyw dy fywyd, ystyried y byd a byw mewn ffordd dda. Bydd dy fywyd di'n werth chweil os wyt ti'n helpu dy gymuned ac yn rhoi pawb ar ben ffordd ar y llwybr tuag at hapusrwydd. Dyma sy'n ein gwneud ni'n hapus.

Mwya'n byd y byddi di'n ei gyfrannu, mwya'n byd o wahaniaeth y gwnei di. Rwyt ti'n meithrin safbwynt gwahanol ar y byd os nad wyt ti'n treulio dy holl amser yn gwylio *Love Island* ar y teledu, yn mynd i'r gwely ac yn cysgu. Mae cymaint mwy i'w wneud a'i archwilio yn y byd.

HADIQA AND MARYAM

@maryamalixd

> "Os wyt ti'n dod o gymuned ddifreintiedig, yr ystrydeb yw fyddi di ddim yn llwyddo o gwbl. Mae'r ddwy ohonon ni eisiau llwyddo. Bydd dy fywyd di'n werth chweil os wyt ti'n helpu dy gymuned ac yn rhoi pawb ar ben ffordd ar y llwybr tuag at hapusrwydd."

ADAM,

15, Clondalkin,

Iwerddon

"Pan mae Dad yn cwympo, dwi'n rhuthro yn reddfol i'w helpu i godi, ond mae'n torri 'nghalon i. Dwi'n meddwl, 'Fy nhad i yw hwn sydd ar y llawr.'"

Pan oeddwn i'n 7 oed, aeth llawdriniaeth hernia fy nhad o'i le, ac mae pethau wedi gwaethygu ers hynny. Pen draw pethau oedd ei fod yn dioddef poen cronig ac mae wedi bod yn sâl iawn, iawn byth ers hynny. Weithiau, mae'n stopio anadlu yn y nos, ac mae wedi cwympo i lawr y grisiau ac yn y gawod. Pan mae Dad yn cwympo, dwi'n rhuthro yn reddfol i'w helpu i godi. Dwi wastad yn gwneud yn siŵr ei fod yn iawn, ond mae'n torri 'nghalon i. Dwi'n meddwl, 'Fy nhad i yw hwn sydd ar y llawr.'

Roedd yn sioc fawr pan aeth yn sâl gyntaf, ond doedd gen i ddim syniad beth oedd yn digwydd. I ddechrau, doedd gen i ddim syniad beth oedd poen cronig. Erbyn hyn, dwi'n 15 oed a dwi'n deall y cyfan. Mae'n golygu poen yn dy holl esgyrn, cyhyrau a chymalau. Poen trwy dy gorff di i gyd.

Cyn i Dad fynd yn sâl, roedden ni'n arfer mynd i'r parc; roedd o'n mynd â ni i'w waith, fel swyddog diogelwch. Roedd o'n mynd â ni i gemau pêl-droed a byddai'n dod i 'ngwylio i'n chwarae pêl-droed. Roedd wedi bod yn aelod o luoedd wrth gefn y fyddin ers pan oedd yn 15 neu 16 oed, a threuliodd y rhan fwyaf o'i yrfa'n gwasanaethu gyda'r heddlu milwrol. Roeddwn i mor gyfarwydd â Dad yn ddyn iach. Roedd y ddau ohonon ni'n gwneud pethau egnïol gyda'n gilydd.

Yna cafodd y llawdriniaeth, ac mae wedi bod yn anodd y rhan fwyaf o'r amser ers hynny. Mae'n wych pan mae'n cael diwrnod da ac yn hapus yng nghwmni pob un ohonon ni. Os dydy o ddim yn teimlo'n isel, bydd yn gwylio'r teledu ac yn mynd i'r siopau ar ei sgwter. Ar ddiwrnodau gwael, mae'n teimlo'n wirioneddol wael. Mae ei weld yn dioddef yn boenus i fi hefyd, achos fo yw fy nhad. Petawn i'n gweld rhywun arall yn yr un sefyllfa, byddai hynny'n drist, ond ddim mor drist.

Ar ddiwrnodau da, y cyfan dwi eisiau yw i bethau aros fel y maen nhw; ar ddiwrnodau gwael, y cyfan dwi eisiau yw gallu mynd yn ôl i'r gorffennol, ond dydy hynny ddim yn bosib wrth gwrs.

Dwi'n helpu Mam cymaint ag y galla i. Dad sydd wastad yn dod gyntaf. Bydda i'n dweud wrth Mam, 'Cei di fynd am awr neu ddwy ac fe gadwa i gwmni i Dad.' Mae popeth yn troi o'i gwmpas o. Os yw fy ffrindiau'n mynd i'r sinema neu allan am y dydd, bydda i'n mynd gyda nhw os yw Dad yn ddigon da ac os yw Mam gartref. Dwi'n ei helpu i ymolchi yn y gawod, cerdded i fyny'r grisiau os yw'n meddwl ei fod yn mynd i syrthio, cymryd ei feddyginiaeth ac yn ei atgoffa pryd i'w chymryd.

Dwi'n gwirioni ar bêl-droed a phêl-droed Gaeleg. Dwi wedi gorfod rhoi'r gorau i chwarae pêl-droed oherwydd anghenion gofal Dad, ond dwi'n dal i chwarae pêl-droed Gwyddelig i dîm Clondalkin Round Towers. Dwi'n gryf, yn gyflym ac yn ystwyth, yn union fel Dad pan oedd o'n ifanc.

Mae bod yn ofalwr yn bendant wedi fy newid i. Mae fy nheulu a ffrindiau'r teulu i gyd yn dweud, 'Rwyt ti'n gwneud gwaith gwych.' Dwi wastad wedi bod yn berson caredig a chymwynasgar, ond mae ennill Gofalwr Ifanc y Flwyddyn wedi rhoi hwb go iawn i fy hyder.

Mae Family Carers Ireland a Mark, rheolwr y tîm pêl-droed Gwyddelig, hefyd wedi bod yn help mawr. Maen nhw wedi sylweddoli beth dwi wedi bod trwyddo. Os dwi'n rhwystredig neu'n ddig, mae Mark yn siarad â fi ac yn fy helpu i anghofio am y diwrnod gwael. Mae gwleidyddion lleol wedi fy nghefnogi, a ches i wobr gan gynghorydd ar Gyngor Sir De Dulyn. Yn anffodus, ers yr holl sylw yn sgil ennill gwobr y Gofalwr Ifanc, mae rhai pobl yn yr ysgol yn genfigennus iawn ac maen nhw'n rhoi amser anodd i fi. Dydyn nhw ddim yn gadael llonydd i fi. Dydw i ddim eisiau ymladd – dwi'n casáu ymladd – ond maen nhw'n fy herio'n gyson. Dwi wedi newid ysgol yn ddiweddar. Doedd neb yn yr ysgol newydd yn gwybod fy mod i'n gwneud rôl gofalwr. Ond erbyn hyn, dwi wedi bod ar y teledu ac mae'r ysgol gyfan yn gwybod beth dwi'n ei wneud. Dwyt ti ddim yn gallu dweud wrth neb os wyt ti'n cael dy fwlio, neu byddi di'n cael dy gyhuddo o gario clecs. Mae bod yn dy arddegau yn anodd. Mae'n anodd yn gyffredinol.

Dwi'n dal i ddweud mai ennill y wobr yw'r peth gorau sydd wedi digwydd i fi erioed. Dwi wedi cael cydnabyddiaeth am beth dwi'n ei wneud. Mae pobl yn dweud wrtha i, 'Faint o arian gest ti am ennill?' ond nid yr arian sy'n bwysig – mae'n ymwneud â chael dy gydnabod.

Dwi'n dal i feddwl nad yw'r ysgol yn deall bob tro. Maen nhw'n gofyn, 'Adam, pam wyt ti'n hwyr?' Dwi'n dweud wrthyn nhw fy mod i'n gorfod helpu Dad.

Pan fydda i'n hŷn, byddwn i'n hoffi gwneud rhywbeth sy'n ymwneud â gofalu. Bob bore Sadwrn, dwi'n helpu i hyfforddi plant 4–7 oed i chwarae pêl-droed Wyddelig, sy'n dipyn o hwyl. Yn ddiweddar, bues i'n helpu mewn gwersyll gemau hwyliog i blant iau hefyd.

Fy nghyngor i unrhyw un mewn sefyllfa debyg i fy un i fyddai dal ati a pheidio byth ag ildio. Mae bod yn ofalwr a chael cydnabyddiaeth am hynny wedi gwneud i fi deimlo'n dda iawn. Diwrnod ysgol cyffredin oedd o. Pan gyrhaeddais i adref, dyma nhw'n dweud, 'Gofalwr Ifanc y Flwyddyn: rwyt ti wedi ennill!' A dyma'r dagrau'n dod.

Dwi'n meddwl mai un fantais o fod yn ofalwr yw fy mod i'n fwy agored gyda phobl. Roedd gwraig hyfryd yn byw yn ymyl fy hen gartref, ac roeddwn i'n arfer dweud wrthi, 'Sut ydych chi, Josie? Ga i'ch helpu chi?' Hyd yn oed pan oedd hi'n bwrw eira, roeddwn i'n rhedeg i'r siop ac yn mynd â llaeth a bagiau te iddi. Byddwn i'n cadw llygad arni er mwyn gwybod ei bod hi'n iawn, er bod ganddi deulu.

Mae bywyd yn gallu bod yn anodd, ond os wyt ti'n cael amser anodd, dylet ti sôn wrth dy fam a dy dad, neu rywun rwyt ti'n ymddiried ynddyn nhw. Y bobl sydd yno ar dy gyfer di. Mae gwybod bod gen ti bobl sydd yn gefn i ti yn well na bod neb yno. Yn well o lawer.

Siarad â phobl sy'n gwneud i fi deimlo'n well. Hynny a chicio'r bêl wrth chwarae pêl-droed Wyddelig. Mae pob emosiwn sydd gen i'n cael eu rhyddhau wrth i fi gicio'r bêl â fy holl nerth.

ADAM

@CarersIreland
Family Carers Ireland

> "Mae bod yn ofalwr yn bendant wedi fy newid i. Mae fy nheulu a ffrindiau'r teulu i gyd yn dweud, 'Rwyt ti'n gwneud gwaith gwych.' Fy nghyngor i unrhyw un mewn sefyllfa debyg i fy un i fyddai dal ati a pheidio byth ag ildio."

JAC,

14, Merthyr Tudful, Cymru

"Mae un o fy ffrindiau wedi dysgu ei amddiffyn ei hun, a fi sydd wedi dysgu hynny iddo fe."

Un tro, pan oeddwn i yn 9 oed roedd yn rhaid i fi gael fy nhynnu allan o'r wers i fy nhawelu i oherwydd bod bachgen yn gas wrth fy mrawd. Roeddwn i mor grac. Roeddwn i'n benwan ac yn gweiddi ddylai fe ddim bod wedi gwneud beth wnaeth e. Roeddwn i'n falch pan gafodd y bachgen ei wahardd, ond dwi'n sylweddoli pa mor ddwl oedd mynd mor grac.

Dwi ddim yn gwybod pam, ond mae rhai pethau yn fy nghorddi i. Os does dim digon o amser i orffen rhyw waith yn y dosbarth, dwi fel arfer yn mynd yn grac. Dwi'n teimlo y dylai pawb gael digon o amser i ysgrifennu popeth yn llawn. Dwi'n mynd yn grac pan mae pobl yn mynd â phethau heb ofyn. Pan dwi'n grac, dwi'n dechrau crio. Roeddwn i'n arfer dyrnu fy ngobennydd, neu weiddi nerth esgyrn fy mhen. Fyddwn i byth yn taro neb, ond byddwn i'n gweiddi. Byddwn i'n cael y bai pan oedd pethau'n mynd o chwith oherwydd fy mod i mor grac. Weithiau, byddai pobl yn tynnu fy nghoes am y peth.

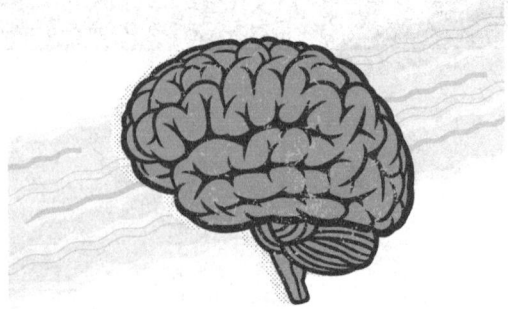

Oherwydd fy mod i'n mynd yn grac fel hyn, gwnaeth rhywun argymell meddylgarwch i fi, ac erbyn hyn mae'n haws i fi reoli fy nhymer. Roeddwn i'n mynd at athrawes a oedd yn dysgu meddylgarwch, a dechreuais i ddefnyddio technegau anadlu a oedd yn help mawr i fi. Roeddwn i'n drist iawn pan adawodd hi. Roedd hi'n un o'r athrawesau mwyaf ffein ges i erioed.

Mae pethau'n well o lawer erbyn hyn. Dydw i ddim mor grac, achos dwi'n gallu siarad trwy fy mhroblemau. O'r blaen, hyd yn oed pan fyddwn i wedi tawelu, byddai pobl yn gofyn, 'Beth sy'n bod?' ac roeddwn i'n methu esbonio'n dda iawn. Nawr, mae'n hawdd iawn i fi dawelu. Dwi hefyd yn gallu sôn am fy emosiynau a pham roeddwn i'n grac.

Roeddwn i mor grac, meddyliais i unwaith, 'Does dim byd yn mynd i 'nhawelu i,' ond mae meddylgarwch a fy ffrindiau wedi fy helpu i newid er gwell.

Fy ffrind gorau yw'r un clyfar: ganddo fe mae'r ymennydd, 'da fi mae'r cyhyrau. Mae e'n glyfar iawn, iawn. Os oes unrhyw un yn gas wrtho fe, fi sy'n ymateb yn grac fel arfer. Dim ond chwerthin mae e. Dyw e ddim yn ateb yn ôl, ond dwi'n gwneud. Dwi wir eisiau eu dyrnu nhw, ond dydw i ddim gan mai fi fyddai'n mynd i drwbl yn y pen draw, ond dwi yn swnio fel 'mod i eisiau gwneud.

Pan oeddwn i tua 12 oed, byddai pobl yn dweud fy mod i'n od, ond dwi'n gwybod bod hynny ddim yn bwysig. Fi ydw i, a dydw i ddim yma i blesio pawb arall. Yr unig reswm rydyn ni i fod i newid yw er mwyn bod yn rhywun gwell nag yr ydyn ni'n barod. Dwyt ti ddim yn gallu newid dy hun oherwydd bod rhai pobl ddim yn dy hoffi di. Bydd rhai pobl wastad yn ffrind i ti, a dwi'n ddiolchgar am fy ffrindiau. Fyddwn i ddim y person rydw i hebddyn nhw. Maen nhw wedi fy helpu i wella a bod yn berson gwell. Dwi'n gwybod y bydd rhywun wrth fy ochr i bob amser.

Bu farw fy ewythr, ac roeddwn i'n agos iawn ato. Mecanic oedd e, a nawr dwi eisiau bod yn fecanic er mwyn parhau â'i waith. Pan fuodd e farw, roedd eisiau pobl arna i i fod yn gefn i fi. Os oes llawer iawn o ffrindiau 'da ti, mae'n golygu dy fod ti'n boblogaidd, ond i fi mae safon dy ffrindiau di bob amser yn bwysicach na faint o ffrindiau sydd 'da ti. Mae angen ffrindiau hollol ddibynadwy arnat ti, ffrindiau rwyt ti'n gallu bod yn ti dy hun yn eu cwmni nhw.

Yn y dyfodol, dwi'n mynd i drio helpu pobl eraill. Mae'r profiadau dwi wedi'u cael yn golygu y bydda i mewn sefyllfa dda i helpu. Dyna'r math o berson ydw i. Dwi'n trin pobl fel yr hoffwn i gael fy nhrin. Os oes rhywun yn bwlio rhywun arall, os ydyn nhw'n dweud bod rhywun yn salw neu'n dew neu'n od, dwi wedi dysgu dros y blynyddoedd ei bod hi'n iawn i'w hanwybyddu nhw. Os oes ganddyn nhw broblem, mae'n rhaid iddyn nhw ddelio â'r peth. Mae pobl yn mynegi barn heb 'nabod y person go iawn.

Mae ffrind hoyw 'da fi ac mae pobl yn gwneud hwyl am ei ben. Y cyfan dwi'n ei wneud yw dweud, 'Rhowch lonydd iddo fe'. Maen nhw i gyd yn meddwl eu bod nhw mor glyfar; chwilio am ddadl maen nhw, ond dwi'n dadlau'n ôl dros hawl fy ffrind i garu pwy bynnag mae e eisiau. Pan mae pobl yn bychanu rhywun, dwi'n meddwl bod hynny'n ffiaidd. Dwi'n casáu homoffobia. Maen nhw'n dweud, os wyt ti'n ei gefnogi fe, mae'n rhaid dy fod ti'n hoyw hefyd, ond y cyfan dwi eisiau ei wneud yw bod yn gefn i fy ffrindiau. Dwi'n meddwl, 'Pam ydych chi'n casáu person am hynny?' Dwi'n meddwl, os dydych chi ddim eisiau helpu rhywun, rhowch lonydd iddyn nhw. Dwi ddim eisiau brifo teimladau pobl; dwi eisiau helpu pobl er gwell. Dwi eisiau gweithredu er lles, yn well ac yn gryfach o ran meddwl ac o ran calon. Os wyt ti'n amddiffyn beth rwyt ti'n ei wybod sy'n dda ac yn gyfiawn, byddi di'n well na'r bwli.

Dwi'n gobeithio y bydd pobl yn dilyn fy esiampl i. Dwi'n meddwl fy mod i'n gwneud pethau sy'n dda i bobl. Mae un o fy ffrindiau wedi dysgu ei amddiffyn ei hun, a fi sydd wedi dysgu hynny iddo fe. Waeth beth mae pobl yn ei wneud, waeth beth maen nhw'n ei ddweud, wna i ddim stopio amddiffyn fy ffrindiau. Os ydw i'n gwybod bod beth sy'n cael ei ddweud ddim yn iawn, bydda i bob amser yn eu hamddiffyn nhw. Oherwydd natur personoliaethau rhai pobl, dydyn nhw ddim yn gallu delio â beth maen nhw'n ei ddioddef, felly mae angen i fi eu helpu nhw. Dwi'n gwybod eu bod nhw'n methu ymdopi. Yn gynharach, yn y wers Saesneg, roedden nhw'n gas i fy ffrind i a dyma fi'n dweud, 'Allwch chi gau eich cegau? Dyw e ddim eisiau siarad â chi.' Roedden nhw wedi fy nghorddi i gymaint. Mae'n ddiddorol, ond does neb yn dweud dim byd cas wrtha i.

Roeddwn i'n arfer poeni 'mod i'n mynd yn grac, ond nawr dwi'n falch fy mod i. Fel arall, fyddwn i ddim yn gallu cadw rhan neb. I'r ffaith fy mod i'n mynd yn grac mae'r diolch am hynny.

JAC

> "Roeddwn i'n arfer poeni 'mod i'n mynd yn grac, ond nawr dwi'n falch fy mod i. Fel arall, fyddwn i ddim yn gallu cadw rhan neb. I'r ffaith fy mod i'n mynd yn grac mae'r diolch am hynny."

LILI,

13, Llundain, Lloegr

"Mae'r arddegau yn adeg dda i ddatblygu'r sgiliau i helpu eraill, a bydd gen ti'r sgiliau hynny weddill dy oes."

Dwi'n teimlo fy mod i'n wahanol iawn i sut mae cymdeithas eisiau i ferched fod. Er enghraifft, dwi'n chwarae pêl-droed ar lefel gystadleuol, ac mae pêl-droed wastad wedi cael ei hystyried yn gamp i fechgyn. Dydw i erioed wedi bod yn frwd am golur a stwff fel'na. Dwi wedi meddwl weithiau, 'Beth os ydyn nhw'n meddwl 'mod i'n od?' ond alla i ddim creu argraff ar bawb, felly does dim pwynt trio. Mae gan bobl rywbeth negyddol i'w ddweud bob amser, felly mae'n bwysig bod yn ti dy hun a gwneud beth rwyt ti eisiau ei wneud beth bynnag. Dwi'n credu bod angen i bobl feirniadol ddechrau dod o hyd i hyder yn eu hunain yn gyntaf. Os wyt ti'n dod yn gryf ac yn hapus yn dy groen dy hun, gelli di wneud pobl eraill yn hapus.

Mae Mam wastad yn dweud wrtha i am fod yn berson gwydr hanner llawn. I drio edrych ar yr ochr gadarnhaol – hyd yn oed pan mae pethau'n ymddangos yn ddrwg, mae 'na wastad ffordd allan o'r twll. Gwna dy orau i ddod drwyddi; cofia edrych ar yr holl agweddau da.

Un agwedd sy'n gallu gwneud i bobl ifanc deimlo ychydig yn anhapus yw'r ffaith nad yw oedolion yn eu cymryd nhw o ddifri weithiau, a dydy hynny ddim yn deimlad braf iawn. Dwi'n credu y dylai oedolion drio cofio sut beth oedd bod yn iau. Weithiau, mae'n rhaid i ni ddysgu drwy ein camgymeriadau ein hunain; weithiau mae'n rhaid i ni ddysgu

drwy gamgymeriadau pobl eraill; ond yn aml iawn, mae angen i ni brofi pethau a byw trwyddyn nhw yn gyntaf.

Roeddwn i'n hoffi bod yn yr ysgol gynradd. Doedd neb yn dy farnu di yno. Roeddet ti'n gallu bod yn ti dy hun. Roeddet ti'n gallu gwisgo'r hyn roeddet ti eisiau, a doedd dim ots. Wrth ddechrau'r ysgol uwchradd, sylwais i fy mod i'n teimlo, 'O diar, mae'r person yma'n meddwl fy mod i fel hyn neu fel arall.' Roeddwn i'n poeni gormod am farn pobl eraill. Des i'n ffrindiau gyda phobl na fyddwn i'n ffrindiau gyda nhw nawr, mae'n debyg. Dwi'n hapus fy mod i wedi profi hynny achos dysgais i beidio â chael fy nylanwadu neu fy newid gan bobl eraill. Roedd mynd trwy hynny yn help.

Dwi'n teimlo fy mod i'r math o berson sy'n dysgu rhywbeth o'i brofiadau, yn hytrach na chlywed beth dwi i fod i'w feddwl neu ei deimlo, wedyn ewyllysio fy hun i fod yn wahanol.

Gwnes i fwynhau fy nghyfnod gyda'r criw ffrindiau cyntaf, ond roeddwn i'n teimlo 'mod i ddim eisiau mynd i helynt ar ôl ysgol. Doedd ofni y byddwn i'n mynd i drwbl ddim yn deimlad braf. Mae'r bobl yma'n dal i fod yn ffrindiau i fi, ond mae angen i fi greu sylfaen gadarn ar gyfer y dyfodol a gwneud y pethau pwysig.

Dysgais i am y pethau pwysig pan oeddwn i'n eithaf ifanc. Mae fy nhad yn dod o Ethiopia. Dwi'n cofio mynd yno pan oeddwn i'n fach a gweld llawer o blant heb rieni. A dweud y gwir, does ganddyn nhw neb. Maen nhw'n ddigartref, a dydy'r heddlu ddim yn eu trin nhw'n dda iawn. Roedden nhw'n cardota'n gyson ac yn trio gwerthu eitemau bach fel gwm cnoi a hancesi papur, ac roedd yr heddlu ar eu holau nhw ac yn eu hel nhw o'r stryd. Dwi'n cofio un bachgen yn benodol. Roedd yn fach iawn, ond roedd ganddo lais dwfn. Roedd Mam yn meddwl ei fod yn dioddef o ddiffyg maeth a'i fod yn methu fforddio'r bwyd i dyfu.

Yn fwy diweddar, dwi'n cofio rhoi ychydig o arian i blentyn a gofynnodd Dad wrtho beth oedd ei sefyllfa. Doedd dim tad yn y teulu, dim ond fo a'i fam. Yna bu ei fam farw. Roedd yn drist iawn bod yr heddlu ddim yn ei helpu. Roeddwn i'n meddwl y byddai'n wirioneddol wych petai rhywun yn gwirfoddoli i'w helpu. Petawn i yn ei sefyllfa o, byddwn i wedi bod mor ddiolchgar am hynny. Ces i'r teimlad bod cydweithio mor bwysig er mwyn gwella pethau.

Pan ddigwyddodd yr achosion o Ebola yn Sierra Leone, a gan wybod na fyddai llawer o bobl yn cael yr help roedd ei angen arnyn nhw, dwi'n cofio teimlo fy mod i eisiau gwneud gwahaniaeth. Dyma benderfynu gwneud rhywbeth. O ganlyniad, ym Mlwyddyn 6, pan oeddwn i'n 11 oed, codais i a fy ffrindiau arian drwy dudalen ar y we a thrwy werthu cacennau. Gwnaethon ni elw o £800. Roedd yn arwydd o'r hyn y gallen ni ei wneud petaen ni'n trio.

Ar hyn o bryd, gydag ffrind neu ddau, dwi'n trio hybu ymwybyddiaeth pobl o drais yn y cartref. Rydyn ni wedi siarad ag elusen o'r enw Tender, sy'n gweithio gyda phlant i drio atal perthnasoedd afiach. Roedden ni eisiau creu cyflwyniad i ddangos yn ein dosbarth, felly cynigiodd Tender awgrymiadau ar beth dylen ni ei gynnwys.

Gyda thrais yn y cartref, mae'n anodd i bobl godi llais os ydyn nhw mewn perthynas. Efallai eu bod nhw ddim eisiau derbyn bod perthynas yn afiach. Mae'n gallu bod yn anodd iawn iddyn nhw adael. Efallai fod angen help arnyn nhw, ond dydyn nhw ddim yn sylweddoli hynny, neu mae'n bosib eu bod nhw ddim yn gwybod lle i fynd. Dyna lle mae'r elusen yn camu i'r adwy.

Mae'n bwysig bod pobl ifanc yn 'nabod yr arwyddion. Os ydyn nhw'n dechrau teulu a'r berthynas yn dod i ben, mae'n gallu bod mor anodd i'r plentyn. Dwi wedi dysgu rhoi fy hun yn sefyllfa pobl eraill, ac mae hynny wedi gwneud i fi fod eisiau helpu pobl fwy fyth. Mae'r arddegau yn adeg dda i ddatblygu'r sgiliau i helpu eraill, a bydd gen ti'r sgiliau hynny weddill dy oes.

Mae Mam yn feddyg ac mae hi'n gweithio gyda phobl sydd wedi goroesi arteithio. Dwi'n credu bod ei swydd hi'n achos pwysig iawn. Mae helpu eraill wastad yn bwysig, a bod yn rhan o gymuned ac yn weithgar yn y gymdeithas. Gallwn ni wedyn fod yn driw i'n hunain, helpu eraill a chynnal perthnasoedd da. Dyma'r ffordd orau i fod.

LILI

> "Mae hi wastad yn bwysig helpu eraill, a bod yn rhan o gymuned ac yn weithgar yn y gymdeithas. Gallwn ni wedyn fod yn driw i'n hunain a chynnal perthnasoedd da."

TIAN,
14, Llundain, Lloegr

"Mae dod o hyd i eraill sydd wedi cael eu mabwysiadu yn beth da, a gallwn ni helpu ein gilydd. Mae'n anodd sôn am hyn wrth bobl sydd ddim yn deall."

Yn y gorffennol, dwi wedi cael trafferth teimlo fy mod i'n perthyn ac yn cael fy nerbyn. Mae llawer o fy ffrindiau yn gwybod pwy yw eu rhieni, ond ces i fy mabwysiadu. Dwi'n cael llawer o gefnogaeth, ac mae hyn yn gwneud i fi fod eisiau helpu pobl eraill sydd ddim yn cael yr un gefnogaeth.

Mae fy rhieni sydd wedi fy mabwysiadu yn rhoi llawer o gefnogaeth i fi. Tsieinead ydw i, ond ces i fy ngeni yn Lloegr. Roedd fy mam fiolegol yn y brifysgol yma. Hoffwn i ei chyfarfod hi ryw ddydd. Dwi'n meddwl ei bod hi wedi gwneud penderfyniad da. Roedd hi'n byw mewn ardal eithaf traddodiadol, yn y rhan o Tsieina sy'n agos at Ogledd Korea. Gwnaeth hi gyfarfod fy nhad biolegol pan oedd hi'n fyfyrwraig yma, ond oherwydd ei sefyllfa, doedd hi ddim yn gallu gofalu amdana i, felly gadawodd hi fi mewn cartref maeth. Mae pobl yn meddwl ei bod hi wedi mynd adref i Tsieina.

Mae cyfarfod â phobl eraill sydd wedi cael eu mabwysiadu yn beth da ac rydyn ni'n gallu helpu ein gilydd. Mae cwnselwyr ar gael, ond dydyn nhw ddim yn deall yn llwyr.

Pan fydda i yn y chweched dosbarth, dwi eisiau gweld a oes unrhyw gyfleoedd i helpu pobl sydd wedi cael eu mabwysiadu. Mae'n bwnc eithaf dyrys, ac mae'n anodd ei drafod â phobl sydd ddim yn deall. Gan fy mod i wedi cael fy mabwysiadu, dwi'n gallu rhannu fy mhrofiadau â phobl eraill. Efallai y gallwn i wneud gwaith elusennol o ryw fath.

Dwi'n credu mai'r hyn sy'n helpu pobl ifanc i newid cymdeithas yw sicrhau eu bod nhw'n gwybod y bydd pobl o'u cwmpas nhw yn eu parchu ac yn rhoi grym iddyn nhw wneud rhywbeth am eu sefyllfa. Doedd gen i ddim grym i newid fy sefyllfa pan ges i fy mabwysiadu. Gallai hynny fod wedi bod yn anodd, ond sylweddolais i mai peth meddyliol oedd hyn. Hyd yn oed mewn sefyllfa anodd, mae llwybr ar gael i ti sy'n dangos fod gen ti rym. Os wyt ti'n dod o hyd i rywun sydd wedi bod trwy'r un sefyllfa â ti, gelli di drafod pethau â nhw a theimlo'n fwy hyderus bod gen ti'r grym i newid sut rwyt ti'n teimlo.

Os yw rhywun yn isel eu hysbryd ond bod pobl ar gael i fod yn gefn iddyn nhw, mae hynny'n gallu eu helpu i newid. Mae'n anodd iawn, ond mae 'na ffordd i wneud hynny.

Mae cael ffrind agos wedi fy helpu i. Rydyn ni'n gwthio'n gilydd i wneud yn dda. Os wyt ti'n gwybod bod rhywun ar gael i siarad â nhw, mae'n rhoi teimlad braf i ti. Mae hynny'n gallu dy helpu di i ddod dros rywbeth sy'n dy wneud di'n ddigalon. Mae angen i ti fod â hyder i ddweud wrth rywun sut rwyt ti'n teimlo, oherwydd mae cymdeithas heddiw yn anodd. Dwyt ti ddim eisiau i bethau gronni ac i'r iselder waethygu.

Os nad yw fy ffrindiau'n gweld lygad yn llygad, dwi'n teimlo y galla i roi cyngor iddyn nhw i'w helpu nhw i aros yn ffrindiau. Pan fyddi di'n llwyddo i gyflawni rhywbeth fel hyn, mae'n agor dy feddwl di. Mae gwybod y gelli di ddatrys problem o'r fath yn rhoi'r hyder i ti wneud hynny eto.

Mae pobl yn troi ata i am help. Dwi'n gofyn i fy ffrindiau, 'Wyt ti'n iawn? Wyt ti eisiau trafod rhywbeth?' Dwi'n hoffi sôn am ffyrdd gwahanol o helpu, ond mae angen i ti allu gofalu amdanat ti dy hun er mwyn i ti beidio â chael dy lethu'n emosiynol. Wedyn, pan fyddi di'n teimlo'n gryf, gelli di helpu pobl eraill. Yn dechnegol, rwyt ti'n cario baich eu problemau nhw hefyd – rwyt ti'n mynd dan eu croen nhw ac yn cael blas ar eu profiadau nhw. Dwi'n meddwl fy mod i'n hoffi helpu eraill oherwydd fy mod i wedi cael fy mabwysiadu.

Am ryw reswm, mae wedi rhoi rhyw ymdeimlad greddfol i fi, ffordd wahanol o edrych ar berthnasoedd.

TIAN

> "Os wyt ti'n dod o hyd i rywun sydd wedi bod trwy'r un sefyllfa â ti, gelli di drafod pethau â nhw a theimlo'n fwy hyderus bod gen ti'r grym i newid sut rwyt ti'n teimlo."

EVELYN,
14, Llundain, Lloegr

"Dwi'n gweld pobl yn cael trafferth a dwi'n gallu uniaethu â nhw. Os hoffet ti gael byd gwell a mwy o gariad ynddo, a mwy o bobl yn bod yn garedig yn lle anwybyddu poen pobl eraill, mae empathi yn allweddol."

Mae pawb yn cael amser anodd yn yr ysgol uwchradd. Gelli di fod â'r teulu mwyaf agored a chroesawgar posib, gelli di fod y person mwyaf hyderus yn y byd, ond bydd pobl yn yr ysgol yn dal i roi amser anodd i ti. Er nad yw hi'n hawdd ar neb, mae'n bwysig iawn helpu'r rhai sy'n amlwg yn cael trafferth.

Yn fy ysgol i, maen nhw'n dweud eu bod nhw'n derbyn pawb, ond mae newid meddyliau a herio agweddau yn waith caled. Dwi'n gwneud beth fedra i i hybu goddefgarwch.

I fi, mae'n fater o empathi. Dwi'n gweld pobl yn cael trafferth a dwi'n gallu uniaethu â nhw. Os hoffet ti gael byd gwell a mwy o gariad ynddo, a mwy o bobl yn bod yn garedig yn lle anwybyddu poen pobl eraill, mae empathi yn allweddol.

Mae'n hawdd meddwl bod llond gwlad o bobl o gwmpas sy'n rhoi help llaw ac yn gwneud y gwaith, ond mae 'na lawer o bobl sydd ddim yn cael unrhyw help. Mae 'na lawer o drafferthion nad ydyn nhw'n cael sylw digonol.

LHDT+, Mae Bywydau Du o Bwys, mudiad y merched… maen nhw'n dweud does dim digon o help ar eu cyfer nhw, a dwi'n meddwl bod hynny'n ddilys ac yn wir. Dwi wedi helpu mewn lloches i bobl ddigartref, a dyna glywais i gan y bobl LHDT+ yno.

Dwi'n ddeurywiol, ac yn fy marn i, y peth pwysicaf i fynd i'r afael ag o yw homoffobia mewn ysgolion. Dwi'n aelod o'r grŵp LHDT+ ac rydyn ni'n trefnu cyfarfodydd â'r staff i esbonio iddyn nhw fod myfyrwyr yn cael eu targedu. Weithiau mae'r athrawon yn ofni mynd i'r afael â hynny. Dwi'n gweld bod llawer o stigma o gwmpas. Mae pobl yn dweud mai rhywbeth dros dro yw bod yn ddeurywiol, neu ei fod o ddim yn beth go iawn. Maen nhw'n dweud mai dim ond pobl sy'n arbrofi ydyn ni. Mae hynna yn ein bychanu. Dwi'n ffodus bod gen i ffrindiau a theulu sy'n derbyn pwy ydw i. Mae aelodau o'r grŵp sy'n drawsryweddol, a byddwn i'n dweud bod y ffordd mae cymuned yr ysgol yn eu derbyn nhw yn amherffaith. Gelli di fod ag enfys ar fathodynnau a baneri rif y gwlith, ond mae derbyn yn dy galon yn wahanol.

Mae gan y grŵp le i gyfarfod amser cinio, ac mae hynny mor bwysig. Rydyn ni'n gallu mynd yno i fwyta cinio, siarad ac ymlacio. Mae'n lle hamddenol, braf. Weithiau, mae pobl yn rhuthro i mewn, yn trio bod yn ddoniol o flaen eu ffrindiau – pobl annysgedig. Nid eu bai nhw ydy o. Os yw rhywun yn fwli ac yn cael trafferth deall rhywbeth, maen nhw'n mynd i dy dargedu di.

Yn bendant, mae 'na batrwm mae pobl ifanc yn teimlo y dylen nhw ei ddilyn, hyd yn oed i'r gymuned LHDT+. Patrymau ystrydebol am y gerddoriaeth rydyn ni'n ei hoffi a'r math o ddillad sydd yn ein cypyrddau ni. Mae'r rhain i gyd yn bethau mae disgwyl i ti eu dilyn, ond does dim rhaid i ti. Mae'n bwysig ein bod ni i gyd yn driw i ni'n hunain.

Y tu allan i'r ysgol, gelli di wylio fideos ar YouTube o bobl yn cael amser da, sy'n gallu teimlo'n galonogol, ond mae'n bosib defnyddio YouTube fel arall hefyd: i ledaenu casineb a chreu ystrydebau.

Mae'n bosib dylanwadu ar unrhyw un yr oedran yma. Yn gyffredinol, mae'r cyfryngau cymdeithasol yn gwneud popeth yn fwy eithafol. Mae'n gwneud i bobl sydd allan ac yn falch fod yn hapusach ac yn fwy agored, ond os yw rhywun yn teimlo'n wael am eu ddelwedd corff, eu hil neu beth bynnag, bydd hyn yn gwneud y teimladau hynny'n gryfach hefyd. Mae 'na ffilmiau o bobl yn sôn am ddod allan – ffilmiau heb regfeydd na noethni – sydd ddim ond yn trafod bod yn hoyw neu'n draws heb unrhyw gynnwys addas i oedolion yn unig. Byddai ffilmiau o'r fath wedi fy helpu i.

Os yw rhywun yn cael trafferth dod allan, byddwn i'n eu cynghori nhw i beidio â gwneud hynny oni bai eu bod nhw mewn lle diogel, ac ar ôl iddyn nhw ddod allan yn llwyr iddyn nhw eu hunain. Os wyt ti'n barod i ddod allan, all neb dy rwystro di rhag bod yn ti dy hun. Os wyt ti'n dweud, 'Efallai mai dyma ydw i,' byddan nhw'n dweud, 'Nid dyna pwy wyt ti.' Y peth pwysicaf yw gwybod dy fod ti mewn lle diogel, fel y gelli di fod yn hollol agored â ti dy hun. Wedyn, gelli di fynd ymlaen i helpu pobl eraill a gwneud iddyn nhw deimlo'n fwy diogel. Os oes pobl yn yr ysgol sy'n driw iddyn nhw'u hunain, mae hyn yn cynnig

gobaith i eraill y gallan nhw fod yn driw i'w hunain ryw ddydd. Gall hyd yn oed bathodyn wneud gwahaniaeth: bathodyn Mae Bywydau Du o Bwys, bathodyn enfys, bathodyn sy'n dweud 'gadewch i fenywod fod yn fenywod'.

Mae bywyd yn gallu bod yn anodd i bobl ifanc yn eu harddegau. Os oes rhywun yn meddwl nad yw merched i fod â blew o dan eu ceseiliau, byddan nhw'n gwylio enwogion neu seren YouTube yn dweud ddylai merched ddim gorfod eillio, neu ei bod yn rhaid iddyn nhw eillio, a bydd hynny naill ai'n atgyfnerthu sut maen nhw'n teimlo neu'n eu hysgogi nhw i newid eu meddyliau. Felly mae'r cyfryngau cymdeithasol yn gallu creu problemau, ond maen nhw hefyd yn gallu creu pethau da iawn, a helpu pobl i fod yn fwy hyderus. Gallan nhw fynd i'r ddau gyfeiriad.

Pan wyt ti'n berson ifanc, rwyt ti'n tueddu i newid pwy wyt ti gryn dipyn. Mae pobl sy'n hyderus ac yn driw i'w hunain yn cael eu targedu gan blant eraill. Rhywun sydd ychydig yn wahanol, hyd yn oed os mai'r cyfan sydd o'i le yw bod eu gwallt nhw'n edrych yn od – mae unrhyw beth yn gallu dy wneud di'n darged. Bydd llawer o bobl yn cael eu llethu gan hyn; mae'n gwneud i rai fod eisiau mynd gyda'r llif. Os wyt ti'n dilyn y patrwm ac yn toddi i mewn i gymdeithas, fydd pobl ddim yn dy dargedu di, ond os wyt ti eisiau bod yn driw i ti dy hun, bydd pobl yn siŵr o wneud.

Yn bendant, mae pethau'n gwella. Dwi'n gwybod na chafodd Mam ei magu ar aelwyd lle'r oedd hi'n iawn i fod yn hoyw, ond mae gennym ni faneri enfys yn ein tŷ ni erbyn hyn. Ond rydyn ni'n eu rhoi nhw o'r golwg cyn i Nain alw draw, cofia!

EVELYN

> "Mae'r cyfryngau cymdeithasol yn gallu creu problemau, ond maen nhw hefyd yn gallu creu pethau da iawn, gan helpu pobl i fod yn fwy hyderus. Gallan nhw fynd i'r ddau gyfeiriad."

DILLON,

18, Malibu,

California, UDA

"Es i ar daith o amgylch lloches i bobl ifanc LHDT ddigartref yn LA a chyfarfod â chriw a oedd yn trio cael cyfweliadau am swyddi. Ond doedd ganddyn nhw ddim dillad ffasiynol i'w gwisgo. Dechreuais i sefydliad nid-er-elw i'w helpu nhw."

Fy hoff beth yw trefnu fy nillad bob bore a'u rhoi ar fy ngwely. Mae gwisgo'n daclus bob dydd yn gwneud i fi deimlo'n hyderus. Pan sylweddolais i fod pobl ifanc ddigartref ddim yn gallu gwneud hynny – does ganddyn nhw mo'r fraint honno – roedd yn foment swreal.

Yn 2014, es i ar daith o amgylch lloches i bobl ifanc LHDT ddigartref yn LA a chyfarfod â chriw oedd yn trio cael cyfweliadau am swyddi. Ond doedd ganddyn nhw ddim dillad ffasiynol i'w gwisgo os oedden nhw'n cael cyfweliad. Roeddwn i'n gwybod fy mod i eisiau eu helpu nhw. Gofynnais i fi fy hun, 'Dwi wastad wedi bod â diddordeb mewn ffasiwn. Sut mae troi'r diddordeb hwnnw yn rhywbeth sy'n mynd i fod o fudd i 'nghymuned i?'

Er fy mod yn hoffi ffasiwn, wnaeth lefel fy niddordeb ddim ffrwydro nes i fi deimlo ei bod hi'n ddyletswydd arna i i helpu. Dwi'n greadigol yn fy mhen ond ddim cymaint â fy nwylo; dwi ddim yn dda iawn am dynnu llun na pheintio. Yr adeg honno, doeddwn i erioed wedi defnyddio peiriant gwnïo. Felly dechreuais i wylio fideos YouTube i drio dysgu rhai sgiliau sylfaenol i fi fy hun.

Roeddwn i'n gwella'n araf bach, ond roedd yn dipyn o her. Am sbel go hir, doedd gen i mo'r sgiliau corfforol i wneud beth roeddwn i eisiau ei wneud, ac roedd hynny'n rhwystredig. Dwi erioed wedi cael unrhyw hyfforddiant ffurfiol, ond erbyn hyn dwi wedi datblygu ambell dric sy'n fy ngalluogi i drawsnewid hen ddillad a gwneud iddyn nhw edrych yn wych unwaith eto.

Pan es i'n ôl i'r lloches am y tro cyntaf i ddanfon rhai o'r dillad roeddwn i wedi bod yn gweithio arnyn nhw, doeddwn i ddim yn disgwyl yr ymateb ges i. Arwydd syml o ewyllys da oedd o ond sylweddolais i fod ymdrech fach ar fy rhan i wedi cael effaith fawr ar eu hyder nhw. Dan deimlad, roeddwn i'n benderfynol o helpu mwy o bobl na dim ond y rheini a oedd yn y lloches. Roeddwn i eisiau helpu pobl ddigartref eraill a oedd yn gwisgo hen ddillad anffasiynol neu ddillad a oedd wedi gweld dyddiau gwell, a'u helpu i reoli eu bywydau eu hunain eto.

Pan fydda i'n helpu pobl yn uniongyrchol ar y stryd, maen nhw'n ymateb mewn ffordd emosiynol iawn yn aml. Rhoddais i siaced i un fenyw, a dyma hi'n dechrau crio a dweud mai dyna'r siaced gyntaf iddi ei chael ers chwe mis. Bedair blynedd yn ddiweddarach, dwi'n dal i fod dan deimlad wrth gofio'r achlysur hwnnw.

Dwi'n meddwl bod yr ymateb emosiynol yn cael ei sbarduno oherwydd bod rhywun wedi treulio amser yn gwneud rhywbeth er eu mwyn nhw, yn enwedig os ydyn nhw'n ifanc ac yn ddigartref. Mae eu rhieni a'u teulu wedi'u hesgeuluso nhw. Maen nhw'n byw ar y stryd heb neb i ofalu amdanyn nhw, heb deulu i'w cefnogi nhw nac i ddibynnu arnyn nhw. Mae'r ffaith bod rhywun wedi cynnig ychydig o gysur ac amser iddyn nhw yn gwneud iddyn nhw deimlo eu bod nhw'n cael eu gwerthfawrogi eto, gan roi urddas newydd iddyn nhw.

Penderfynais i gymryd y fenter o ddifri a sefydlu'r hyn sy'n cael ei alw'n sefydliad nid-er-elw 501(c)(3). Mae'r dillad dwi'n eu defnyddio yn cael eu cyfrannu mewn sawl dull gwahanol. Y cyntaf yw drwy roddion unigol: mae pobl yn anfon dillad ata i yn uniongyrchol. Yr ail yw drwy bartneriaethau corfforaethol: ar hyn o bryd, dwi'n gweithio gydag Abercrombie & Fitch. Maen nhw'n anfon nwyddau ata i i'w defnyddio, samplau neu stoc dros ben o'u siopau a'u cyfleusterau dosbarthu. Dwi hefyd yn gweithio mewn partneriaeth â sefydliadau nid-er-elw eraill neu lochesau i'r digartref sydd eisoes wedi cael rhoddion dydy hi ddim yn bosib eu defnyddio. Dwi'n trio siopa cyn lleied ag y galla i, ond dwi weithiau'n prynu eitemau o siopau ail-law am bris rhatach, pethau sy'n ddiddorol a cŵl ac sy'n ysbrydoli fy ngwaith.

Mae fy rhieni, yn enwedig Mam, wedi bod yn ddylanwadol wrth fy helpu i ddatblygu'r sefydliad. Mae hi'n treulio oriau yn fy ngyrru i yn ôl ac ymlaen i ganol LA, lle mae 'na lawer o lochesau. Cyfreithiwr yw fy nhad, felly mae o wedi helpu'n fawr gyda'r agweddau cyfreithiol ar redeg cwmni.

Os nad wyt ti'n cael y profiad o weld problem â dy lygaid dy hun, dwyt ti ddim yn sylwi ar y pethau bach sy'n rhoi pobl o dan gymaint o anfantais. Fyddwn i byth wedi meddwl bod yr angen hwn am ddillad yn broblem yn fy nghymuned i. Os na fyddwn i'n ymwybodol o'r broblem, byddwn i heb wneud dim byd; dydy llawer o bobl ifanc ddim yn gweld sefyllfaoedd o'r fath.

Mewn llawer o ysgolion yn LA, mae'n rhaid i chi wneud gwaith gwirfoddol cyn graddio. Yn aml, does dim cysylltiad rhwng y gwaith gwirfoddol a hobïau a diddordebau pobl, yn enwedig os nad yw pobl wedi dod i gysylltiad â phroblemau'r byd go iawn. Mae hyn yn golygu eu bod nhw'n magu safbwynt negyddol tuag at wirfoddoli fel rhywbeth sy'n ddiflas, felly fyddan nhw ddim eisiau ei wneud. Ydyn, maen nhw'n gwirfoddoli, ond mae'n ddiflas a dydyn nhw ddim yn ei fwynhau.

Ond mae gen i hobi dwi'n gallu ei ddefnyddio i helpu pobl eraill. Mae hynny'n wahaniaeth mawr – mae gorfodi plant i wneud rhywbeth yn wahanol iawn i'w hannog i ddefnyddio eu diddordebau i greu effaith yn lleol.

Mae amser, ar y llaw arall, yn frwydr gyson i fi. Mae'n heriol iawn treulio saith awr yn yr ysgol, wedyn tair awr yn gwneud gwaith cartref, astudio ar gyfer profion a rhedeg sefydliad nid-er-elw. Dwi newydd adael yr ysgol uwchradd a bydda i'n mynd i Brifysgol Washington yn St. Louis, lle bydda i'n astudio Busnesau Effaith Gymdeithasol fel pwnc atodol. Pan fydda i'n mynd i'r coleg yn yr hydref, bydda i'n symud fy nghwmni hefyd. Mae gan rai o'r llochesau dwi'n gweithio gyda nhw yn LA ar hyn o bryd ganghennau ac isadrannau yn Missouri. Mae llawer o dlodi yn St. Louis, felly bydda i'n brysur yn trefnu casgliadau yno.

Dwi'n cael e-byst gan bobl o bob cwr o'r byd sydd wedi clywed am beth dwi'n ei wneud ac eisiau gwneud rhywbeth tebyg yn eu cymuned nhw, felly dwi'n gobeithio creu rhwydwaith o wirfoddolwyr sydd eisiau dechrau eu fersiwn eu hunain. Ar hyn o bryd, dwi'n gweithio gyda rhywun yn Chicago i dreialu'r cynllun. Yn ddiweddar, cysylltodd rhywun â fi o garchar, yn holi a fyddwn i'n helpu carcharorion i gael gwaith pan maen nhw'n cael eu rhyddhau. Mae'n ddiddorol iawn sut mae pobl o bob math o gefndir yn gallu uniaethu â 'mhrofiad i. Mae hynny'n fy annog i ddatblygu'r hyn dwi'n ei wneud hyd yn oed ymhellach ac ysgogi pobl ifanc eraill i fynd ati i ddatblygu mentrau entrepreneuriaeth gymdeithasol.

Ryw ddydd, dwi'n gobeithio y bydd fy nghwmni yn tyfu mor fawr, bydd llawer o gwmnïau dillad yn ailfeddwl neu'n ailwerthuso eu hagwedd tuag at gyfrifoldeb cymdeithasol corfforaethol. Mae 'na ryw fath o stigma ynglŷn â'r ffordd mae busnesau mawr yn cael eu sbarduno i lwyddo yn ddi-hid am ddim byd heblaw elw. Ond mae'r meddylfryd hwnnw'n newid, a dwi'n gobeithio dod yn rhan o'r newid hwnnw. Fyddwn i byth wedi meddwl y byddai gan gwmni mor ddylanwadol ag Abercrombie & Fitch ddiddordeb mewn cefnogi prosiect bach lleol fel fy un i. Mae'n ddiddorol bod cwmnïau nawr yn dechrau helpu pobl yn eu cymunedau eu hunain ac mae'n gyffrous gweld sut mae busnesau'n esblygu. Ar hyn o bryd, mae llawer o gwmnïau'n taflu neu hyd yn oed yn llosgi dillad does mo'u hangen arnyn nhw. Y peth pwysig dwi wedi'i ddatblygu yw ffordd arloesol o ddefnyddio pethau sydd ganddyn nhw eisoes ond does mo'u hangen arnyn nhw, o raid.

Os yw pobl ifanc eisiau helpu pobl eraill, mae hi'n hynod bwysig nad ydyn nhw'n cael eu dychryn rhag gwneud hynny ddim ond oherwydd eu bod nhw'n ifanc. Dwi wedi clywed cymaint o bobl yn dweud, 'Dydyn ni ddim eisiau mynd i bartneriaeth gyda ti; dydyn ni ddim yn credu yn beth rwyt ti'n ei wneud.' Mae hyn yn dorcalonnus ac yn dipyn o ergyd. Mae angen bod yn wydn. Mae 'na wastad rywun yn rhywle a fydd yn cefnogi dy syniad di. Dwyt ti byth yn gwybod i ble bydd dy syniad yn mynd â ti, pwy bydd o'n ei helpu neu yn ei ysbrydoli.

Pobl ifanc heddiw yw'r genhedlaeth nesaf; dydy hi byth yn rhy gynnar i fynd allan i'r byd a sbarduno newid.

DILLON

@sew_swag
www.sewswag.org

> "Mae gorfodi plant i wneud rhywbeth yn wahanol iawn i'w hannog i ddefnyddio eu diddordebau i greu effaith. Dwyt ti byth yn gwybod i ble bydd dy syniad yn mynd â ti, pwy bydd o'n ei helpu neu yn ei ysbrydoli."

8...
WEL, BETH OEDD DY FARN DI?

Darllena'r llyfr hwn a bydd hi'n anodd i ti wadu bod pobl ifanc yn gallu bod o les i'r byd. Mae person ifanc yn gallu bachu ar syniad, ei gymysgu â chyfuniad personol o rym ewyllys ac angerdd, a gwella ei fywyd ei hun a bywydau'r bobl o'i gwmpas.

Mae pobl eraill yn credu hyn hefyd.

Mae gwyddoniaeth yn dangos bod pobl ifanc yn dysgu'n gyflym, yn greadigol ac yn agored i syniadau newydd. Mewn un arolwg, dywedodd naw o bob deg eu bod nhw eisiau gyrfaoedd a fyddai'n gwneud gwahaniaeth ac a fyddai'n herio problemau cymdeithasol, drwy helpu anifeiliaid, achub bywydau neu fynd i'r afael â digartrefedd.[1]

'Roeddwn i'n arfer teimlo'n ddiymadferth ac yn methu chwarae fy rhan,' meddai'r gweithiwr elusen Taybah Begum, sydd bellach yn 20 oed. 'Petawn i'n mynd i ddigwyddiadau, roeddwn i'n meddwl mai fi fyddai'r unig berson ifanc yno. Roeddwn i'n meddwl bod gwaith ar raddfa mor eang ar gyfer pobl hŷn ac na fyddwn i'n gallu ei wneud.' Yn 19 oed, daeth Taybah yn weinyddwr gydag asiantaeth ymgyrchu fyd-eang, gan helpu gyda phrosiectau ar lygredd aer ac ar dlodi yn Kenya. Mae hi bellach yn gweithio fel swyddog codi arian i elusen cymorth dyngarol, gan helpu Palestiniaid sydd mewn angen.

> Dwi wedi trefnu dyddiadau sy'n hybu ymwybyddiaeth o'r achos a her neidio o awyren i godi arian ar gyfer ein rhaglen cymorth addysg. Drwy fy mhrofiadau gwaith, dwi wedi dysgu bod pobl ifanc yn rhoi

---

[1] Arolwg o 1,246 o bobl ifanc 9–18 oed yn y Deyrnas Unedig, Awst 2017, a gomisiynwyd gan Engineering UK. Gweler https://www.engineeringuk.com/news-media/young-people-demand-jobs-that-make-a-difference

o'u hamser ac yn ymdrechu'n galed, a hynny gyda gweledigaeth glir. Dwi'n gwybod y bydd pobl ifanc yn siapio'r dyfodol.

Yn ôl yr ymchwilydd Laura Partridge,[2] 'Rydyn ni wir yn diystyru cyfraniad pobl ifanc. Pan fyddwn ni'n siarad â nhw, mae cymaint yn gwneud pethau gwych; mae cymaint ohonyn nhw â diwylliant o "roi rhywbeth yn ôl".'

Mae hi'n ychwanegu:

Dwi'n meddwl bod llawer o'r hyn mae'r cyfryngau yn ei wneud i ddenu darllenwyr yn rhoi enw drwg i bobl ifanc. Stereoteipio yw llawer o'r hyn maen nhw'n ei wneud: er enghraifft, cyflwyno grŵp bach sy'n ymhél â gweithgareddau troseddol a chreu darlun sy'n fwy bygythiol nag y mae mewn gwirionedd. Iddyn nhw, beth sy'n ddiddorol yw adrodd am gynnydd mewn trais ieuenctid, ac mae'r sefyllfa yn ei chyfanrwydd yn cael ei cholli.

Yn y cyfamser, dywedodd Lisa Zimmermann, sydd wedi treulio deng mlynedd yn gweithio gydag ymgyrchwyr yn eu harddegau yn elusen Integrate UK ym Mryste, fod yr elusen wedi cael ei sefydlu mewn gwirionedd gan griw o 12 ymgyrchydd ifanc ar y cyd. Meddai, 'Roedden nhw'n gwybod beth roedden nhw eisiau ei newid mewn cymdeithas ac wedi mynegi hynny mewn ffordd "nad oedd hi'n bosib ei hanybywyddu", yn ôl cyn-weinidog yn y llywodraeth.'

Ychwanegodd:

---

[2] Laura Partridge yw un o awduron *Teenagency: How young people can create a better world*, Llundain: RSA, 2018. Ar gael yn https://www.thersa.org/reports/teenagency-how-young-people-can-create-a-better-world. Cyrchwyd 29/5/23

Dros y blynyddoedd, dwi wedi gwylio'r elusen yn tyfu, wrth i fwy a mwy o bobl ifanc gyfranogi, a chymryd swyddi mwy cyfrifol o fewn y sefydliad, a hynny mewn ffyrdd anarferol. Mae eu gallu i weld problemau a chynnig atebion mewn ffyrdd anarferol, wedi fy synnu i.

Ar ôl i ffrind iddyn nhw adael am Syria yn 15 oed, gwnaethon nhw ddatblygu dau gynllun gwers pwerus yn canolbwyntio ar feithrin plant a phobl ifanc yn amhriodol i'w radicaleiddio, diwylliant gangiau a chyffuriau, ac ecsbloetio plant yn rhywiol. Mae eu hegni a'u hyder yn heintus. Dwi'n gwybod y bydd ein hymgyrchwyr ifanc yn gallu arwain mudiad dros newid cadarnhaol a chreu cymdeithas sy'n deg ac yn gyfartal – maen nhw'n rhoi gobaith i bawb ar gyfer y dyfodol.

Mae academyddion yn gefnogol i'r bobl ifanc. Mae Frances E. Jensen, niwrolegydd ym Mhrifysgol Pennsylvania, yn esbonio: 'Mae ymennydd pobl ifanc yn cynnwys mwy o gysylltiadau synaptig nag ymennydd oedolion, sy'n golygu ei bod hi'n hawdd iawn creu argraff arnyn nhw. Mae'n gyfnod o gyfle enfawr.'[3] Yn ei llyfr Inventing Ourselves: The Secret Life of the Teenage Brain, mae'r Athro Sarah-Jayne Blakemore yn sôn bod gan bobl ifanc fwy o allu i newid nag oedolion oherwydd bod eu hymennydd nhw'n

---

[3] Forster, K. (2015) 'Secrets of the teenage brain.' The Observer, 25 Ionawr 2015. Cyrchwyd ar 14/6/2023 yn https://www.theguardian.com/lifeandstyle/2015/jan/25/secrets-of-the-teenage-brain

dal i ddatblygu. Mae hi'n dweud: 'Mae'r glasoed yn gyfnod o greadigrwydd mwy dwys a meddylfryd, egni ac angerdd newydd.'[4]

Mae pawb yn gwybod bod pobl ifanc yn drwm dan ddylanwad eu ffrindiau. Yn aml, maen nhw'n credu bod hyn yn beth drwg. Y gwir amdani yw ei fod yn gallu bod yn beth da hefyd, fel mae llawer o'r straeon yn y llyfr hwn yn ei ddangos. Mae'r dylanwad yn gallu bod yn gadarnhaol, gyda ffrindiau yn annog ei gilydd i ymddwyn â thosturi a haelioni. Yn yr un modd, mae pobl ifanc yn magu enw fel pobl sy'n barod i fentro, ond mae mentro'n gallu bod yn beth da – dyna'r llwybr tuag at dwf a newid.

Fel rwyt ti wedi gweld, mae oedran yn bendant yn fantais i sêr y llyfr hwn. Fel mae Josie, 16 o'r UDA, yn ei ddweud:

> Dwi'n gweld sut mae pobl ifanc yn deffro... Gallwn ni ddod at ein gilydd a bod yn gryfach. Unwaith rwyt ti'n dechrau nodi'r problemau a sylwi beth sy'n digwydd o dy gwmpas, mae 'na dân y tu mewn i ti sy'n mynd yn fwy a mwy tanbaid. Dim ond trwy greu newid y byddwn ni'n diffodd y tân hwnnw.

Ac mae Lucy, 17, o Loegr, yn dweud:

> Mae'n adeg wych i edrych o fy nghwmpas i a meddwl, 'Ai dyma'r math o fyd dwi eisiau tyfu i fyny ynddo?' Dwi'n meddwl bod fy oedran wedi fy helpu. Roedd y cyfan yn ymddangos mor glir i fi. Wnes i ddim gadael i fy hun orfeddwl beth roeddwn i'n ei wneud. Roedd y newid mor bwysig i fi a gwnaeth hyn ganiatáu i fi gau allan y lleisiau beirniadol.

---

[4] Blakemore, S.-J. (2018) *Inventing Ourselves: The Secret Life of the Teenage Brain*. Llundain: Doubleday.

Mae Betty, 13, o'r Iseldiroedd yn credu hyn::

> Os wyt ti'n daer ac yn gwneud dy orau, byddi di'n cyrraedd llefydd ac yn gwneud pethau yn dy fywyd… Mae rhai pobl yn meddwl eu bod nhw'n methu newid pethau gan mai dim ond un person ydyn nhw… ond petai pawb yn gwneud un peth bach, byddai newid enfawr yn digwydd. Mae mor syml â hynny.

Rhywun arall sy'n gweld pethau mewn ffordd syml yw Will, 15, o Lundain. 'Byddwn i'n hoffi annog pobl ifanc, y genhedlaeth nesaf, i wneud gwahaniaeth,' meddai. 'Mae 'na ddewis. Eistedd a chwarae ar dy Xbox a gwylio'r teledu neu fynd allan i'r byd a chreu newid.'

Mae Trisha, 18 o'r UDA, hefyd yn credu bod angen dewis:

> Mae pob person ifanc yn angerddol am rywbeth: cerddoriaeth, celf, gwyddoniaeth, y gyfraith, gwleidyddiaeth, ffrindiau, cymunedau, teuluoedd… Fel person ifanc, mae cymaint o dy fywyd di o dy flaen di. Gallwn ni afael yn y teimlad hwnnw, o 'Dwi'n anorchfygol. Dwi'n mynd i roi cynnig ar wneud rhywbeth,' a'i gyfeirio. Os ydyn ni'n ei gyfeirio at feddwl mewn ffordd negyddol, mae'r canlyniadau'n gallu bod yn ofnadwy. Cyfeiria'r teimlad at rywbeth positif, ac mae'r canlyniadau'n gallu bod yn wych.

Os ydy'r bobl ifanc hyn, ac eraill wedi dy ysbrydoli di, dyma ambell awgrym am sut i ddechrau arni…

9...
DY BECYN ADNODDAU

Mae rhai pobl yn y llyfr hwn yn newid eu bywydau eu hunain. Bydd eu pecyn adnoddau nhw yn cynnwys grym ewyllys, cefnogaeth gan eraill ac awydd dwfn am rywbeth newydd.

Os wyt ti eisiau newid rhywbeth yn dy gymuned, dyma ambell syniad i ti:

- Creda yn dy syniad, neu fydd neb arall yn credu ynddo.

- Gwna dy syniad yn un syml – dim ond eiliad sydd gen ti i ddenu sylw rhywun ar y cyfryngau cymdeithasol.

- Bydd yn onest, yn fanwl ac yn wybodus.

- Bydd yn greadigol, yn feiddgar ac yn gofiadwy – ond paid â gorliwio.

- Tria bwysleisio'r cadarnhaol. Pam mae'r hyn rwyt ti eisiau ei gyflawni yn beth da? Mae pobl yn fwy tebygol o gefnogi ymgyrch os yw'r manteision yn eu hargyhoeddi nhw ac yn meddwl y gallan nhw helpu i wneud gwahaniaeth.

- Os wyt ti eisiau denu cefnogwyr adnabyddus, mae blogwyr fideo a dylanwadwyr addawol yn gallu bod o help mawr; does dim angen i ti gyrraedd enwogion adnabyddus, o reidrwydd. Chwilia am ddylanwadwyr sy'n onest ac yn rhannu dy werthoedd, dy angerdd neu dy gredoau di. Mae hyn yn bwysicach na dim ond denu'r rhai sydd â llawer iawn o ddilynwyr.

- Mae bod yn rhan o gymuned ar-lein yn gallu bod yn ffordd wych o ennyn cefnogaeth. Mae'n gallu troi'n rhyw fath o deulu ar-lein.

- Mae deisebau ar-lein wedi bod yn hynod lwyddiannus yn gorfodi'r rhai sydd mewn grym i newid eu penderfyniadau.

- Gofynna i rywun arall wirio'r hyn rwyt ti wedi'i ysgrifennu bob tro, er mwyn sicrhau ei fod yn glir a heb wallau ynddo.

- Paid â diystyru pwysigrwydd delweddau: edrych i weld beth sydd wedi gweithio i ymgyrchoedd eraill o ran lluniau, logos neu gartwnau llwyddiannus. Dylai fideos gynnwys capsiynau a pheidio â phara mwy na 90 eiliad.

- Cofia fod yn greadigol â'r holl adnoddau gwych sydd ar gael ar-lein, gan gynnwys apiau golygu ar gyfer yr ochr weledol.

- Efallai dy fod ti'n defnyddio Snapchat, Instagram ac YouTube, er enghraifft, ond mae cael sylw ar y teledu, radio, papurau newydd, Facebook a Twitter yn bwysig hefyd.

- Mae hashnodau yn gweithio'n wych ac yn cyfleu ymdeimlad o fudiad.

- Mae cael 'brand' cyson ar gyfer dy ymgyrch ar-lein yn bwysig. Os wyt ti'n postio am unrhyw beth a phopeth, bydd pobl yn ddryslyd am beth sydd i'w ddisgwyl gen ti.

- Ymuna â thudalennau a grwpiau i gyrraedd pobl eraill sy'n debygol o fod yn gefnogol i dy nod. Paid â hyrwyddo dy ymgyrch ymhlith dy ffrindiau yn unig.

- Paid byth â diystyru pwysigrwydd gwaith caled. Mae ffocws clir gan bawb yn y llyfr hwn, ac maen nhw'n frwd am gyrraedd eu nod.

- Bydd yn barod am feirniadaeth. Mae beirniadaeth yn gallu bod yn ffrind i ti, rwyt ti'n gallu ei defnyddio i gryfhau dy ddadl. Gall beirniadaeth dy ysgogi di, ond i ti beidio â rhoi'r gorau iddi. Dangosa i'r beirniaid eu bod nhw'n anghywir!

- Darllena straeon yr ymgyrchwyr yn y llyfr hwn sydd wedi dechrau gwneud newidiadau mawr yn y meysydd sy'n agos at eu calon. Gallai eu profiadau nhw danio dy ddychymyg.

Ac, yn ysbryd
arwyddair Nike,
'CER AMDANI!'

DIOLCHIADAU

Diolch i Amy Lankester-Owen a thîm gwych Jessica Kingsley Publishers am eich holl help gyda'r llyfr hwn. Diolch hefyd i'r bobl ifanc anhygoel o bob cwr o'r byd sydd wedi bod mor hael wrth rannu eu straeon a'u hunluniau. Diolch i bawb sydd wedi fy helpu i ddod o hyd i bobl i'w cyfweld a chyfeirio fy syniadau (rhestr lawn ar y dudalen nesa). Diolch golygyddol arbennig i Liz Barron, Sarah Neville ac Eileen Maybin; a diolch i fy asiant Jane Judd, i Jessica Kingsley (byth yn angof!) ac i fy nheulu hyfryd.

Diolch yn enwedig i:

Andy Kaye

Ann Rappaport

Anne Metcalfe

Ashleigh Wilmot

Barbara Reissner

Barrie, Emile ac Alison Chi

Caroline Heldman

Claire Armitstead

Coleg Cymunedol Marsden Heights, yn enwedig Mashuq Hussain OBE

Connor Magennis

Cymdeithas y Plant, yn enwedig Charlie Coombes

Emma Tallamy, The Stars Foundation

Family Carers Ireland, Catherine Cox

Fixers

Frances Alagiah

Gail Black, Alcoa Awstralia, Ysgoloriaethau Nature Bridge

Global Girl Media yn enwedig Amie Williams, Heidi Basch-Harod, Jasmine Jaisinghani

Grŵp te a chacen Penny, Sue a Pip

Helen Robinson

India Baird, Rock Girl

Jane Butler

Kirstie Brewer

Kurt Lee

Laura Polenco

Liz Millar

Lola Phoenix

Loretta Magennis

Malawi Girl Guides Association, yn enwedig Khama Ziyabu

Marine Society & Sea Cadets, Kayleigh Lewis

Martin Crook

Martine Parry

Miki Mielonen

Nick Lewis

Nicki Ryan o'r Free2B Alliance

Nicole Socher

Orsola de Castro, Fashion Revolution @ Fash_Rev

Pip Ainsworth

Prostate Cancer UK, yn enwedig Dianne Stradling a Gary Haines

Rose a Sarah – diolch am eich cefnogaeth

Saffron Cooksey

Sam Shaw

Samantha Bandak

Sarah Hymas

Stephen Griffith, Prosiect Ieuenctid Copenhagen

Dr Sue Black, OBE

Susan Paley

Tîm Move On

Vivien Fowle

World Association of Girl Guides and Girl Scouts, yn enwedig Grace Tam, Megan Hunt, Ruth Stone

Ysgol Stoke Newington, yn enwedig Francis Ebeneli

Ysgol Uwchradd Pen y Dre, yn enwedig Sarah Hunnisett